本书出版得到西南财经大学"中央高校基本科研业务费专项资金"2021年度项目资助

光华公管论丛

公共管理案例十讲

TEN SELECTED CASESS OF
PUBLIC ADMINISTRATION

谢小芹 冯华 马珂 著

社会科学文献出版社
SOCIAL SCIENCES ACADEMIC PRESS (CHINA)

前　言

公共管理案例是公共管理部门及公务员在履行经济调节、市场监管、社会管理、公共服务等职责过程中产生，可供从事公共部门研究的学者研讨的事例或故事。案例教学是公共管理教学中一种重要的方法，绝大多数高校积极采取案例教学法，教学效果十分显著。然而，目前国内案例教材存在一些问题，如案例素材相对滞后、热点把握不及时、调查研究不扎实、理论深度分析不够等。为弥补上述缺点，持续推进以案例促进教学质量提升，我院特组织专门人员在2019年12月出版的《公共管理案例解析》的基础上继续推出这本《公共管理案例十讲》。

目前，我院已聘请国内外公共管理相关专业的专家和学者担任公共管理案例指导，与四川省特别是成都市政府部门及单位进行友好合作，建立了多个社会实践基地，为案例提供了十分丰富的素材。自2014年以来，我院着力探索"全案例教学模式"，在不断探索与完善中形成了"案例教学—案例开发—案例比赛—案例库搭建"四位一体的教学体系。同时，在公共管理教学案例的收集、加工和处理基础上形成了"链条式"经验，且建立了公共管理案例库。这些案例被充分运用于课堂教学，深受广大师生欢迎。从2019年起，我院连续举办了两次四川省公共管理案例挑战大赛，来自全国各地的百余支队伍报名参加，广大兄弟院系反映良好。

案例教学是沟通理论与实践的桥梁，是理论研究的源泉，结合案例分析有助于将先进理念落实在具体实践中，实现知行合一。面对新时代中国特色社会主义建设需求，案例在公共管理科学研究和人才培养中扮演着越来越重要的角色。《公共管理案例十讲》选择了十个案例，每个案例都揭示了公共管理理论和实务中的一些重要原则和基本知识点，每个案例后面皆附有案例说明书，引导学生运用经济学、管理学、政治学、社会学等相关学科的理论和方法展开讨论。本书力争最大限度克服公共管理理论与案例相脱节的弊端，实现公共管理理论与中国实践探索相结合，对研究和解决我国公共管理领域的问题具有较高的参考价值。

本书所选的案例由我院教师和研究生在实地调研及素材收集的基础上编写而成，聚焦目前公共管理领域比较关注的社会热点话题，资料丰富而翔实。案例说明书是我院教师的原创，指导性、实践性和实效性都很强。

本书适用于高等学校公共管理、行政管理、社会保障、社会学等相关专业的师生使用，也可供从事公共管理和企业管理工作的人士学习、培训使用。

本书的编写得到西南财经大学公共管理学院领导和老师的大力支持，在此表示感谢。同时感谢姜敏、姚可桑、林丹妮、易乾梅、任世辉、高明、汪欢、谢慧、肖红等同学为本书提供的一些基础资料。由于编写时间紧张和水平有限，书中如有不当之处，欢迎广大读者批评指正！

西南财经大学公共管理学院案例编写组
2021 年 8 月 26 日

目　录
CONTENTS

【第一讲】 从物理集中到实质集中
　　——四川省成都市武侯区行政审批制度改革研究 / 1

【第二讲】 农村集体经营性建设用地入市的改革模式探索
　　——基于成都市郫都区白云村的实地调研 / 21

【第三讲】 如何为无声外卖赋能？
　　——基于成都馋爱善食餐饮管理社会企业有限公司的观察 / 40

【第四讲】 云上扶贫记
　　——基于首个国家级扶贫综合试验区的调研 / 67

【第五讲】 数字驱动的乡村振兴新模式
　　——基于四川大邑县国家数字乡村试点地区的考察 / 87

【第六讲】 社区"无讼"，百姓"无忧"
　　——四川大邑县基层社区矛盾调解模式研究 / 114

【第七讲】 机制重设助推社区治理创新
　　——基于成都市金牛区社区提案工作机制的观察 / 133

【第八讲】 城市居民参与公共事务治理何以可能?
　　　　　　——成都市武侯区红牌楼街道社区营造实践 / 158

【第九讲】 社区应急科普服务的共同生产之路
　　　　　　——成都市国槐社区从拆迁安置社区到国家级科普示范社区的
　　　　　　华丽转身 / 176

【第十讲】 失地农民安置社区的情理共治路径
　　　　　　——基于兰州新区彩虹城社区的实地调研 / 201

【第一讲】 从物理集中到实质集中
—— 四川省成都市武侯区行政审批制度改革研究

摘 要：行政审批作为国家管理社会、经济、文化等公共事务的前置管制手段，发挥着重要的资源配置、风险控制、秩序维护等作用。随着过去审批管理体制的弊端不断浮现，简政放权、优化政府职能、减少碎片化管理变得极为迫切。2008 年，四川省成都市武侯区在全国率先成立行政审批局。作为中国行政审批制度改革浪潮中的典型案例，武侯区行政审批局无论是在理论还是实践上都对促进政府部门整体性治理改革具有典型意义。武侯区行政审批局将全区职能部门绝大多数审批权力集于一身，统一行使政府的审批许可权。自成立以来，武侯区行政审批局在政府职能转变、流程优化方面不断进行体制机制创新，在"放管服"工作中产生了非常积极的效果。但不可否认的是，行政审批局模式并非完美无缺，要从政策试点走向普遍实行，还有赖于不断探索和创新。

关键词：行政服务中心；行政审批；放管服

案例介绍

引言

"你说的事情我理解，你承担不了责任，那就换一个局长来承担责任！"面对相对集中行政审批改革中个别部门迟迟说服不了、反复协调不顺的情况，时任武侯区党委书记在政务服务中心开会时放出狠话。在区领导的强力推动下，2008 年 12 月 24 日，《成都市武侯区行政审批局（成都市武侯区人民政府政务服务中心）主要职责内设机构和人员编制规定》正式印发。2009 年元旦节后上班的第一天，位于成都市置信北街 3 号的武侯区人民政府政务服务大厅大楼挂上了一面新招牌——"成都市武侯区行政审批局"。至此，全国首个专司行政审批职能的政府部门正式挂牌成立。

成都市武侯区行政审批局的成立既有偶然因素，也有内在的必然性。2008年9月4日，时任中共四川省委书记、省人大常委会主任率领省市20多位相关领导到成都市武侯区政务服务中心专题调研行政审批改革中"两集中、两到位"等有关情况，发现审批事项大多还要回到审批单位领导签字审批，审批办理大多属于"体外循环"，行政服务中心窗口沦为摆设。为回应省委书记"要下深水解决审批授权不到位、办理不到位问题"的要求，时任武侯区党委书记与行政服务中心负责人商量改进方案，提出一个大胆的想法："既然部分职能单位可以把部分审批权委托给行政服务中心，那么全区所有职能部门为什么不可以都把审批职能集中委托到行政服务中心，成立专门的机构来专司审批，实现真正意义的集中审批？"

这样的改革想法既大胆，又具有开创性，但是行政审批权是各个职能部门的核心权力，想要拿走各部门的权力以集中审批谈何容易？一旦改革，各个职能部门领导不再具有审批权力，而仅仅承担后续的监管责任，极大地影响了部门的利益，改革阻力之大可想而知。但是不改革又只有"死路一条"！原有的"行政服务中心"改革模式发挥的作用已经遇到瓶颈，各个职能部门用前置的审批来代替后续的监管，提高了市场准入门槛，抑制了市场活力。

正是在这样的背景下，面对以各种理由推诿、拖延，迟迟不愿委托出审批权的单位，区委书记在会上放出狠话，势必要推进贯彻这项改革，全国首个行政审批局因此成立。

一　相对集中行政审批改革的背景

（一）经济社会发展的客观需要——"放管服"改革

我国在过去相当长的时间内实行计划经济，行政审批制度是计划经济体制下政府管理社会经济的主要手段。政府通过行政审批制度来实现对社会资源的再分配，用行政审批的方式来管理社会经济发展。这种运行模式在计划经济时期有效地推动了国家重大项目建设和社会经济稳定运行。

但是随社会经济的发展，需要审批的事项越来越多，统筹一个项目有时要盖几十上百个公章，审批效率不高，审批时限漫长，造成社会运转效率低下，严重影响了社会经济的持续发展。在当前国际竞争不断加剧、过去审批管理体制的弊端难以根治的背景下，推进"放管服"改革，营造国际化、法治化、便利化的营商环境变得极为迫切。"放管服"改革就是要向人民群众和市场主体让利。在 2018 年 7 月 18 日的国务院常务会议上，李克强总理指出："许多行政许可事项，看起来只是收费不高的'小事'，但对市场主体和老百姓而言，可能就是'跑断了腿'的大事，有的甚至是一个跨不过去的'坎'。我们提出要持续优化营商环境，就要进一步尊重市场主体，最大限度减少繁琐程序。这里面大有文章可做。"①

目前，虽然政府职能有所转变，但现实中行政审批权滥用和以权谋私的现象仍时有发生。一些职能部门虽然对改革高谈阔论，却死守"行政审批权"这块"领地"不放，不愿真心改革，使政府职能转变成为一句空话。尽管全国普遍成立行政服务中心以来，审批的效率提高了，服务更好了，但在新的形势下，进一步优化政府与市场和社会的关系的呼声不绝于耳。因此，新一轮的行政审批制度改革还在路上。

（二）政府职能转变的内在要求——减少碎片化治理

传统政府科层制度下，存在多部门管理一件事，但又管不好的现象，产生了很多碎片化治理问题。例如，过去环保局、公安局、城管局共同治理城市环境污染，但环保局和城管局只有监督权没有处罚权，所以经常需要和公安局联合执法。在实际开展工作过程中，由于都是平级的兄弟部门，部门之间互相难以协调配合。为了解决碎片化治理，国家各级政府部门成立了大大小小的各种工作小组或者联席会议，比如扬尘办、综治办等，但收效甚微。究其根源在于这两种改革只是机制创新，并没有实现权力的变动，存在临时性和不确定性。为了减少碎片化管理、根治"九龙治水"的难题，2008 年中央开始提出大部制改革。在这样的背景下，行政审批改革也逐渐开始以权力调整为目标。

2008 年武侯区成立行政审批局就是根据这样的思路。武侯区是成都市经济发展水平较高的一个行政区，但是随着经济的持续高速发展，各个领域原有的体制机制显现出阻碍经济继续发展的苗头。尽管原有的武侯区行政服务中心可以集中受理新办企业的申请，解决新企业登记注册办理证件"跑断腿"的问题，但不可否认的是，行政服务中心发挥作用存在阻力，具体体现在三个方面：一是碎片化管理问题，行政服务中心"体外循环""只挂号不看病"问题依旧存在；二是各个职能部门权力寻租问题难以统

---

① 《李克强："放管服"改革不能自拉自唱自我欣赏》，中国政府网，2018 年 7 月 19 日，http://www.gov.cn/xinwen/2018-07/19/content_5307797.htm? cid = 303。

一监管；三是职能部门为减轻后续监管的难度，"以审代管"，不必要地提高了市场准入门槛。为了从根源上实现部门审批的协调和统筹安排，武侯区彻底破除现行的制度性障碍，成立行政审批局，整合政府行政审批资源，不断推进服务型政府建设。

二　武侯区行政审批局历史变迁

（一）物理集中探索阶段——建立政务服务中心

为了解决碎片化管理问题，很多基层政府都成立了行政服务中心。我国的行政服务中心大都成立于21世纪初，普遍推广在2010年前后。在成都市各个区县（市）都相继建立政务服务中心时，成都市5个主城区只有武侯区有一个投资办证中心，满足不了企业需求，办事不方便。2005年上半年，市领导视察武侯区工作时路过投资办证中心，发现中心管理极不规范：没有水杯，抹布乱放，工作人员散漫，作为窗口性的服务单位形象不佳。在全市建设规范化服务型政府的背景下，市里通报批评了武侯区。这件事既让武侯区领导尴尬，也让区领导下定决心要建设高标准政务服务中心。时任区长向市领导保证2005年内建成政务服务中心。

2005年6月，武侯区编办下发《关于成立成都市武侯区政务服务中心的通知》。机构为正局级（正处），下设综合科、协调督查科和电子政务科三个职能科室，归口区政府办公室管理。为了达成高水平建设政务服务中心的目标，政务服务中心做了三个方面的工作：高标准建设大厅，高水平培养服务，高要求引入质量管理。在建设服务大厅方面，区建设局负责为政务服务"量身定做"大楼，政务服务中心通过学习省、市等政务服务中心的先进经验设计功能区，购买设施设备，并建立基本制度；在人员选拔和培训方面，中心严格选拔人员，并对窗口人员集中实施普通话、电脑、政务礼仪、《行政许可法》等岗前培训；在培养服务方面，中心与锦江宾馆所属的四川锦江旅游饭店管理公司签订协议，启用五星级饭店的管理模式，对员工的着装、站姿、坐姿、语气、服务用语等做了详细的规定，并强化日常巡查；在强化质量管理方面，中心引入ISO9001国际质量管理体系，施行标准化管理，规范政务行为，提高工作效能，助推武侯发展。

政务服务中心的成立在一定程度上实现了"整体治理"，相对于之前的投资办证中心更加高效、人性化，在物理层面上集中了更多的部门。自2006年1月起，全武侯区所有涉及行政审批事项的部门都在政务服务中心设立办事窗口，行政许可、行政审批项目应进必进，窗口授权责任到人。

（二）"两集中、两到位"的实施

武侯区的28个职能部门统一进驻区政务服务中心窗口，实现了物理空间集中，但并未改变各职能部门主导审批的模式。一方面，推进"两集中、两到位"工作中，一些部门虽然派人入驻大厅，但实际审批权依旧在部门领导手中，窗口往往"只收件，不办理"，成为摆设，使审批办理仍在政务服务中心"体外循环"；另一方面，一些部门办件量少，一年办不了几件审批业务，造成部门行政资源和大厅资源的极大浪费。同时，由于审批权属于部门，审批工作人员也属于部门，政务服务中心无法介入具体的审批业务办理中。因此，出现管理难、监督难、培训难的问题，建立审批新机制困难重重。

四川省从2008年开始实施"两集中、两到位"相对集中行政审批改革。"两集中"是指在不增加人员编制、不增设内设机构和领导职数的前提下，清理和归并行政职能部门的审批和服务职能，部门审批、服务职能向一个处室集中，成立集中行使审批、服务职能，实行窗口办公；"两到位"是指各部门的审批、服务事项进驻政务服务中心到位，部门对进驻政务服务中心的处（室）要授权到位。2008年7月，武侯区按照省委、省政府的安排部署，全面实施了行政审批"两集中、两到位"，推进各职能部门的审批事项向一个处室集中，保障进驻政务服务中心的审批事项到位、审批权限到位。但不可否认的是，"体外循环"问题依旧存在。

（三）"审批委托制"探索阶段——"小行政审批局"诞生

尽管"两集中、两到位"的实施实现了审批事项的集中，但是，一些办件量少、季节性强的审批事项在综合窗口运行并不顺畅，只体现了收发功能，办事依旧不方便。为了减少碎片化管理，彻底解决"体外循环"问题，2008年10月，武侯区依据《行政许可法》开始探索试行行政审批"委托制"[①]，对审批制度进行全面社会化改革，建立重大项目审批代办制度，将常年办理量较少或办理季节性较强的行政审批事项统一委托给辖区内政务服务中心办理。政务服务中心成立行政审批科，行政审批科下设三

---

① 根据《行政许可法》第24条，行政机关在其法定职权范围内，依照法律、法规、规章的规定，可以委托其他行政机关实施行政许可。

个窗口，彻底解决了多头审批、"体外循环"审批效率低下等现实问题。同时，中心在各街道、工业园区、专业商圈组建、整合代办机构，为重大项目审批提供无偿代办服务，按照企业意愿，实施从企业设立注册、项目立项到项目开工全过程的行政审批手续，以及投产运营所涉及的其他相关服务事项全程代办。

"小行政审批局"作为一种改革的探索，引发了学界和媒体的热议。毋庸置疑，通过整合原本分散在各职能部门的审批权与审批人员，解决了碎片化管理问题，提高了政府审批的效率，解决了"以审代管"的难题。

（四）武侯区行政审批局的横空出世与创新扩散

2008年12月，武侯区行政审批局成立，成为全国第一个行政审批局。自成都市武侯区编制委员会出台《成都市武侯区行政审批局（成都市武侯区人民政府政务服务中心）主要职责内设机构和人员编制规定》以后，武侯区行政审批局进行了两次调整：第一次调整，将区发改局等部门承担的主要审批事项划转给武侯区行政审批局集中办理；第二次调整，将前期改革中未划转的区教育局、区环保局、区卫生局等部门全部纳入整体性改革范围，将这些部门的行政审批职能划转给区行政审批局。至此，横向权力的配置发生了重大变化，过去行政审批中政府既当"运动员"又当"裁判"的体制弊端、职能部门"以审代管""多头受理""权力寻租"等问题从根源上得到了有效抑制，武侯区审批和监管相对分离的行政审批管理新格局形成。

一石激起千层浪，武侯区行政审批局的成立引起全国轰动，"行政审批局"模式的体制创新在部分地区扩散。例如，天津滨海新区在考察学习了武侯"行政审批局"模式后，于2014年5月20日成立行政审批局。此种改革有效地推动了行政审批制度改革，最后引发了中央在全国推行试点。2015年3月27日，为深化行政审批制度改革，提高行政审批效率，进一步激发市场和社会活力，中央编办、国务院法制办印发《相对集中行政许可权试点工作方案》的通知，批准在天津市、河北省、山西省、江苏省、浙江省、广东省、四川省、贵州省下辖区（县）开展相对集中行政许可权改革试点。其中，四川省成都市的武侯区、新津县，绵阳市的江油市，巴中市成为试点地区。截至2018年，全国已经有180多个区（县）开展相对集中行政许可权改革，实现了"一枚印章管审批"的相对集中审批模式。

三　武侯区行政审批局的"前半生"——推陈出新的突破

新的行政审批体制已经建立，但工作机制无先例可仿，无经验可循。幸运的是，企业的管理思路给了武侯区行政审批局巨大的启发：行政审批局既然是为企业、百姓服务的，那么企业和百姓就应该是顾客、是上帝。现代服务性企业在提升服务水平、最终赢得顾客和市场方面的主要经验就是服务的标准化。因此，武侯区行政审批局各项运行机制创新的首要措施就是建立服务的标准化体系，并依此最终优化审批流程。引入"互联网＋"是武侯区行政审批局提升服务能力的第二项举措。武侯区政务大厅推行智慧化审批系统，通过融合互联网、大数据和移动互联网等技术，实施"一张网"审批和"一体化"服务。

（一）以标准化为指引，着力优化审批流程

武侯区行政审批局借鉴企业管理模式，在建立标准化体系的基础上，优化审批流程，主要措施包括引入 ISO 国际质量管理体系、多平台审批模式和"一枚印章管审批"的运行机制。

第一，构建"全事项、全过程、各环节"标准体系。针对行政审批行为不规范、自由裁量权过宽等问题，2008 年起，武侯区在全区政务服务系统引入了 ISO 国际质量管理体系，并获 ISO 9001：2000 和 ISO 9001：2008 国际质量管理体系认证。2010 年起开展了行政服务标准化省级和国家级试点，2014 年被国家标准委确立为"全国行政服务标准化示范区"。截至 2018 年，已形成以行政服务"通用基础、服务保障、服务提供"为核心，以服务管理、服务质量、事项办理、流程优化等 23 个板块为重点，以 415 项具体标准为支撑的行政服务标准化体系。

第二，施行"齿轮传动式高度啮合"的审批模式。搭建统一受理中心、要件审查中心、多评合一中心、现场踏勘中心和网上中介平台的"四中心一平台"，推行一口统一接件、科室联动办理、一口统一出证的办件模式。以外商办理投资经营审批事项为例，改革前需分别向区商务局、投促局、财政局 3 个部门提供申请材料，法定时限约 130 个工作日，实际办理时间最少需 20 个工作日才能办完。相对集中行政许可权改革后外商只需到区行政审批局的 1 个窗口，提供 1 套材料，在 7 个工作日内即可完成办理。新注册企业，只要资料齐全、符合法定形式，1 个工作日就可办结。针对审批事项原涉及多个部门办理的，相对集中行政许可权改革后变串联

式审批为"联审联办",由主办科室牵头,交一套材料,内部循环,可在最短时限内办结,大大减少办事群众交件、等待的时间和多次往返的劳顿之苦。针对审批办件集中的园区、专业化市场,推出"进楼宇、进企业"联合年检和巡回设点办理服务、上门接件办理服务,大大缩短了办理时限,提升了审批效率。截至2018年,办事群众上交行政审批材料减少了60%,全区行政审批效率平均提升120%以上。

第三,实施"一枚印章管审批"的运行机制。早在2009年3月武侯区行政审批局正式运行时就在全国率先启用了"成都市武侯区行政审批专用章",废止了原22个部门使用的22个行政审批专用章和118个业务用章。为避免一个印章应付不了大量审批办件的难题,"行政审批专用章"采取按审批科室编号的方式,由审批业务科室管理、使用,形成"一枚印章管审批"的工作格局,扭转了"公章四面围城,审批长途旅行"局面。由于武侯区率先实施的行政审批制度改革一开始就得到了省、市、区各级的全力支持,通过在各系统及相关行业发文告知和相关会议强调,自行政审批局对外运行以来,盖有"成都市武侯区行政审批局"印章的审批件,得到了各方面的认可,与盖有原职能部门印章的审批件具有同等效力。而对出省使用的审批件,则采取同盖行政审批局印章与职能部门印章的方式,审批效力得到了各方面的认可。

(二)以智慧化为推手,大幅提升服务水平

武侯区行政审批局智慧化主要体现在多平台构建审批网络、多载体提供服务上面。

五平台实现"一张网"审批。引入国际、国内领先信息技术,建立3D实景网上政务大厅、智能政务大厅、协同办公系统、96166一号呼入系统、市民融合服务系统等五个新型的服务平台。3D实景网上政务大厅与实体政务大厅完全一致,通过点击进入,可查找到每个窗口的办理事项及办事指南,并可网上提交材料,基本实现了24小时全天候提供服务,被誉为"永不关门的政务大厅"。协同办公系统,将机关后台、大厅窗口每个工作岗位的电脑联为一体,实现信息及时交互利用。96166一号呼入系统,将原设在每个部门的服务热线归并为一个呼入号,实行24小时服务,凡咨询解答、投诉处理、服务需求等,各种信息均集中归集在服务后台,成为服务群众"最先一公里"信息的主要来源。市民融合服务系统,将所有涉民政务服务事项纳入系统,与居民家中电脑和手机联通,居民凡有服务需

求,可通过该系统或留言告知或网上咨询办理。五平台构成了武侯区审批服务系统线上服务的主骨架,成了政府与企业、政府与居民联系的纽带和桥梁。截至2018年,3D实景网上政务大厅在线访问量571423人次,在线咨询21375人次,办件5099人次;96166热线提供政务服务咨询236613通。

三载体提供"一体化"服务。审批局充分运用政务微博、政务微信和手机移动App客户端等新媒体,做好大数据的收集、分析和运用,实现了B2G(政企)、R2G(政民)线上线下全时段互联互通互动,让企业和群众足不出户就能办理行政审批相关事项。审批局还推行了线上线下审批办理全程免费帮办服务,办事群众如有需求,均可得到专业人员的全程免费代办服务。截至2018年,"两微一端"提供服务21.8万人次。

(三)改革试点初期取得的成效

武侯区行政审批局在一系列疾风骤雨式的改革中取得不错的成效,主要集中在提升审批效率、优化审批流程和激发市场活力三个方面。

提升了行政审批效率。武侯区把行政审批权集中到区行政审批局后,有利于实行"一窗多职、一人多专"的行政审批运行方式,大大方便了办事群众,群众办理行政审批事项由过去必须多个部门跑变为现在只找一个窗口办事,提升了行政审批效率。行政审批局将工作重心移至窗口,按照行政审批制度改革专业化的要求,对行政审批的流程重新梳理,优化了审批流程,推出线上线下相结合审批模式,精简审批项目,拓宽办理渠道,实现真正意义上的集约化审批,行政审批效能真正实现了"大提速"。

优化了审批流程,节约行政审批资源。在行政审批权统一集中到武侯区行政审批局之后,整体上优化了审批流程,减少了行政资源的浪费。新的行政审批局搭建起统一的便民中介服务平台,推行"统一接件、统一出证"的行政审批服务新模式,使全区审批效能整体提升120%以上,实现了行政审批集约办理,从根本上缓解了办事群众多个大厅来回跑路的劳顿之苦。同时,全区各职能部门原先90多人的审批工作队伍,优化到了行政审批局的30人左右,大大降低了行政运行成本。过去一个窗口只审批规定的事项,现在合并增加到七八项事项,行政审批效率明显提升,现在一个窗口的日办件数量是过去的3倍以上。

转变"以审代管",激发市场活力。除了以上两个方面的改变以外,成立行政审批局在一定程度上也有利于推动简政放权,用"形式审查"代替过去审批部门"以审代管"的方式,降低了审批的门槛,提升了审批效率。通过图 1 对比成都五个主城区新注册企业数量就可以看出，武侯区当年新注册企业数量远远高于另外四个主城区，这是因为武侯区成立了行政审批局，发挥了降低企业进入门槛、激发市场活力的作用。

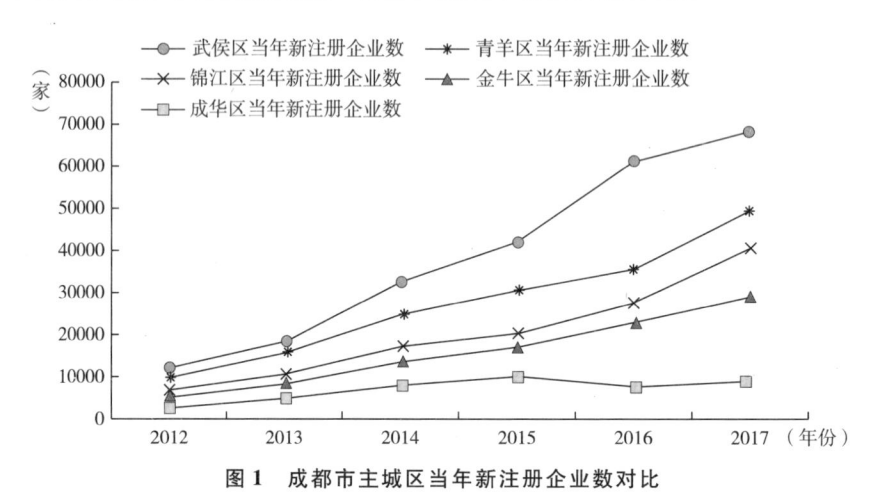

图 1　成都市主城区当年新注册企业数对比

资料来源：《成都市 2018 年统计年鉴》。

四　武侯区行政审批局的"后半生"——永远在路上的改革

武侯区行政审批局尽管自 2008 年起就在全国引起了轰动，但是直到 2018 年前后全国各地才开始广泛试点，这说明行政审批局的改革模式并非完美无缺。随着改革的推进，社会对这种改革模式一直褒贬不一。针对行政审批局模式的质疑主要集中在以下四点：其一，在集中审批后，如何做到专业分工；其二，如何让审批与监管相配合协调；其三，市上是否应该成立行政审批局以便纵向管理；其四，权力集中以后，如何监管权力，并实现权力制衡。

（一）"专业分工"如何与"相对集中"相容？

武侯区独立设立行政审批局，将分散的行政审批职能整合到一个统一机构来行使，实现行政许可权的相对集中，有利于克服政府管理上的条块分割和碎片化弊端。同时，也需注意到，现代社会专业化分工是普遍趋势，这在政府治理和公共部门组织设计中也一样难以避免。在行政审批改革中，并不能极端地追求集中的程度，尤其是针对专业性很强的审批事项，不能为了实现集中权力而将它们交给缺少专业技术的职能部门和人员。截至 2018 年，武侯区行政审批局行政许可权的集中度已经达到 92%，因此外界会提出质疑，这么高的集中度相当于不断实现"绝对集中"了，在这么多行政审批事项的集中下，仅凭小小的一个行政审批局审批得过来吗？能保证审批不出错吗？还有，行政审批局有足够多事事精通的"通才"储备吗？

（二）"横向协调"如何实现？

行政审批局将原本各个职能部门的审批权"夺走"，原本的职能部门只剩下了监管权和处罚权，那行政审批局如何实现与其他职能部门横向协调，无缝衔接审批和监管、处罚呢？事实上，如何实现良性"横向协调"关乎改革的成败。成立行政审批局的初衷就是消灭碎片化管理，打消各部门各自为政的低效率，但是如果行政审批局只是负责前端的"审"，而后续的"服"和"管"跟不上，那么，这项体制改革就只能沦为虎头蛇尾的试点，难以推广走下去。目前，武侯区行政审批局为实现跨部门协作，解决的方向瞄准在信息系统上面，通过打造一个"审管协同系统"实现各个职能部门的数据、信息资源共享，借助"现场勘察中心"，将审批和管理的各个部门串联起来。但是，根据我们调研的情况来看，这点做得还存在很多不足，具体体现在："审管协同系统"规范化、标准化不够，系统覆盖的职能部门不全，并且参与进来的职能部门数据共享不够，"数据孤岛"问题仍然存在，等等。

（三）"纵向调整"如何解决？

行政审批局上下机构的设置、对接不对称也是改革面临的一大挑战。由于省上、市上没有行政审批局，这就造成下面的行政审批局工作标准存在不确定性。我们在做访谈时了解到，武侯区行政审批局有时候是在凭良心做，以相对人满意为原则，在不违法的情况下去做。同时，现有集中过来事项的审批标准来自各个部门，而各个部门的标准又不一样。从我们了解的情况来看，这些问题是亟待解决的，因为治理靠的是制度，而不是良心，如果开展工作全凭良心，那一定是不可靠的。

同时，由于行政审批局缺少一个归口管理，难以实现上下的有效沟通、管理和协调，这是相对集中行政审批改革面临的一个挑战。然而体制上的纵向问题虽然紧迫，却很难立刻解决。当前相对集中行政许可权还在试点、摸索阶段，大部分只在审批事项相对不多的区县进行试点，市一级成立行政审批局还难以大量试点。究其原因，一是市一级行政审批事项太多，集中审批所需要做的工作量太大；二是市一级的行政审批的集中难以监管。所以，如何实现行政审批局的"纵向调整"，还存在很多未知因素。

（四）权力该"分散"还是"集中"？

原有多部门审批的格局下，权力较为分散，在一定程度上能够发挥一定的制衡、节制作用。比如，一个企业生产的产品不合格或者并不具备进入产品市场的条件，如果想要通过审批，必须在审批中把各个环节关卡都"疏通"一遍，这么做的结果是全部通过的概率不高，企业付出的代价很大，也许会远大于进入市场的获利。但不能忽视的是，过去多部门审批会造成治理碎片化问题，政府治理中"部门主义""各自为政""视野狭隘"等公共部门裂化现象层出不穷，这与以简政放权、优化营商环境为目标的"放管服"改革相悖。

为了打破碎片化治理的格局，推进"放管服"改革，以行政审批局模式为代表的相对集中行政审批改革是一种很好的尝试，但这么一来也存在一定的风险和局限性。如果将多种行政审批权集中到行政审批局统一行使，固然可以带来审批程序的便捷和高效，但是否会造成该机构权限过大，使之发展成为"超级衙门"？

不难想象，权力的高度集中必然会带来权力难以制约的风险，武侯区行政审批局正面临这样的风险。根据我们访谈了解到的信息，武侯区行政审批局某些科室职工多次被群众举报收受红包。过去需要多个职能部门盖章授权的审批事项现在集中在一个审批办公室，权力的制衡如何实现？工作人员谁来监督？在缺乏监管的情况下，是否会让一些无良企业有机可乘呢？在缺乏监督和制约的情况下，工作人员是否会凭借手中的权力吃拿卡要，人为地给办事企业和人员获得证书制造障碍呢？

据了解，为了制衡审批权力，新任局长将原来的审批办公室按照流程分散为受理中心、审查中心、核准中心和出证中心，各个审批事项进度随机在四个中心分配，每一个中心的审批人员只负责自己负责的审批部分，并且不知道已审批的事项下一个流程到哪个中心。这样的改革虽然在一定程度上能够抑制权力集中后产生的寻租风险，但不能否认，这样的制衡力度显然还远远不够，未来还应该考虑将公民参与、社会监督等纳入监管体系中。

五　结语

从政务服务中心到行政审批局，其目的在于减少碎片化管理，行政审批局相当于政务服务中心的加强版,更集中了权力。但是,行政审批局也出现不少新的问题。无疑,从近二十年的中国行政体制改革来看,减少碎片化管理、推行整体性治理是一个大的趋势。无论是大部制改革,还是工作小组、联席会议制度,或是相对集中行政审批改革,都贯彻了这个思路。"行政审批局"模式在为我们提供理论的中国情景的同时,也需要我们站在更高的理论框架上理解并不断完善理论。改革,永远在路上。

思考题

1. 从政务服务中心到行政审批局,是什么因素促进了改革的推进?
2. 假如你是行政审批局局长,面临新的挑战,你会采取怎样的措施来加以应对?
3. 请从整体性治理理论视角分析行政审批局模式的创新之处。

案例说明书

一 课前准备

(一)教师准备

1. 阅读案例。
2. 结合自身工作,对案例中提出的问题作初步思考。

(二)学生准备

学生应在课前仔细阅读案例正文,认真研读相关文件及媒体的报道,了解各方意见;阅读有关行政审批局模式等体制改革的论文和专著,对案例的背景、主题进行适当的了解。

二 适用对象

(一)适用课程

本案例主要适合公共管理学、地方政府学以及政府组织与管理等课程的教学和研究。

(二)适合学生

本案例适合有一定工作经验的学员和管理者学习,如 MPA 学员;也适合行政管理等专业的本科高年级学生及公共管理类、社会学类和政治学类学术型研究生等。

三 教学目标

1. 通过对案例的学习和相关资料的查阅，熟悉我国行政审批制度改革的历程、内容和阶段划分。

2. 通过对案例的分析和讨论，熟悉我国行政审批制度改革与政府职能转变的关系，对各阶段行政审批制度改革尤其是行政审批局模式改革背后的推动因素有深入见解。

3. 在实践上，基于公共管理理论，能提出新阶段下行政审批局模式面临问题的解决方案。

4. 能在整体性治理理论下分析相对集中行政审批改革背后的理论逻辑，并运用相同的分析框架分析我国其他方面的政府组织改革，包括大部制改革、领导小组模式、联席会议模式以及相对集中行政执法模式改革。

四 教学内容与要点分析

（一）分析思路

行政审批局是行政审批改革中的一个重要尝试。在新的形势下，创造性地执行中央的政策，简政放权，增强市场活力，刺激经济增长，意义重大。本案例以成都武侯区行政审批局为研究对象，向读者展示以武侯区行政审批局为代表的体制突破的原因、取得的成效、存在的问题以及面临的挑战，并对如何实现简政放权、推进"放管服"改革提供政策建议。因此，整体的分析思路主要包含三个方面：提出问题、分析问题和解决问题。

1. 提出问题

通过对这个较为完整的案例进行阅读和思考，可训练学生对当前实践中的热点问题进行严肃且具有一定深度的学术思考。尝试在一定的理论、视角和框架的观照下，基于鲜活的场景和实践现实，提出具有较强代表性、前瞻性及预见性的学术命题或议题。

2. 分析问题

通过对案例的深入分析、合作讨论和梳理关键知识点，可以训练学生基于不同学科、不同方法、不同立场和不同视角等而得出迥异的观点、判断和结论，这有助于提高多层面、多维度、立体化分析问题的能力。启发学生辩证看待经济问题、政策问题，引导学生积极思考简政放权、"放管服"改革和政府综合治理等相关重要理论概念。

3. 解决问题

通过对行政审批局在实践中所遭遇困境的反思，提出相关对策和建议，可以帮助学生形成一定的反思能力、批判能力及辩证思维能力，还有助于进一步提升深化改革、助推民生目标早日实现及促进地方政府合作创新等能力。

（二）整体性治理理论

整体性治理就是以公民需求为治理导向，以信息技术为治理手段，以协调、整合、责任为治理机制，对治理层级、治理功能、公私部门关系及信息系统等碎片化问题进行有机协调与整合，不断从分散走向集中、从部分走向整体、从破碎走向整合，为公民提供无缝隙且非分离的整体型服务的政府治理图式。

整体性治理理论是对新公共管理理论的一种修正。新公共管理理论是从经济和社会的视角看待政府的管理，其背景是全球经济一体化的推进对效率的要求、对公共服务提出的多元化要求，以及对官僚体制的繁文缛节和低效率的批评。因此，新公共管理所采用的治理方式，比如强调绩效、结果、分权以及解制、效率、重塑政府等都反映了当时时代的要求。而整体性治理理论则是以政府内部机构和部门的整体运作为出发点，其背景是信息时代的来临。20世纪90年代后信息技术的迅速发展和普遍应用，使新公共管理的一些治理方式被终止或被改革。整体性治理作为公共行政学领域的一个新范式，已成为世界各国政府发展的现实之需和方向指引。背离职能再造而转向功能再造，背离以经验为导向的方法而转向以问题解决为导向的方法，背离从政府部门自身便捷性出发而转向以公众需求为核心，这三者分别构成了整体性治理理论的组织、方法论和价值基础。

1. 以公众需求为核心

当代公共行政遵循结果平等的原则，即目标相同的对象所获得的利益也应大致相同，政府部门应秉公运用法规，平等对待所有居民，这导致政府在满足公众需求上缺乏前瞻性和创新性。以公众需求为核心，不是政府部门从自身的便捷性出发，而是围绕公众的真实需求，对政府系统进行根本性的变革，以大幅度提高公共服务效能和创新能力，通过变革政府系统的激励与责任机制、权力结构以及行政文化来完成这一变革过程。

整体性治理把重点放在以公众需求为核心的制度设计和流程变革上，将公众需求作为自己解决问题的一部分，积极发展出一种行动策略，整合所有的部门、人员和资源，以单一的窗口"一站式"为公众提供优质高效的信息和服务，并在系统内部展开合作，即"以公众需求为核心，每个运行环节相互协调、步调一致，形成一个整体性的运转流程——不是各个环节的简单排序，而是围绕最终目标、体现整体效益的运行流程"[1]。

2. 以问题解决为导向

以经验为导向，遵循从经验到问题，再到选择优先顺序，然后制定政策并执行的线性逻辑。这种逻辑是在公共事务简单、政府介入事务范围有限的情境中发展起来的，并深受官僚制根深蒂固的影响。[2] 随着公共事务复杂性、不确定性和交叉性的日益突显，大量的公共事务呈现多重交叉的趋势。问题的解决更多地依赖不同部门、机构和行业间的协同作业。在这种背景下，以经验为导向的方法科学性降低，处理问题的能力下降，应用范围受到局限，特别是针对社会排斥、犯罪、环境保护、家庭议题等跨部门处理问题的治理能力不足。整体性治理倡导注重政府系统输出结果的效能，提倡问题解决的创新观点和复合方法。具体来说，以问题解决为导向是以解决人民的生活问题为出发点，将个人的生活事件列为政府治理的优先考虑选项，将政府组织的研究重点转移到问题解决的轨道上来。

以问题解决为导向的治理方法要得以充分实现，政府系统应在治理方法、思维模式和运行机制上进行新的创新和变革。首先，吸纳包括政府机构在内的利益相关者的资源和优势，形成智慧集群。人民生活事件的多样性和复杂性，要求解决方法呈现复合性，不仅应充分发挥政府系统的自身优势和能力，也应积极吸纳其他组织的资源和智力。其次，实现政府的整体性运行，变革以分工合作为基础的运行机制，将分工合作转变为合作分工。

3. 以功能整合为支撑

功能整合是在不破坏职能分工的专业化的基础上，跨越既有职能部门

---

[1] 胡佳：《迈向整体性治理：政府改革的整体性策略及在中国的适用性》，《南京社会科学》2010年第5期，第46~51页。

[2] Pollitt, C., "Joined-up Government: A Survey, Political Studies Review," *Political Studies Review*, 2003 (1): 34–39.

边界的一种新的整合方式，目的是确保整合后的组织更加明智和合理。整体性治理并不意味着大块头（one big lump）的政府，它并不完全摧毁职能边界，而是提出职能部门整合的切入点。在剔除现存职能边界方面，整体性治理并不是必然的。功能整合是相对职能整合而言的，职能整合的逻辑是政府根据新的内外部环境变化，对自身的职能进行新的定位和梳理，以便适应变化了的环境。职能整合之后，政府系统依据新的职能，重新设置新的部门来履行新的使命。职能整合对政府适应新的环境，保证政府系统具有适应性和灵活性具有重要作用。但职能整合本质上仍然是政府系统对其自身职能的重新调整，政府运行方式不会产生根本性变革。依据职能设置部门，以部门为主体制定政策和执行政策的过程，增加了政策系统的复杂性，为政府系统跨部门制定政策和协同作业带来障碍。而且，单一职能的机构，遵循着专业化分工和职能不能交叉的原则，以各部门分别处理其组织任务所管辖的业务领域为出发点，这又造成了部门中心主义、视野狭隘和各自为政的后果。整体性治理理论的奠基人，英国学者希克斯将此种现象产生的根源定义为"功能性裂解"。整体性治理正是为了矫治功能性裂解而提出的新理论，是为了规避政府系统放任不同职能部门间的单打独斗，制度化落实政府各部门间的沟通协调，并通过权力和目标的适度集中与责任的合理下放，从协调和整合两个维度出发，为满足公众真实的需求提供可欲结果（desirable outcome）的一种新型治理范式。

（三）行政审批局的创新点

1. 通过集中审批，减少行政审批事项

对现有行政审批事项进行全面清理，政府部门自行设定的核准、备案审批事项，要一律取消，确需保留的必须有充分的法律依据，且经过论证符合实际工作需要。截至2015年底，武侯区各职能部门行政审批事项累计取消618项，职能部门中介服务清单累计取消320项，工商登记前置审批目录清单累计精简了85%。对非行政审批许可事项进行全面清理，清理项目达到453项。让"非行政许可审批"这一名称彻底成为历史。改革的根本目的在于通过精简，提升社会经济活力，促进社会经济的可持续发展。根据这个大的改革目标，要对现有审批项目逐项进行清理，该退出的要退出，该淡化的要淡化，该保留的要保留。到2015年底，武侯区行政审批事项在原有基础上总量减少了将近三分之一。也就是说，改革一定要设立标准，该减少的项目一定要减少，但关系到国计民生的重点行业和重大项

目，一定要强化审批。要强化行政审批工作的绩效管理，推行网上审批和联合审批等做法。建立健全日常考核监督和办理时限预警等长效机制。规范行政审批行为，除涉及国家安全等重大项目外，一律按照"谁投资、谁受益、谁决策、谁承担风险"的原则，落实企业投资的自主权。除特殊条件或特殊技能的职业需要设立资质许可外，其他类型资质许可一律予以取消。政府部门依法制定行业评价规范，要逐步转交给相关行业协会具体认定。整合业务相同或相近的检测认证机构，探索建立统一的信用信息平台。

2. 以审改主管部门牵头，探索特色行政审批机制

一是探索以武侯区特色商圈为项目载体的审批机制，由审改工作主管部门牵头，联合发改、投促、行政审批等部门，以区特色商圈为载体，明确各区域功能定位，规范行政审批行为。二是简化行政审批环节和审批手续，实施动态联合审批，避免多头审批、互相踢皮球、久拖不决问题的产生。对联合审批项目，要采取联合审批方式快速办理，方便企业和群众。凡普通行政许可事项、简易行政许可事项，必须要做到即收即办。三是建立上报事项负责办理制。凡特殊申请事项，承办部门需及时上报。四是建立重大事项联合办理制。对于涉及国计民生的重大审批事项，必须按有关规定进行联合审批办理。五是执行核准项目明确答复制。逐步建立审批服务、招商引资、后续监管相结合的新型服务模式，为企业提供事前、进驻和落地以后的各类政务服务，加强部门协作，在实践过程中以产业发展为导向、以服务企业为己任、以部门信息共享为手段，逐步形成定位准确、功能齐全、机制优化、服务周到、运行高效、管理有序的新型运行机制。依据企业申请和需要，在控制法律风险的前提下，审批部门要制定模拟审批的实施细则。对尚未完全具备基本建设项目审批条件的项目，审批部门最大限度简化审批手续，最大限度发挥模拟审批在项目审批提速提效中的作用，促进项目早日运行。

五 课堂安排

本案例拟用3课时完成。由教师引导，针对不同学生的情况，实施不同的教学计划。

A方案：针对缺乏相关工作经验的本科生、全日制硕士研究生，可采取课前阅读和制作PPT演示文稿、课中分组讨论和PPT展示及课后巩固复习的模式。

B方案：对于MPA，由于学员在岗位、职业、行业、专业背景等方面的差异性较大，可灵活采取课前预习、课堂讨论、课后回顾的方式进行。

两种课堂教学安排，具体如下：

A方案	B方案
课前（6小时）：阅读相关文献、查找资料（含相关的视频）（3小时），小组讨论（2小时），制作PPT（1小时） 课中（180分钟）：小组PPT演示（60分钟）—分组讨论（60分钟）—知识梳理（35分钟）—问答和机动（25分钟） 课后（120分钟）：复习和巩固（20分钟）—寻找课堂上未提及的新知识点或问题（40分钟）—写出案例分析报告和发现的知识增长点（60分钟）	课前（3小时）：阅读相关文献（2小时），查询资料（1小时） 课中（180分钟）：小组讨论（60分钟）—观点分享（40分钟）—小组辩论（50分钟）—核心知识点梳理和理论提升（20分钟）—问答和机动（10分钟） 课后（90分钟）：复习和巩固（10分钟）—结合自身工作经历，寻找新知识点（20分钟）—写出案例分析报告和发现新的知识增长点（60分钟）

六 其他教学支持

教室需黑板、电脑、投影设备等，确保播放软件稳定运行。

参考文献

[1] 张耘、胡睿：《超大型城市智慧化治理体系建设研究——基于整体性治理理论》，《行政管理改革》2018年第6期，第34~37页。

[2] 韩瑞波：《整体性治理在国家治理中的适用性分析：一个文献综述》，《吉首大学学报》（社会科学版）2016年第6期，第67~73页。

[3] 杨旎：《整体性治理理论视角下"互联网+"行政审批的优化》，《电子政务》2017年第10期，第38~45页。

[4] 谢微、张锐昕：《整体性治理的理论基础及其实现策略》，《上海行政学院学报》2017年第6期，第31~37页。

[5] 韩小凤：《从传统公共行政到整体性治理——公共行政理论和实践的新发展》，《学术研究》2016年第8期，第77~82页。

[6] 韩兆柱、翟文康：《大数据时代背景下整体性治理理论应用研究》，《行政论坛》2015年第6期，第24~29页。

[7] 王锰、郑建明：《整体性治理视角下的数字文化治理体系》，《图书馆论坛》2015年第10期，第20~24页。

[8] 方堃:《农村公共服务平台的结构及功能:整体性治理视角——从"条块分割"到"协同耦合"的理论与实证研究》,《农村经济》2012年第4期,第12~15页。

[9] 胡佳:《迈向整体性治理:政府改革的整体性策略及在中国的适用性》,《南京社会科学》2010年第5期,第46~51页。

[10] Pollitt, C., "Joined-up Government: A Survey, Political Studies Review," *Political Studies Review*, 2003 (1): 34 – 39.

【第二讲】 农村集体经营性建设用地入市的改革模式探索

——基于成都市郫都区白云村的实地调研

摘　要：2015年，在坚持政府、基层群众自治组织、村民三方联动的原则下，成都郫都区白云村凭借充足的前期准备（彻底的土地集中、土地确权等），成功拿到了农村集体经营性建设用地入市政策试点名额，并逐渐探索出一条通过农村集体经营性建设用地进入市场撬动村庄发展的独特道路。本案例从入市制度环境、入市过程、政策效果、未来前景四个方面展现白云村农村集体经营性建设用地入市的产生及发展过程，重点呈现资本下乡背景下白云村农村集体经营性建设用地的入市路径及成效，并对农村集体经营性建设用地入市的制约因素进行探讨。通过本案例，读者可进一步思考公共政策的试点和制定等问题，也可对制度变迁理论、协同治理理论、合作治理理论等相关理论有更加深入的理解。

关键词：农村集体经营性建设用地；资本下乡；自主参与

案例介绍

引言

农村的集体建设用地分为三大类：宅基地、公益性公共设施用地和集体经营性建设用地。其中，农村集体经营性建设用地是指具有生产经营性质的农村建设用地，包括农村集体经济组织使用乡（镇）土地利用总体规划确定的建设用地兴办企业或者与其他单位、个人以土地使用权入股、联营等形式共同举办企业、商业所使用的农村集体建设用地，比如过去的乡镇企业用地。早在1999年至2002年，国土资源部就在安徽芜湖、江苏苏州、浙江湖州、广东顺德等地开展了农村集体建设用地流转试点。2008年党的十七届三中全会也提出要逐步建立城乡统一的建设用地市场。中央对于深化此项改革的目标、思路和步骤是清晰、明确和递进的，体现了推进集体建设用地入市改革的市场化、股份化、产权明晰、权责明确、城乡一体等改革基本思想。① 农村土地制度改革是城乡统筹发展必经之路，《中华人民共和国土地管理法》在2004年之后一直没有进行修改，其中有很多管理条款早就不适合我国当前城乡用地情况。有关统计显示，我国1977年的城镇化率仅为17.5%，到2017年我国城镇化率达到58.8%，城镇化率大幅度上升。伴随着农村人口大量进入城市，很多耕地被"抛荒"，"空心村"不断涌现，农村无法享受土地红利。

2015年1月，中共中央办公厅和国务院办公厅联合印发了《关于农村土地征收、集体经营性建设用地入市、宅基地制度改革试点工作的意见》，这标志着我国农村土地制度改革即将进入试点阶段。2015年第十二届全国人大常委会第十三次会议决定，授权国务院在北京市大兴区等33个试点县（市、区）推进农村土地征收、宅基地管理制度、集体经营性建设用地入市改革试点。四川省成都市郫都区是农村土地制度改革的试点之一，其中农村集体经营性建设用地入市改革是主要任务。借助新时代的政策优势和制度优惠，郫都区结合自身的地理位置优势，与协信多利农业发展有限公司、四川迈高旅游资源开发有限公司等企业开展合作，采取用土地资源入市换取资金、用入市资金进行村庄建设的方式来发展农村经济，增加农民收入，使农村走上可持续发展道路，不仅解决了宅基地零星分散、土地资源浪费的情况，而且为土地改革提供了一条实践经验。

郫都区的农村集体经营性建设用地入市是如何进行的？入市之前的土地分布状况是怎样的？试点效果如何？有哪些可推广的经验？地方政府在这一政策执行过程中扮演什么角色？这些问题都需要进一步理清。

一 案例背景

（一）条件优越的郫都区

郫都区是四川省成都市下辖区县之一，目前管辖郫筒街道、犀浦街

---

① 唐勇：《集体经营性建设用地入市改革：实践与未来》，《治理研究》2018年第3期。

道、红光街道、安靖街道、团结街道、唐昌镇、三道堰镇、安德街道、德源街道、合作街道、西园街道、友爱镇9个街道3个镇,下辖147个村(社区),2021年末常住人口139万。郫都区的土壤、水文和气候十分适合农业生产,大部分属于平原地区,只有极少数的浅丘台地。[①] 优越的自然环境、便利的交通区位、优惠的政策条件吸引了成都寻道科技有限公司、协信多利农业发展有限公司、四川迈高旅游资源开发有限公司等多家旅游、农家乐、农庄和高新技术产业入驻该区。2015年,郫都区被定为农村集体经营性建设用地入市试点单位,2018年7月入选"2018年农村集体产权制度改革试点单位",2018年10月被评为"2018年全国农村一二三产业融合发展先导区"。

(二) 政策法律环境

我国集体经营性建设用地入市经历了鼓励—严格限制—放松限制—入市试点的发展过程。1986年,我国出台《中华人民共和国土地管理法》,规定任何单位和个人不得侵占、买卖、出租或者以其他形式非法转让土地。随着改革开放的推进,1988年12月29日,第七届全国人大常委会修正了《土地管理法》,删除了"禁止出租土地"的内容,并增加规定"国有土地和集体所有的土地的使用权可以依法转让"。新增农村建设用地由县级政府负责审批,存量的建设用地只需乡镇政府审批即可。正是这一法律规定促进了乡镇企业的蓬勃发展,此时农村建设用地私下的市场交易也开始出现。但是,1986年及其后修正的《中华人民共和国土地管理法》缺乏对宏观经济的调控和农用地转建设用地的约束机制,这直接导致土地利用率低,存在土地浪费现象。1998年修订的《中华人民共和国土地管理法》加强了对农村建设用地的控制,规定"任何单位和个人进行建设,需要使用土地的,必须依法申请使用国有土地",但"农民集体所有的土地的使用权不得出让、转让或出租用于非农业建设"。2004年10月,国务院发布了《关于深化改革严格土地管理的决定》,规定"在符合规划的前提下,村庄、集镇、建制镇中的农民集体所有建设用地的使用权可以依法流转",土地政策才逐渐放松。2005年,农村集体建设用地"增减挂钩"开始在浙江、江苏、四川成都等地试点。2008年10月,《中共中央关于推进农村改革发展的若干重大问题的

---

① 根据郫都区人民政府官网整理而得。

决定》明确提出要建立城乡统一的建设用地市场的目标，并明确提出搞好农村土地确权、登记、颁证工作。2009年8月，《国土资源部关于促进农业稳定发展农民持续增收推动城乡统筹发展的若干意见》指出要加快农村土地确权登记工作，规范集体建设用地流转。2012年12月，《中共中央国务院关于加快发展现代农业进一步增强农村发展活力的若干意见》要求严格规范农村集体经营性建设用地使用权流转，强调农村集体的非经营性建设用地不得进入市场，这是中央文件第一次将农村集体经营性建设用地从农村集体建设用地中分离出来进行强调。2013年11月，《中共中央关于全面深化改革若干重大问题的决定》指出"在符合规划和用途管制前提下，允许农村集体经营性建设用地出让、租赁、入股，实行与国有土地同等入市、同权同价"，这是中央文件第一次明确提出农村集体经营性建设用地可以与国有土地同等入市。2015年，中央在全国33个县（区）进行农村土地制度改革的试点工作。从1986年《中华人民共和国土地管理法》颁布到2004年《中华人民共和国土地管理法》的第二次修正，再到2015年农村土地改革试点工作开启，农村集体经营性建设用地管理从政策鼓励到政策限制再到政策鼓励，并不是一个政策倒退的过程，而是一个螺旋式上升过程。1988年对农村集体建设用地的鼓励和当前对农村集体经营性建设用地的入市试点都是随着当时的具体情况而制定的不同政策。

2019年8月《中华人民共和国土地管理法》修正案通过之后破除了法律障碍，农村集体建设用地入市得到了法律的认可。在此之前的法律法规政策虽然并未明确允许这一行为，但为当时的流转提供了可能性。与法律相比，政策先行，与实践几乎同步发展。对集体建设用地有具体表述的法规可追溯至1999年的《宪法修正案》，主要对自留山、自留地的经营予以法律规定。《中华人民共和国土地管理法》对集体经营性建设用地的经营表述较少。1998年修订的《中华人民共和国土地管理法》较之1988年最大的变化是为了防止土地的滥用和违规建设，对于个人或单位使用建筑建设用地，必须符合法律和程序，这表明禁止将集体所有的建设用地进行非农用途，不与国有土地同等同权。到2004年《中华人民共和国土地管理法》也没有改变这两项规定。直到2019年《中华人民共和国土地管理法（修正案）》通过之后，集体经营性建设用地进入市场流转交易合法性障碍终于被冲破，为集体经营性建设用地在全国进行市场化交易提供了法律保障。① 在国务院决定在全国33个地区进行试点的第二年即2016年，财政部、国土资源部发布了《农村集体经营性建设用地土地增值收益调节金征收使用管理暂行办法》，规定对国家、集体与农户个人在入市过程中收益分配的比例，各地可依据该办法因地制宜，做相应的调整。② 那么在试点工作中效果如何、有哪些问题等，都需要在总结的基础上，挖掘出为农村发展可提供借鉴的经验。

2015年9月7日上午10点30分，郫县③公共资源交易服务中心举行了郫县唐昌镇战旗村13.447亩集体经营性建设用地使用权挂牌出让现场

---

① 2019年《中华人民共和国土地管理法》第六十三条规定："土地利用总体规划、城乡规划确定为工业、商业等经营性用途，并经依法登记的集体经营性建设用地，土地所有权人可以通过出让、出租等方式交由单位或者个人使用，并应当签订书面合同，载明土地界址、面积、动工期限、使用期限、土地用途、规划条件和双方其他权利义务。前款规定的集体经营性建设用地出让、出租等，应当经本集体经济组织成员的村民会议三分之二以上成员或者三分之二以上村民代表的同意。通过出让等方式取得的集体经营性建设用地使用权可以转让、互换、出资、赠与或者抵押，但法律、行政法规另有规定或者土地所有权人、土地使用权人签订的书面合同另有约定的除外。集体经营性建设用地的出租，集体建设用地使用权的出让及其最高年限、转让、互换、出资、赠与、抵押等，参照同类用途的国有建设用地执行。具体办法由国务院制定。"

② 《农村集体经营性建设用地土地增值收益调节金征收使用管理暂行办法》第四条规定："本办法所称调节金，是指按照建立同权同价、流转顺畅、收益共享的农村集体经营性建设用地入市制度的目标，在农村集体经营性建设用地入市及再转让环节，对土地增值收益收取的资金。农村集体经济组织通过出让、租赁、作价出资（入股）等方式取得农村集体经营性建设用地入市收益，以及入市后的农村集体经营性建设用地土地使用权人，以出售、交换、赠与、出租、作价出资（入股）或其他视同转让等方式取得再转让收益时，向国家缴纳调节金。"第六条规定："调节金分别按入市或再转让农村集体经营性建设用地土地增值收益的20%~50%征收。农村集体经营性建设用地土地增值收益，是指农村集体经营性建设用地入市环节入市收入扣除取得成本和土地开发支出后的净收益，以及再转让环节的再转让收入扣除取得成本和土地开发支出后的净收益。试点县综合考虑土地增值收益情况，按照土地征收转用与农村集体经营性建设用地入市取得的土地增值收益在国家和集体之间分享比例大体平衡以及保障农民利益等原则，考虑土地用途、土地等级、交易方式等因素，确定调节金征收比例。"

③ 2016年11月，国务院批复同意撤销郫县，设立成都市郫都区，行政区域和政府驻地不变。为行文方便，后文中郫县、郫都区统称为郫都区（文件名除外）。

会，以 52.5 万元/亩的价格出让给四川省迈高旅游资源开发有限公司，这是郫都区成为农村集体经营性建设用地入市试点单位之后的第一宗入市宗地。之后在 2016 年、2017 年和 2018 年分别入市 11 宗、4 宗和 12 宗。截至 2019 年底，郫都区一共入市了 56 宗集体经营性建设用地，总面积 1373.021 亩，总成交价为 12.4057 亿元。郫都区按照中央的顶层设计共出台了系列配套办法，专项规划、入市主体、抵押登记、收益分配、资产处置等关键环节均有专项管理制度（见表 1）。2016 年 1 月，郫都区出台《郫县农村集体经营性建设用地入市规定》，明确了农村集体经营性建设用地土地增值收益调节金的征收和管理办法。

表 1　郫都区农村集体经营性建设用地使用权入市相关政策文件

	文件名称	内容
基础管理	《郫都区农村集体经营性建设用地不动产等级管理办法》	全文共 4 章 31 条，包括总则、登记原则、登记程序和附则
	《郫都区农村集体经营性建设用地入市主体认定工作办法》	全文共 3 章 9 条，包括总则、认定管理和附则
	《郫都区农村集体组织管理办法》	全文共 9 章 37 条，包括总则、组织机构设置、组织职能、组织成员、组织管理、财务管理、收益分配、相关责任和附则
	《郫都区农村集体经营性建设用地使用权抵押登记办法》	全文共 4 章 20 条，包括总则、抵押登记条件和设定、抵押登记变更和注销、附则
	《郫都区鼓励金融机构开展农村集体经营性建设用地使用权抵押贷款工作意见》	全文共 5 章 18 条，包括总则、基本原则、操作流程、支持政策和附则
入市管理	《郫都区农村集体经营性建设用地入市规定》	全文共 12 章 55 条，包括总则、入市主体、入市范围和途径、确权登记、地价管理、交易规则、交易平台和流程、增值收益调节金管理、土地交易履行保障、监督管理服务、法律责任和附则
	《郫都区农村零星集体经营性建设用地整治与调整使用管理办法》	全文共 3 章 16 条，包括总则、实施规定和附则
	《郫都区城中村集体建设用地整治后入市管理办法》	全文共 14 条，优化土地资源配置和合理利用土地资源，规范城中村整治的规划、建设和管理，改善居住环境，维护农民权益，结合郫都区实际制定

续表

	文件名称	内容
入市管理	《郫都区招标拍卖挂牌出让农村集体经营性建设用地使用权规则》	全文共4章22条,包括总则、原则及办法、法律责任和附则
	《郫都区租赁农村集体经营性建设用地使用权管理办法》	全文共5章17条,包括总则、方式及程序、转租、租赁人当事人的权利和义务、附则
	《郫都区农村集体经营性建设用地使用权作价入资(入股)办法》	全文共3章12条,包括总则、管理办法和附则
	《郫都区农村集体经营性建设用地协议入市办法》	全文共3章7条,包括总则、管理办法和附则
	《因政府原因解除用地协议的流程》	从受让人和入市主体协商提出退款申请到区财政局退还费用共8个流程
配套管理	《郫都区农村集体经营性建设用地入市增值收益调节金征收使用管理暂行办法》	全文共7章19条,包括总则、征收范围、征收标准、收取与使用、拨付程序、处罚和附则
	《郫都区农村集体经营性建设用地入市收益分配指导意见》	全文共5章10条,包括总则、完善分配制度、强化民主决策机制、加强监督与指导和附则
	《郫都区集体土地资产处置管理实施办法》	全文共5章20条,包括总则、管理主体、集体土地资产处置管理、资产收益监督管理和附则
	《郫都区农村集体经营性建设用地项目环评管理办法》	全文共3章18条,包括总则、管理办法和附则
	《郫都区农村集体经营性建设用地项目建设规划管理办法》	全文共4章8条,包括总则、管理细则、法律责任和附则
	《郫都区农村集体经营性建设用地项目建设管理办法》	全文共4章8条,包括总则、监督管理、法律责任和附则
	《郫都区农村集体经营性建设用地入市财务管理制度》	全文共8章17条,包括总则、预决算管理、财务管理、票据管理、资产管理、财务公开、监督管理和附则
	《郫都区农村集体经营性建设用地违法建设责任追究办法》	全文共4章8条,包括总则、职责分工、责任追究和附则
	《郫都区农村集体经营性建设用地使用权入市审计监督办法》	全文共3章13条,包括总则、审计监督和附则

资料来源:谢小芹根据调研整理而成。

二 案例过程

白云村是郫都区红光街道下辖的一个村庄，距离郫都区中心仅10分钟车程，地理位置优越，吸引了很多乡村旅游公司、乡村产业的入驻。2015年被确定为农村集体经营性建设用地试点后，白云村利用第一、二、三产业融合发展模式，推动村庄经济发展和村民收入水平提高。

（一）"被遗忘的土地"

课题组从对多利农庄相关工作人员的访谈中了解到，在多利入驻白云村之前，该村土地撂荒情况比较严重，95%的土地得不到充分利用。原因是种地收入无法支撑一家人的生活，农民大多将土地撂荒，选择就近到成都、绵阳等地务工，农忙时节回来务农。还有一部分人长期在广州、北京、江苏等地务工，这部分村民家的耕地基本闲置撂荒，宅基地也长期处于闲置状态。白云村有部分村民已经在城镇购买了住房，农村的宅基地和房屋也处于闲置状态。①

（二）"被攫取的土地"

白云村土地的破坏与浪费主要是在土地整治之前，大部分土地出租给外地商人进行风景树、花卉等经济作物种植。这些外地商人多注重眼前利益，大量使用农药和除草剂，而且没有具体的土地利用规划和约束。这些外来商人的出现，一方面直接影响到本地小农户的农业用水。由于水属于国家所有，谁都可以使用，新型资本对河水的圈占以及对地下水抽取的搭便车就出现了，这不仅影响村庄小农户利益，而且也影响到了河流下游居民的水权。部分村民认为无所谓，然而有些村民隐约感觉到了潜藏的危机："大量土地被流转出去了，他们打了很多机井，修建了大型的储水池，直接抽地下水，估计会对地下水有影响。他们对树木和蔬菜需要经常打药，残留的药物直接排到沟里，估计也会渗透到土地下，可能会影响土质和水。"另一方面，下乡主体无形中还通过村庄原有水利设施的放任不管等不作为变相挤压农户的种植结构和生存空间，即使有良好的水源，但沟渠不整理好，中途流水较严重，小农户根本无法用水，形成下乡主体与部分村民争水的态势。水资源实际控制权向资本手中集中，不仅挤压了农户

---

① 对白云村村书记的访谈记录。

的水资源获取空间，还削减了农户种植其他作物的选择空间。

（三）"被唤醒的土地"

1. "多利"来了

多利（成都）农业发展有限公司（以下称多利农庄）自 2013 年以来已陆续投入 5.8 亿元用于"多利·桃花源"田园综合体项目有机农业产业的发展，其中也包括对白云村土地整理与新农村建设项目的参与。

多利农庄的发展战略是"抓好两端，带动中游"，即集中火力促进农业，水到渠成带动中游。前端主要是指新科技新品种，比如玻璃温室大改造，智能农业、有机农业、新技术大运用，土壤、道路、水利、原油及土壤整改等。后端主要是指拓渠道提销售。加大领办、联办农民专业合作社，引进蔬菜种植大户；加强商超平台合作，加强企业及单位平台供货，加强农副产品定制销售等。带动中游就是带农民创收，通过建立专业合作社（如白云村蔬果专业合作社）带动农民致富创收。具体的发展战略如图 1 所示。

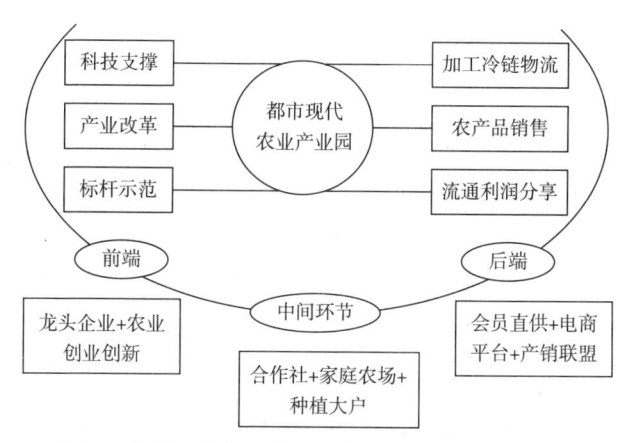

图 1　多利（成都）农业发展有限公司发展战略图

2. "入市"的政策之窗

2015 年郫都区被选定为集体经营性建设用地入市试点单位，白云村是试点村之一。白云村的集体建设用地采取公司垫资、宅基地有偿腾退、经营性建设用地入市方式，筹集农民房屋拆旧建新、环境改善等资金，解决新农村建设钱从哪来以及土地分散浪费的问题，同时以协议的方式明确了多利农庄对白云村土地整治成本进行兜底。全村集体建设用地 456 亩，其中规划新型社区用地 94 亩，自留产业发展用地 12 亩，可入市集体经营性建设用地 330 亩（见表 2）。据白云村村书记介绍，该村在 2016 年分别入市 20 亩和 108 亩集体经营性建设用地，由多利农庄摘牌取得，其中前 20 亩定价为 68 万元/亩，后 108 亩定价为 69 万元/亩，最后交易金额为 8812 万元，多利农庄一次性付给白云村（这笔交易金额上缴给地方政府 15% 的调节金之后，剩下的全部用来抵付多利农庄对白云村的土地整治过程中的成本）（见表 3、图 2）。事实上，白云村需要交付给多利农庄的集体经营性建设用地一共是 330 亩，第一次谈判下来交易价格为 1.73 亿元，经过制定新的协议最后确定以 2.5 亿元成交。这 330 亩地只有 280 亩地已经腾出来，而只入市 128 亩，是因为政策规定入市必须分批进行。这也就说明白云村与多利农庄之间是长期深度合作的关系。

表 2　白云村土地规划面积

单位：亩

土地类型	面积
耕地	1955
农村集体建设用地	456
入市集体经营性建设用地	330
村庄自留产业发展用地	12
规划新社区用地	94
其他用地	20

注：表中数据由笔者根据郫都区国土局网站上的信息整理得到。

表 3　白云村集体经营性建设用地入市情况

宗地编号	宗地位置	净用地面积（亩）	土地用途	使用年限（年）	成交价格（万元/亩）	成交总价（万元）	竞得人
郫公资集挂2016011号	郫县红光镇白云村2、3、4、5、7、8社	108.38	村庄商业、服务业设施用地	40	69	7478.22	多利（成都）农业发展有限公司

注：表中数据由笔者根据郫都区国土局官网上的信息整理得到。访谈中谈到的前 20 亩集体经营性建设用地的入市情况没有在郫都区国土局官方网站中找到有关通知。

3. 九个"钉子户"

村书记认为："川西民居的模式不适合土地整治，不能节约土地空间，所以只有首先进行土地整治，集中居住，将土地整理出来，才能够将土地资源变资金，村庄的发展建设才有资金成本。"然而，整个土地整治过程并不

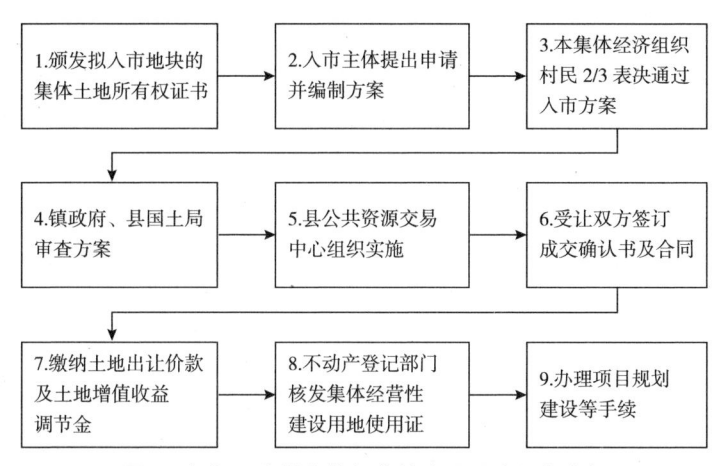

```
1.颁发拟入市地块的          2.入市主体提出申请         3.本集体经济组织
集体土地所有权证书    →    并编制方案          →    村民2/3表决通过
                                                     入市方案
                                                          ↓
4.镇政府、县国土局          5.县公共资源交易          6.受让双方签订
审查方案            ←      中心组织实施        ←    成交确认书及合同
      ↓
7.缴纳土地出让价款          8.不动产登记部门          9.办理项目规划
及土地增值收益        →    核发集体经营性      →    建设等手续
调节金                      建设用地使用证
```

图 2　郫都区农村集体经营性建设用地入市途径

是一帆风顺的。白云村共 606 户，第一轮土地整治过程中有 80 多户不愿意，主要有四个方面的原因：一是有一些体制内的人，他们在城市的小区里已经有了房子，当然也希望在农村有一个房子，这部分人是最不愿意参与土地整治的；二是土地整治的补偿太低，这是大部分村民不愿意参与的原因；三是对政策的误解，农户不了解国家政策，他们认为自己的宅基地被占用了，就永远失去宅基地了，最后会没房子住；四是历史遗留问题，上一届的村干部，在民主选举中被选下来，心存不满，不支持村里的工作。通过不断做思想工作，最后全村只有 9 户没有参与到土地整治中来。村委会没办法，只好绕过这 9 户人家，从其他地方规划土地进来，给这 9 户人家留好出路，留好门前土地。

（四）"崛起后的土地"

在集体经营性建设用地入市获得第一笔启动资金后，白云村摸索出一种多方经营、互助共赢的共享发展模式。在这一发展模式中，农民、村集体、多利农庄等不同主体都参与其中，分享政策红利，共享土地红利。

1. 村民集中居住，生活便利

白云村自 2013 年起进行过土地整治、集中居住项目。在整个土地整治过程中，拆除旧房成本、集中安置房建设成本以及对农户的宅基地面积补偿成本①较高，按照协议全部由多利农庄进行垫付。等土地整理出来进行

---

① 经村委会民主决议，旧房拆除在原来的宅基地面积基础上进行分配或补偿。原来房屋面积大的，在分配时，人均宅基地面积是 40 平方米，每户超出的部分再给予补偿，补偿金额大概是人均 3.5 万元。

入市之后，用交易金额抵付多利农庄垫付的土地整治过程中产生的成本。通过土地整治集中居住，白云村共腾出集体经营性建设用地300多亩，土地资产增加。虽然也有部分村民表示迁居到新房子后跟以前有很多不一样的地方，不太适应新建的安置房，但是总体来说村民居住环境得到显著改善，生活不适应的问题也在住进新房后的一两年内得到解决。而且村委会就建在村民居民楼的楼下，家门口就是村委会，遇到事情可以及时找村干部帮助解决，沟通十分便利。农村是一个熟人社会，从以前的川西民居式的建筑迁居到城市小区式的建筑中不会产生与城市小区类似的对面邻居不认识不交流的现象。前任村书记说："农村的新建楼家家户户以前就很熟悉，现在住得近了，每天晚上在村委会前面的广场上都会有两拨跳坝坝舞的人，还有一些唱露天卡拉OK的农户，这更加拉近了大家的距离，使村庄社会秩序更加稳定和谐。"

2. 土地合作社的"牵线搭桥"

白云村与多利农庄的合作主要体现在土地和经营两方面。土地包括集体经营性建设用地和农用地；经营方面主要是指多利农庄利用土地股份合作社招募工人，利用农民的熟练种植技术，而白云村利用多利农庄统一的销售渠道。与多利农庄的合作也是经过多轮谈判达成的，光是协议合同就进行了13次修改，这些谈判都是村委会的领导班子参与的，没有请外界的专业人士。白云村村书记介绍说："集体经营性建设用地入市是一个新的事物，了解的人也不是很多，反而是本村的人对自己的土地更加了解，更有可能从本村的情况出发，从本村的利益出发，为本村争取更多的发展机会。"

在白云村与多利农庄的合作过程中，白云村的土地股份合作社在其中起着桥梁和纽带的作用（见图3）。白云村土地股份合作社成立于2017年10月，按照村书记的说法，合作社主要就是做生意，所有参与到土地整治中的人都是合作社的股东（除去没有参与土地整治的9户人）。土地合作社的主要功能有：一是帮多利农庄派遣劳务用工，从中收取管理费；二是承担建设多利农庄的一些小型水利设施、基建项目等，从中赚取一些利润；三是让有种植意愿的人（一般是种植大户）与多利农庄形成合作，这种合作不是简单的打工，而是与多利农庄相互合作，互相协助。比如有三户人家承包100亩地种植蔬菜，这三户人家必须按照多利农庄的生产指标种植，接受多利农庄的技术指导。等到收获的季节，这些农产品通过多利农庄的多元销售渠道统一销售。目前与多利农庄有合作的销售渠道包括一些大型的商超，如苏宁易购、盒马鲜生等，还有电子商务平台以及周边的一些学校。在这一过程中白云村要从多利农庄提取收益的10%作为服务费，即如果农户通过多利农庄销售渠道赚取100万元，多利农庄需要支付给白云村土地股份合作社10万元的服务费。这里面的原因村书记做了解释："如果按照多利农庄的高标准进行生产就会导致蔬菜的产量下降，所以必须收取一定的服务费用作为补偿，这也是多利农庄作为大企业的责任所在，也是对白云村的一种扶助。"

图3 白云村与多利农庄合作共赢

也就是说，白云村与多利农庄共同保障产品的供应，多利农庄保障白云村种植户的销售，形成一个完整的生产与销售系统，加大市场开拓，增加农民收入，提高多利农庄生态菜的知名度，相互合作，共享成果。

三 结束语

农村是改革发展的重点和难点，土地是农村发展的根本，利用好土地为农村发展争取更大的机会就要求土地制度进行合理改革。农村集体经营性建设用地入市不是农村土地制度改革的最终目的，而是农村发展的一个步骤和一种手段。所以在进行农村集体经营性建设用地入市改革的过程中，既要防止为了改革而改革的现象，又要积极推进和创新与集体经营性建设用地入市相结合的农村发展模式，让农村能与城镇共同进步，实现可持续发展。

郫都区作为农村集体经营性建设用地入市改革的试点单位，在四年的试点实践中已经总结出很多可供借鉴的经验。白云村不仅在土地整治过程中腾出更多的土地资源进入市场，用于换取村庄发展资金，促进村庄建设，而且利用政企合作的模式，在与多利农庄的合作中实现了农民增收，改变了农村的落后状况，用资源换资金，用资金促发展，并且利用政策机会，引进企业优势，实现村庄的可持续发展。白云村在推进农村集体经营性建设用地入市过程中，积极与多利农庄合作，有很多值得借鉴的经验。但是在这一过程中也存在一些问题，如地方政府在这一过程中的角色如何定位，农村集体经营性建设用地入市收益分配中的比例是否恰当，政府收取调节金是否具有合法性，白云村的可持续发展实现途径是否可以复制，土地整治过程中的利益纠纷如何解决，等等。这些细节问题如果不解决好，会影响政策执行的效果。

此外，集体经营性建设用地入市试点效果如何也会影响《中华人民共和国土地管理法》的进一步修订和完善。我国现行的《土地管理法》自1986年颁布以来已经经历了三次修正和一次修订。2019年《土地管理法修正案》通过之后，集体经营性建设用地入市的法律障碍被扫除，接下来，入市的相关研究尤其是入市模式有待进一步深入探索。

思考题

1. 农村集体经营性建设用地入市对农村经济与社会发展有何影响？
2. 案例中集体经营性建设用地入市过程中存在哪些问题？
3. 你认为地方政府在入市过程中应该如何定位自身的角色，土地财政会不会出现新的表现形式？
4. 结合案例内容，谈谈你对农村土地制度改革未来发展前景的看法。

案例说明书

一 课前准备

（一）教师准备

要求学生上课前对公共政策分析课程中有关政策制定、政策执行、政策评估和政策监控等内容做好预习，将学生按照7~10人进行分组，组内进行讨论并进行记录。

（二）学生准备

学生应认真阅读本案例。在阅读的过程中，对照自己学习过的理论知识发现案例中的问题，并尝试对问题进行解答。

二 适用对象

（一）适用课程

本案例适用于公共管理、公共政策分析、农村社会学等相关课程。

（二）适合学生

主要适用对象为 MPA、公共管理相关专业本科生、对农村土地有相关研究的学习者等。

三 教学目标

本案例在具体的教学过程中要实现的教学目标有：

第一，引导学生了解并熟悉当前农村土地制度改革的相关条例和重要事件，了解公共政策效果的概念。分析公共政策效果评估的影响因素，以及政策效果评估在整个公共政策分析过程中的重要作用和地位。

第二，本案例的思路主要是通过对政策执行过程的分析来预估政策效果，主要是从农村与企业之间的合作出发，并兼顾讨论地方政府的作用，如何发挥农村土地资源的效益来争取更大的发展机会，与企业形成长期深度合作关系，实现乡村可持续发展。

第三，在以上分析的基础上，分小组讨论，并做小组汇报。

四 教学内容与要点分析

本案例提供一个政策执行的新模式，从制度环境变化出发，各利益主体围绕外部利润进行博弈，而这种博弈是一种和谐博弈，各方在政策执行过程中都能实现自身的合理利益。

（一）制度环境分析

农村土地制度具有特殊性，所以本文所说的制度环境不仅包括国家正式出台的政策和法律，也包括约定俗成的非正式规则。正式制度是指中央政府层面出台的具有宏观指导意义的法律法规政策、中观层面和微观层面具有经济发展指导意义的政策执行规定等，非正式规则主要是指约定俗成的传统观念和思想。

（二）外部利润出现

外部利润即现有的制度安排下各利益主体无法获得的利益，必须通过改变制度设计和修改法律来使得外部利润内部化。我国产业经济结构不断调整，第二和第三产业占 GDP 的比重日益增加。除此之外，在城乡居民的消费水平和收入水平不断提高的同时，二者之间的差距也有缩小的趋势。农村人口进入城市务工但不退出农村生活，城市规模不断扩张，导致城镇建设土地成本的提高。所以在正式规则与非正式规则的影响下，如果进行集体经营性建设用地入市流转，各改革主体会获取哪些在改革之前无法获得的利益呢？

（三）利益主体和谐博弈

涉及农村集体经营性建设用地入市流转的主体主要有地方政府、集体组织、农民个人以及用地单位，对这些主体在不同阶段进行的利益博弈，分析结果并进行选择。

（四）折射出的理论依据与分析

1. 公共政策执行理论

政策是党和政府用以规范、引导有关机构团体和个人行为的准则或指南。其表现形式有法律、规章、行政命令、政府首脑的书面或口头声明和指示以及行动计划与策略等。公共政策是国家机关、政党及其他法定政治团体在特定时期为实现一定社会政治、经济和文化目标所采取的政治行为或规定的行为准则，它是一系列谋略、法令、措施、办法、方法、条例等的总称。

关于公共政策执行的研究开始于 20 世纪 70 年代。在传统的公共行政模式下，政策执行一直受到忽视而处于不重要地位，被视为行政系统内部的常规过程。直到 20 世纪 70 年代，西方国家尤其是美国联邦政府的政策执行频频面临失败，研究学者们开始努力地探索在政策执行过程中导致失败的原因，进而引发了轰动一时的"政策执行研究运动"，并以 1973 年普雷斯曼和威尔达夫斯基所著的《政策执行：华盛顿的伟大期望是如何在奥克兰破灭的》为标志。按照政策执行研究理论的变迁过程，政策执行研究有"自上而下"、"自下而上"和"整合模型"三种政策执行研究模式。

2. 制度变迁理论

诺斯的制度变迁理论有五个关键概念，分别是制度环境、制度安排、初级行动集团、次级行动集团以及制度装置。这五个关键概念都围绕外部利益（外部利润）进行互动，最终使外部利润内部化。制度环境是指一系列基本的政治、社会和法律基础规则，包括正式规则和非正式规则；制度安排是指支配经济单位之间可能合作与竞争的方式的一种安排；初级行动集团是指一个决策单位，它的决策支配了安排创新的进程，这一单位可能是单个人或由个人组成的团体，正是行动集团认识到存在一些收入（这些收入是它们的成员现在不能获得的），只要它们能改变安排的结构，这些收入就有可能增加；次级行动集团也是指一个决策单位，适用于帮助初级行动集团获取收入所进行的一些制度安排变迁；制度装置是指行动集团所利用的文件和手段，当这些装置被应用于新的安排结构时，行动集团就利用它们来获取外在于现有安排结构的收入。

（五）关键要点

教师可以根据自己的教学方案灵活使用本案例，这里提出仅供参考的分析思路。

（1）引言部分引出"集体经营性建设用地"的概念，引导学生关注当前政府关注的重点工作，梳理我国集体建设用地政策发展演变过程，进一步了解我国农村集体建设用地现状。

（2）分析郫都区的农村集体经营性建设用地入市的具体情况，引导学生对政策制定中试点单位的认识，并对1986年《中华人民共和国土地管理法》、1998年《中华人民共和国土地管理法》、2004年《中华人民共和国土地管理法》、2015年《关于农村土地征收、集体经营性建设用地入市、宅基地制度改革试点工作的意见》等法律政策文件进行了解。了解国家政策制定的目标。

（3）对郫都区白云村的集体经营性建设用地入市情况进行分析。对白云村的具体实践情况进行分析，发现其中的创新和亮点，引导学生从中发现我国政策执行的特殊性，即先试点再推广。对政策执行的过程进行简要分析，总结试点经验中值得推广的部分。

（4）白云村村集体与多利农庄之间的长期深度合作对于村庄的可持续发展具有重要意义，引导学生探索农村发展的新模式。结合政策效果评估的相关理论知识，引导学生从不同的利益主体对白云村的政策实践进行评价。

（5）在与多利农庄充分合作之后，白云村不仅实现了政策目标，而且将自身的发展与多利的发展紧密结合在一起。由此可以探索乡村治理中多元主体参与治理的理论在集体经营性建设用地入市过程中的应用。

（6）在土地整治期间，第一轮有 80 多户农民不愿意参与，经过村委会的努力，第二轮只有 9 户人家不愿意参与其中。就此可以探索公共参与治理的问题。

（7）政策评估对于政策实践来说相对较薄弱，因为只有进行一定的实践之后才会显现出问题。所以在政策评估阶段应该充分引导学生认识政策评估的重要地位。

以上各部分要点对案例各部分要点进行分析，重点分析政策效果评估理论和政策执行理论。通过案例的梳理对知识点进行深度理解和归纳。

五　课堂安排

本案例可用于专门的案例讨论课，整个案例预计 3 课时，课堂时间控制在 120 分钟左右。以下是按时间进度提供的教学计划建议：

（1）简洁明了的课堂发言，对案例进行总体介绍（10 分钟）；

（2）组织学生根据自己的想法和观点进行分组，并总结陈述小组观点（90 分钟）；

（3）教师点评，学生代表总结陈述（20 分钟）。

六　其他教学支持

常规教学教具、多媒体教室和影音设备等。

参考文献

[1] 林辉煌：《土地流转与乡村治理的阶层基础——以江汉平原曙光村为考察对象》，《中州学刊》2012 年第 2 期，第 92~97 页。

[2] 赖丽华：《乡村治理视域下的农村土地流转研究》，《江西社会科学》2013 年第 7 期，第 204~209 页。

[3] 陈蕾、赵小敏、郭熙等：《余江县锦江镇农村集体经营性商服用地基准地价评估研究》，《江西农业大学学报》2018 年第 5 期，第 1102~1109 页。

[4] 王湃、刘梦兰、黄朝明：《集体经营性建设用地入市收益分配重构研究——兼与农村土地征收制度改革的对比》，《海南大学学报》（人文社会科学版）2018 年第

5 期，第 77~85 页。

[5] 陈明：《农村集体经营性建设用地入市改革的评估与展望——兼论农村"三块地"改革的市场化方向》，《农业经济问题》2018 年第 4 期，第 1~15 页。

[6] 万涛、刘健、谭纵波等：《农村集体经营性建设用地统筹利用的机制探索——德国土地整理实践的启示》，《城市规划》2018 年第 9 期，第 54~61 页。

[7] 刘振伟：《乡村振兴中的农村土地制度改革》，《农业经济问题》2018 年第 9 期，第 4~9 页。

[8] 史卫民、刘佳：《集体经营性建设用地出让制度构想》，《中国土地》2018 年第 9 期，第 35~36 页。

[9] 陈世伟：《地权变动、村界流动与治理转型——土地流转背景下的乡村治理研究》，《求实》2011 年第 4 期，第 93~96 页。

[10] 贺雪峰：《现行土地制度与中国不同地区土地制度的差异化实践》，《江苏社会科学》2018 年第 5 期，第 21~30+273 页。

[11] 宋才发、金璐：《三权分置：农村土地制度创新的法治基础》，《中南民族大学学报》(人文社会科学版) 2018 年第 5 期，第 138~143 页。

[12] 刘志超、强海洋、白天政：《贵州湄潭：以"五定"方式探索"入市"新路径》，《中国土地》2018 年第 9 期，第 56~57 页。

[13] 王雪平：《集体建设用地使用权流转中的公私权配置研究》，《农业经济》2018 年第 11 期，第 81~82 页。

[14] 郭金云：《乡村治理转型的微观基础与制度创新——以成都市农村土地产权制度改革为个案的研究》，《中国行政管理》2015 年第 5 期，第 65~69+155 页。

[15] 黄征学：《我国城镇化进程中的土地制度变迁》，《宏观经济管理》2018 年第 11 期，第 33~42 页。

[16] 陈慧妮：《乡村振兴战略背景下农村土地流转政策的执行路径——以 C 市 J 村为观察对象》，《社会科学家》2018 年第 3 期，第 59~63 页。

[17] 李允杰：《政策执行与评估》，北京大学出版社，2008。

[18] 唐勇：《集体经营性建设用地入市改革：实践与未来》，《治理研究》2018 年第 3 期，第 122~128 页。

【第三讲】 如何为无声外卖赋能？

——基于成都馋爱善食餐饮管理社会企业有限公司的观察*

摘　要：本文以成都馋爱善食餐饮管理社会企业有限公司为例，梳理了残障人士就业帮扶路径的变化，分析了社会企业参与残障人士就业帮扶的独到价值。案例企业的帮扶路径以就业培训、心理辅导、支持性就业与社会化赋能为主。其帮扶也面临一些困境，主要表现为社会企业帮扶就业与运营管理机制不完善、社会企业合法性身份缺失和法律层面的空白、政府扶持监管制度不健全以及社会公众尚未形成对社会企业的正确认知。面对上述困境，社会企业要建立健全内部运营管理制度，完善就业帮扶路径以实现科学化、规范化；政府应加快构建相关法律，研究制定登记监管制度，构建长效有序的政府与社会企业合作机制；社会企业应加大宣传力度，提高公众认知度和信任度，提升公众对残障人士就业帮扶的参与积极性，强化残障人士就业帮扶的社会监管。

关键词：社会企业；残障人士就业；就业帮扶

🏠 案例介绍

引言

爱看报纸的邓先生发现附近卖书报、小商品的爱心亭突然关停了，爱心亭主要是由残障人士经营的。一番了解后，邓先生才知因经营惨淡，

---

* 课题组于2019年11月对馋爱善食餐饮管理社会企业有限公司进行了为期两周的实地观察，并对企业的创始人、管理人员与基层员工进行了多次访谈。创始人邓先生与舒女士是一对夫妻，无残障。由于受访的基层员工大多数为听力残障人士，只能采用在线微信沟通和纸笔、手势等方式进行访谈。同时也参考和使用了馋爱善食微信公众号、宣传册及新闻媒体的报道。文中除创始人邓先生和舒女士外，其余受访者均已化名处理。

现今爱心亭无法再为残障人士提供收入，因而屡遭关停。邓先生打算与妻子舒女士自主创业，为残障人士提供就业机会。邓先生会采取什么形式呢？

24岁的小梅，听障三级，接受过大学教育。她的第一份工作是家乡的残联介绍的，在家乡的福利工厂做手工。她说那里工资太低了，每月1000元出头，周边都是残疾人，上班很无聊，于是就辞职了。经同为残障人士的朋友介绍，她来到了"馋爱善食"，一个月能赚3000多元，还有社保，她对现在的工作非常满意。小梅之前只能含混发出"爸爸妈妈"的声音。在成都工作后，小梅过年时回老家，她的父母二十几年来第一次听到女儿清楚地喊出"爸爸妈妈"，激动不已。小梅的变化是怎么发生的？小梅获得的能力有哪些？

自主创业的邓先生、舒女士与听障三级的小梅，他们的人生道路在"馋爱善食"相遇了。

一　案例背景

（一）成都馋爱善食餐饮管理社会企业有限公司简介

邓先生的女儿为爸爸出了一个开设爱心亭送餐的主意。女儿的爱心和创意打动和启发了邓先生，他决定创办一家专为残障人士解决就业和社会化赋能的爱心餐厅。2017年3月，位于四川省成都市武侯区武阳大道的第一家"馋爱善食"餐厅开业，邓先生任执行董事兼总经理。

"刚开始，我们就是想通过聘请残疾人来帮助他们。"邓先生的夫人舒女士说。夫妇二人共同创立"馋爱善食"餐厅，"馋"谐音"残"，代表美味和残疾人员工，"善"谐音"膳"，寓意做好事和做品质餐饮。舒女士现在担任"馋爱善食"的人力资源主管兼监事。现今"馋爱善食"近85%的员工是残障人士，残障员工主要分布于餐食制作、配送和餐饮服务的基层工作岗位，少数几个残障员工担任了残障员工培训与管理的中层管理岗位。根据岗位的不同，残障员工的工资底薪从1800元到6000元不等，远远高于福利企业、公益性岗位等传统残障就业形式的工资水平，并且包吃包住，工作满一个月即可缴纳社保，送餐员还有意外险。[①] "馋爱善食"

[①] 成都残联：《【招聘信息】馋爱善食无声外卖残疾人招聘专场来啦！》，搜狐网，2019年2月15日，https://www.sohu.com/a/294972550_100021425。

2017 就已经实现盈利。截至 2019 年底，共开设两家分店，有 26 名残障人士员工，其中 22 名为聋哑人，目前第三家分店正在紧张筹备中，顺利开业后将会为 40~60 名残障人士提供就业岗位。"馋爱善食"已多次成功承办"慈济基金会""环球计划能力建设工作"等大型组织和会议的餐饮服务，与圆梦公益签订了助残圆梦的捐赠协议。

2018 年 6 月，成都市政府开展首次社会企业官方认证。在首批 12 家取得政府认证的社会企业中，"馋爱善食"是唯一一家自创立起就关注并参与残障人士就业帮扶的社会企业，这表明了政府对"馋爱善食"的充分肯定。在获得政府认证后，邓先生依据政策文件将"馋爱善食"餐厅更名为"成都馋爱善食餐饮管理社会企业有限公司"，进一步突显其社会企业本色。"馋爱善食"还获得了武侯区政府的现金补贴、税收优惠与场地扶持，金凤社区为其提供了一年的免费场地及其他扶持。

目前，成都馋爱善食餐饮管理社会企业有限公司基于餐饮服务构建了以残障人士为主体的员工聘用体系，精准帮扶残障人士就业。主营业务为搭建大型高规格的中央厨房，进行爱心快餐、团膳、商务餐和展会用餐的制作工作，并通过线上与线下结合、各爱心点位分餐与骑手送餐的模式完成销售。其组织构架如图 1 所示。

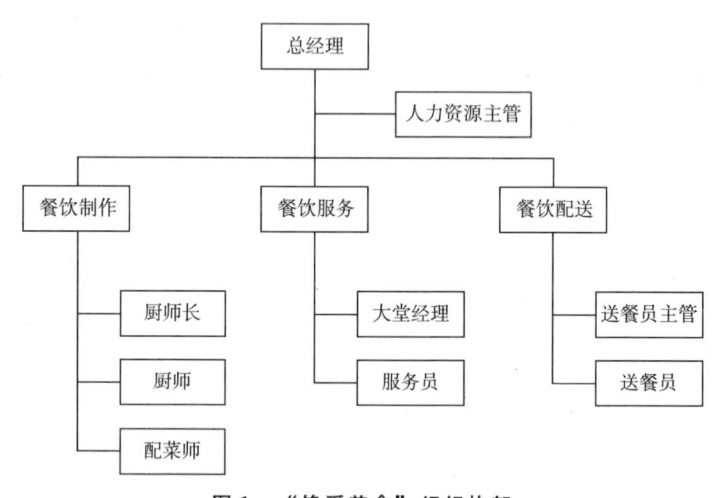

图 1 "馋爱善食"组织构架

（二）政策环境

2018 年 4 月，成都市发布了《关于培育社会企业促进社区发展治理的意见》，涉及市工商局（现改为市场监管局）、市委组织部和市委社治委等八个市级政府部门,要求"各区(市)县政府要把社会企业发展及社会企业项目运行列入重要议事日程,并纳入年度目标管理体系进行绩效考核"[①]。同年6月,成都市市场监管局发布实施了《成都市社会企业评审认定管理工作试行办法》,首创经认定的社会企业可以在企业名称中使用"社会企业"字样,支持中国慈展会社会企业认证办公室独立开展我国首个市级政府层面的社会企业认定评审。2018年6月25日首次开放申请认证后,共有26家企业报名,经营项目涉及就业援助、助残养老、环境保护、康养服务、农村经济等领域,最终有12家企业获得成都市首批社会企业官方认证。

二 "馋爱善食"赋能残障人士就业的路径

(一)就业培训

培训是残障人士实现就业的最大支撑。在培训方面,"馋爱善食"也曾走过弯路,与残障员工沟通困难使得就业培训进展不顺。人力资源主管舒女士表示,由于沟通障碍,工作无法标准化,只能一遍遍地示范、督促、纠正,一会用手语、一会用纸笔、一会用手机、一会挥舞着双手比划和演示,确保工作不出纰漏,一天下来也没有休息的时候。残障员工的职业知识和就业技能提升也很慢,无法快速融入工作环境,导致畏难情绪出现,就业积极性下降。

面对培训开展不顺的难题,舒女士尝试构建残障员工自我培训和管理机制,从而降低沟通不畅带来的影响。小梅是"馋爱善食"天府二街店唯一受过大学教育的员工,所以舒女士希望培养她成为副店长,帮助开展就业培训。自称"元气少女"的小梅生于1995年,是天府二街店的大堂经理。

舒女士回忆,起初与小梅沟通过十几次,希望她参与残障员工的培训与管理,她并不积极,担心自己管不了人,做不好。工闲的时候,舒女士经常鼓励小梅,让她摸着喉结,感受声带的震动,练习发声。经过舒女士耐心细致的引导与训练,小梅二十多年来第一次清楚地喊出了"爸爸妈

[①] 《成都市人民政府办公厅关于培育社会企业促进社区发展治理的意见》,成都市人民政府网站,2018年4月23日,http://gk.chengdu.gov.cn/govInfoPub/detail.action?id=98295&tn=6。

妈"。从那以后，小梅逐渐愿意学习带人和管人，承担更多的管理工作。经过一段时间的学习与摸索，舒女士与小梅初步建立起了员工培训与管理机制。小梅负责员工的工作内容分解，结合每名残障员工的特点，为他们安排合适的工作，并开展针对性的岗前培训。

（二）心理辅导

心理辅导能够培养残障人士的自信心并建立积极健康的就业观。舒女士负责残障员工的招聘录用，在她的印象中，残障员工很"敏感"，能够发现对方一些细小的情绪变化。她在与残障员工的相处中深刻体会到，残障员工并不喜欢人们的特殊对待，而是希望获得平等的交流与沟通，因此她在日常工作中都以平常心对待残障员工。

"能走出来上班的娃娃，都是很开朗的。我们将他们当自己的孩子一样看待。"为了让残障员工更好更快地融入"馋爱善食"这个大家庭，总经理邓先生专门邀请了心理学教授给员工做心理辅导，平日里也非常注重观察员工们的精神状态，并鼓励员工之间互相帮助。"馋爱善食"天府二街分店的厨师小谭（23岁，听障三级，高中文化）在访谈中十分肯定"馋爱善食"对他就业观念的重塑。他表示："学更高的厨艺，以后到更多的地方学习，经历更多东西。我的梦想是当老板，想创业。聋哑人与正常人一样四肢健全，希望社会能够公正平等地对待我们！"

（三）就业支持

舒女士在录用员工时，会根据每一名残障人士的特点和综合能力为其选择最适合的岗位，并交由有一定工作经验的残障员工进行一对一的就业支持性培训，从而做到各得其所、人尽其才的就业帮扶效果。四川省广安市的小波（25岁，肢体残障四级，初中文化）经朋友介绍来到"馋爱善食"。邓先生先通过简单交流了解了小波的大致情况，决定让他先尝试骑电动车熟悉路线。邓先生说："他看上去挺阳光嘛，来'馋爱善食'工作应当是没问题的，不过有点肢体残疾，不晓得能不能做送餐小哥，安全第一哦。"

小凤（27岁，听障四级，高中文化）来自四川省德阳市什邡，外向开朗，来"馋爱善食"前在印刷厂打工。遇到残障员工拿不准的问题，邓先生会先与小凤沟通，再让小凤告知其他员工，提高信息传达的准确性。邓先生表示："他很聪明，理解能力很强，性格是比较外向的那种，抗压能力比较好,于是我们就尝试带他一起做市场推广,没想到他做的效果还挺好的。"小风表示他对新工作很满意,他在"馋爱善食"工作一年多,已经被提拔至主管的岗位,主要分管骑手送餐和培训,月薪3000多元,还缴纳了社保。小风表示:"聋哑人同健全人一样都有手有脚,生活是要靠自己打拼来的。'馋爱善食'的老板和同事都非常耐心地教我,现在我更有自信和人交流了。"

(四) 社会化赋能

社会企业帮扶残障人士就业的过程中,不仅要帮助他们树立积极向上的就业心态,提高就业技能,更要培养他们的独立性,消除福利依赖意识,提高社会生活的适应性,以更好地融入社会,实现更大的人生价值。

总经理邓先生介绍说:"讲老实话,能亲手带出一茬茬的聋哑孩子,把他们送进社会,我心里头高兴。我读书少,当不了大学教授,但我的满足跟成就,跟大学教授们比,可能并不差。"

"赋能"是邓先生反复提到的词语。在他看来,"赋能"就是把"馋爱善食"作为学校,让聋哑员工学好手语,习得一门手艺,学会更多待人接物的技巧。据邓先生说,经过"馋爱善食"的培训和推荐,现已有20余名残障员工到美团、饿了么等更大的平台担任外卖骑手,月薪都在6000元以上。他表示:"其实很舍不得嘛,但还是希望他们能够走出去,到更好的平台去。我其实是非常开心的,他们在'馋爱善食'这里熟悉了外卖送餐的流程,现在工资更高了,生活就更好了。"

"馋爱善食"的残障员工除在餐厅内备餐外,也会负责餐饮送达、购置物资等工作,增加与外界沟通的机会。厨师长小鹏(26岁,听障四级,初中文化)通过微信表示:"邓老板对我们非常好,有空的时候还组织我们一起打球。不仅包吃包住,社保足额交的,每个月到手能拿3000元。在这里还能认识很多聋哑朋友,非常满足啦。"小鹏现今可以独立开车外出购买物资。在调研中,我们曾跟随小鹏一起外出买菜,亲眼见证身为聋哑人的他熟练地通过微信、手写纸条和手势,顺畅地与菜市场老板沟通,并成功购得物资。菜市场老板说:"与他们沟通没得障碍,我们都是写,所以说他来我们就比较熟悉嘛。"这些都体现了聋哑人工作能力的显著提升,是"馋爱善食"在帮扶残障人士就业中做出的一番成就。

目前邓先生正在筹备新项目,打算在武侯区金凤社区开办第三家"无声外卖"分店,并在这里开设免费手语课程,为聋哑群体之间、聋哑人与健全人之间搭建沟通的桥梁,促进公众对残障人士就业的改观,推动残障人士进一步融入社会,并将尝试以卤菜小摊的方式扶持残障员工创业。邓先生说:"娃娃们心地都很善良,比起同情,他们更希望获得多一些的耐心和包容心。'馋爱善食'存在的意义就是让娃娃们通过在这里上班变得更加独立、更加自信。"

三 "馋爱善食"赋能残障人士就业面临的困境

(一)社会企业自身运营管理尚未形成系统完善的机制

总经理邓先生介绍:"天府二街店的员工大部分是聋哑人,我们都称他们为无声人。我们一家三口都不会手语,平时与残障员工的沟通主要是靠微信打字和简单的手势。但是呢,他们的思维和表达的逻辑和我们是不一样的。举个例子,'我吃饭了'在他们的表达就是'饭吃我了',所以沟通交流起来比较费劲,需要耗费大量时间。"目前,"馋爱善食"尚未制定较为系统的员工培训制度,新进的残障员工主要靠两名主管级的残障员工进行就业培训,培训效果一般,而总经理邓先生和人力资源主管舒女士对基层员工的实际就业能力和心理状态把握也不够准确。为解决此问题,邓先生坚持每个月邀请聋哑协会的工作人员协助开展座谈会,希望通过面对面的座谈听一听残障员工的心里话。回忆起第一次座谈会,聋哑协会主席告诉邓先生,员工们觉得他好凶,总是骂他们。邓先生这才知道,残障人士对外界敏感度高加之听不到,所以有时多看他们几眼或拿手指了指,他们就会觉得是在指责自己没有做好,导致发生误会。那次沟通结果让他大吃一惊,也让他明白目前对于残障员工的就业培训、心理辅导和社会化训练还是过于简单,没有形成系统有效的机制,残障员工只是被动地接受培训,进步缓慢,且容易方向走偏。

从"馋爱善食"组织构架可以发现,目前仍处于初创期的"馋爱善食"呈现家庭企业的特征,主要管理者为邓先生和舒女士夫妇二人,管理结构简单,对外市场拓展和商务合作全靠邓先生一人,未来势必会限制企业的可持续发展,进而影响到残障人士就业帮扶。调研中被问及帮扶残障人士就业中仍有哪些不足时,邓先生坦诚地表示:"我们现在非常缺乏专业的培训与管理人员。面对不断增长的残疾人就业需求,我一个人真的是搞不来,所以非常希望能够有专业人员和机构加入'馋爱善食',帮助我们建立完善的运营管理制度。"

(二) 社会企业合法性身份的缺失和法律的空白

我国目前尚未明确社会企业在法律层面上的定义，合法性身份的缺失使其只能依托既有体制运营。社会组织的登记注册有诸多限制条件，注册门槛高于商业企业，因而我国的社会企业中以商业企业形式注册的占大多数。根据《中国社会企业与社会投资行业调研报告 No.1》的数据，我国的社会企业主要选择商业企业和社会组织的形式登记。在接受调查的370个样本中，近六成的社会企业为工商部门注册，其中农民专业合作社占8.6%，小额信贷公司占0.3%，上市公司占0.3%，其余类型的工商注册企业为50.3%；此外，有32.4%的社会企业选择在民政部门注册，还有5.1%的社会企业采用两种及以上的注册方式。[①] 社会企业在工商部门进行注册，既有可能无法享受针对性的政策扶持与补贴，也有可能因缺乏对公益性目标的约束，导致公众对社会企业的信任度难以提升。而在民政部门注册，则会极大地限制其经济性优势的发挥，限制社会企业的商业活动。

"馋爱善食"在取得成都市政府的官方认证后，在原有名称中增加了"社会企业"。由于公众对社会企业及相关政策不甚熟悉，"馋爱善食"扩大业务和商务合作受到诸多限制与误解，无法帮扶到更多残障人士实现就业。上述数据和现象均表明现今我国的社会企业在政府身份注册与社会公众认知方面仍然存在困境。

(三) 政府对社会企业赋能残障人士就业的监管机制不健全

目前我国尚未形成统一的社会企业扶持监管机制，虽然有一些针对社会组织的行政规章与条例，但无法适应社会企业快速发展的要求。当前只有为数不多的地方政府开始探索社会企业的扶持监管政策，我国的政策制度相较于社会企业发展实践已有所落后。

成都市在社会企业扶持监管的实践中已走在前列，并出台了一系列登记认证和扶持监管的政策。调研团队曾先后参加了成都市武侯区、成华区和金牛区社治委主办的社会企业培训活动，对比这三个区级政府的社会企业扶持监管政策后发现，各区主管部门不一，对社会企业的概念性质界定不同，政策侧重点各异，落实缓慢。"馋爱善食"创始人邓先生在谈及目

[①] 北京社启社会组织建设促进中心、南都公益基金会编《中国社会企业与社会投资行业调研报告 No.1》，社会科学文献出版社，2019，第32~33页。

前政府扶持与监管社会企业存在哪些不足时说:"其他的我不了解,就我们在的武侯区来说,那个政策扶持内容就比较简单,一次性现金补贴、税收优惠和场地补贴。我们现在的场地是免费的,但是嘞,现金补贴还没下来,税收优惠也是要今年才开始,我们是2018年12月取得社企认证的嘛,说是税收优惠要2019年才能有,税收优惠期就少了一些嘛。"

政府监管是确保社会企业帮扶残障人士就业效果与质量的强力保障。调研团队查看了成都市政府以及各区级政府现有的社会企业相关政策文件,发现文件中关于社会企业的审核监管和退出摘牌并未用具体数值或标准进行规定。而在社会企业摘牌退出方面,也只是从违法违规、提供虚假信息以及发生较大事故等方面做了粗略规定,并没有聚焦到社会目标的具体实现上。

(四) 为社会企业提供支持的专业机构与人员匮乏

社会企业是联结商业与公益的媒介,不仅需要社会公益事业的从业经验确保项目运作的公益性,还需要商业企业运作的技巧以保证商业运营的盈利性,同时还需要对特殊人员的服务技巧,社会企业创始人的解决社会问题的公益情怀、敏锐能力、商业经营能力,缺一不可。

将社会企业与同样是为残障人士服务的支持性就业对照,可以发现在为残障人士提供专项服务方面,社会企业远远无法具备长时间的一对一的全程跟踪性、专业性辅导。

支持性就业的就业辅导员需要有相关的专业能力且通过相关部门考核后具备上岗能力。就业辅导员通常的辅导流程是:与辅导对象及其家长进行沟通,评估辅导对象的优势及有待提高的事项;再联系有意愿接收残障人士的工作单位,通过反复沟通确定辅导对象能够就业的岗位;进入工作岗位后,就业辅导员每天都要在工作单位陪伴辅导对象,并通过讲解、示范、协助、口头提示的方法提供支持,使其尽快适应工作环境和同事关系;就业辅导员还需要向工作单位的工作人员介绍辅导对象的特点和行为特征,让同事对辅导对象有深入的了解并慢慢地接纳。这样的密集辅导要一直持续到辅导对象能够完全独立自主地胜任工作,并能够很好地适应工作环境和同事关系。进一步为辅导对象在工作单位中发展自然支持者后,就业辅导员的密集支持逐渐退出,进入跟踪支持阶段,这个时间需要持续至少半年。

2018年北京市只有三个区的三家机构提供支持性就业服务。以这三家机构之一的家园残疾人服务中心为例,在机构支持性就业"开案"有84

个。所谓"开案",是指残疾人前来咨询,并在这里进行了登记。经过前期评估、训练,并根据残疾人本身的意愿,真正可以提供支持性就业的个案有 39 个,而真正成功就业的只有 6 个案例。[①] 从这组数据也可以看出残疾人所面临的就业难度,而专业机构及其专职就业辅导员在其中的付出也可想而知。

(五)公众对社会企业的信任度和支持度较低

目前中国对社会企业的研究主要集中于学术界和第三部门,成功的本土案例相对较少,社会企业理念还未深入民众心中。在社会公众的普遍认知中,只存在"行善"和"赚钱"这两种类型的组织,对兼具营利性与慈善性的社会企业尚不能全然接受。创始人邓先生在谈及外界如何看待社会企业帮扶残障人士就业时说:"现在残疾人就业培训有很多,营利的非营利的都有,但大部分时候,残疾人朋友们得不到实惠,没有实现就业。这就使得社会上对我们'馋爱善食'也有一些误解,认为我们也是想利用残疾人赚钱。说实话,目前'馋爱善食'大部分还都是团膳项目,堂食和外卖真的很少,我们的餐厅经常都是空着的,你也看到了。要是政府开始收租的话,我们又要考虑搬家咯。"

社会公众对社会企业运用商业手段提供公共产品与服务抱有怀疑态度,这种认知使社会企业难以积累信任资本,进而难以获取除政府以外的合作项目,极易产生对政府购买社会服务的依赖,失去自身独立性,进而影响社会企业的可持续发展。邓先生表示:"现在每天都有好多残疾人跑过来问我:'邓老板,什么时候可以上班啊?'我也很着急,想帮助更多的残疾人朋友,但是'馋爱善食'的摊子现在就这么大,我们的团膳项目也就这么多,招不了更多人。所以我非常希望有更多的单位和企业可以多给我们一些机会,这样我就可以招更多残疾人朋友了。"

四 社会企业赋能残障人士就业路在何方

(一)社会企业的起源

学术界对社会企业的起源和定义众说纷纭。国外的学者一般认为,社

[①] 西城残联:《支持性就业:让残疾人就业实现闭环》,搜狐网,2019 年 3 月 4 日,https://www.sohu.com/a/299024603_765707。

会企业最早可以追溯到1844年英国的合作社商店，直到20世纪90年代"社会企业"这一概念才在英国被普遍推广开来。经合组织于1999年将社会企业界定为"既利用市场资源，又利用非市场资源以使低技术工人重返工作岗位的企业"。[1] 这是社会企业可追溯到的最早的官方定义。

与经合组织的界定不同，英国贸易与工业部门从社会组织的组织使命出发，认为相较于利润最大化而言，社会组织更加重视社会目标的实现，社会企业通过商业活动获得的盈余应当持续投入为实现社会目的的组织活动中。意大利法律则提出"社会企业"应当符合以下三个要素：非官方组织，组织目标是为实现公共利益，通过商业经济方式来生产提供公共产品与服务。[2] 美国社会则是普遍认为社会企业囊括了实现社会目标的营利性组织、从事商业化活动的非营利组织以及以追求商业利润和实现社会目标为双重宗旨的组织。[3] J.格雷戈里·迪斯指出，社会企业是一种兼具社会与经济双动机的综合体。[4]

自2004年刘继同将社会企业概念引入我国后，国内学者们在学习和借鉴国外社会企业研究成果的同时，也开始了我国社会企业的研究。王名与朱晓红立足于迪斯的社会企业光谱理论，认为社会企业是一种兼具公益性与营利性这双重属性的社会组织。[5] 潘小娟则认为社会企业是由社会责任感驱动的介于逐利性企业与非营利组织之间的组织，社会组织开展商业性活动是为了实现其既定的社会目标。[6] 与大多数学者基于社会属性和商业属性的二元分析框架不同，赵萌和郭欣楠主张通过元素组合视角，将社会创新和企业家精神元素引入社会企业概念界定，强调社会企业家精神与社

---

[1] 刘继同：《社会企业》，载《中国社会工作研究》（第二辑），社会科学文献出版社，2004，第208页。

[2] 董蕾红、李宝军：《社会企业的法律界定与监管——以社会企业参与养老产业为分析样本》，《华东理工大学学报》（社会科学版）2015年第3期，第108~116页。

[3] 刘小霞：《社会企业研究述评》，《华东理工大学学报》（社会科学版）2012年第3期，第9~22+56页。

[4] Dees J. G., "Enterprising Nonprofits," *Harvard Business Review*, 1998 (76): 54-67.

[5] 王名、朱晓红：《社会企业论纲》，《中国非营利评论》2010年第2期，第1~31页。

[6] 潘小娟：《社会企业初探》，《中国行政管理》2011年第7期，第20~23页。

会企业的创新性。①

　　我国的社会企业实践在北京、成都和佛山等城市较为活跃，因而这些地区的政府部门也逐渐将社会企业纳入政府的政策议程之中，为我国其他地区的政府培育和发展社会企业做了概念界定方面的经验探索。

　　对于社会企业的概念，因各地归属不同的政府主管部门，出台了不同的概念界定。佛山市顺德区社会创新中心②2014年9月出台的《顺德社会企业培育孵化支援计划》中将社会企业界定为"以通过商业运作解决社会问题或以赚取利润回馈社会为设立宗旨和目标的企业"。从这个概念可以看出，当时顺德区政府部门对于社会企业的认知处于初级阶段，以社会企业的商业和公益双重属性进行社会企业的概念界定。

　　2018年4月，成都市政府首次以地市级政府的官方身份来开展社会企业的培育监管的探索，发布了《成都市人民政府办公厅关于培育社会企业促进社区发展治理的意见》，将社会企业定义为："社会企业，是指经企业登记机关登记注册，以协助解决社会问题、改善社会治理、服务于弱势和特殊群体或社区利益为宗旨和首要目标，以创新商业模式、市场化运作为主要手段，所得盈利按照其社会目标再投入自身业务、所在社区或公益事业，且社会目标持续稳定的特定企业类型。"③从这个概念可以看出，成都市政府经过对区域内社会企业培育和发展的经验总结提炼，明确了社会企业的核心与宗旨，认识到参与社会治理、实现社会目标是社会企业的意义之所在。

　　2018年8月，在北京市社会建设工作委员会的支持下，北京社会企业发展促进会、北京社启社会组织建设促进中心发布了《北京市社会企业认证办法（试行）》，将社会企业界定为："社会企业，是指以优先追求社会效益为根本目标，持续用商业手段提供产品或服务，解决社会问题、创新

---

① 赵萌、郭欣楠：《中国社会企业的界定框架——从二元分析视角到元素组合视角》，《研究与发展管理》2018年第2期，第136~147页。
② 佛山市顺德区社会创新中心是顺德区委区政府设立的法定机构，是顺德社会创新（治理）智库和支持平台、区域社会创新生态圈和价值观的构建者。
③ 《成都市人民政府办公厅关于培育社会企业促进社区发展治理的意见》，成都市人民政府网站，2018年4月23日，http://gk.chengdu.gov.cn/govInfoPub/detail.action? id =98295&tn =6。

公共服务供给，并取得可测量的社会成果的企业或社会组织。"①

将成都市政府部门和北京市政府部门给出的社会企业概念进行比较，明显可以看出主管部门在其中起的重要作用。相对于成都市政府部门将社会企业归属于企业一类，北京市政府部门看到了社会组织转型向社会企业发展和社会企业在社会治理中影响力日益增强的大趋势，为进一步激发社会企业解决社会问题的活力和能力，突显社会企业的设立目的和核心宗旨，放宽社会企业的注册认证范围，最大限度地容纳更多的社会企业加入社会治理体系。

通过梳理社会企业的起源与多方定义，我们不难发现，"商业化运作手段""社会目标""社会创新"是社会企业的三大概念元素。其中，社会目标是核心元素，是社会企业与商业企业的最大区别，也是社会企业领先于传统社会组织的独特之处和立身之本。综上，我们将社会企业定义为：以商业化运作手段实现社会目标的社会组织，是社会组织结合时代背景和社会要求而自我创新的产物。

（二）社会企业完善组织内部运营机制

社会企业要树立平等、尊重的观念，真正为残障人士考虑。第一，社会企业应尊重并保障残障员工的权利，认可其工作能力，培育其积极性与自信心，使其敞开心扉，真正融入集体中，主动接触更大的圈子。第二，社会企业应挖掘并培养残障员工的潜能，让他们不仅能胜任现有工作，而且要培养更多社会化的能力，使他们有朝一日脱离社会企业在任何平台都能独当一面。第三，社会企业应搭建公众与残障人士的双向交流渠道，既给残障员工一个锻炼场所，也让公众改变对残障人士的偏见，促进社会力量主动参与到残障人士就业帮扶中。

社会企业发展及残障人士就业帮扶实现科学化、规范化都离不开专业人才的支撑。一方面，社会企业可积极与高校开展合作，配合开设相关课程，为学生们提供实践基地，发掘潜在专业人才，打造社会企业生力军；另一方面，社会企业还可主动吸纳社会工作者，他们接受过正规的社会工作教育，具备扎实的理论知识和过硬的专业技能，能够有效开展社会工作

---

① 顾磊：《北京市社会企业认证办法（试行）发布》，人民政协网，2018 年 8 月 14 日，http://mobile.rmzxb.com.cn/tranm/index/url/csgy.rmzxb.com.cn/c/2018 - 08 - 14/2140787.shtml。

与服务。

采用基金会控股的方式确保社会企业社会性和组织目标的不偏移。在我国社会企业发展过程中,基金会扮演了重要角色,它的参与能有力保障社会企业公益性目标和宗旨的长远实施,有利于提升公众对社会企业的认知与信任。在残障人士就业帮扶中有杰出贡献的深圳残友集团就由郑卫宁慈善基金会负责管理监督,以基金会的绝对控股来确保残友集团组织目标与宗旨的不偏移。① 针对我国尚未建立健全社会企业法律法规和监管体制的现状,由基金会控股以确保社会企业公益性和公信力是行之有效的做法。但必须注意的是,还需提高社会企业的自我驱动力和组织独立性,防止其过于依赖基金会等外部力量。

引入多元力量参与社会企业运营,构建混合性的内部治理机制。为更好实现社会企业社会性与经济性的平衡,可以借鉴欧洲的做法,引入诸如投资机构、监督部门、员工等多元力量参与运营。不同参与者有不同的利益和思考,他们相互牵制,从而实现经济目标和社会目标的有效平衡。除此之外,社会企业还应当构建规范科学的内部治理机制,以避免经济性与社会性的冲突。

通过支持性就业来帮扶残障人士的南京爱德面包坊在这方面的成功经验值得借鉴。南京爱德面包坊在内部为实现社会目标专设了职训部,其余部门则是营利性部门,且其余部门的绝大部分盈利将贴补给职训部以保障其持续运作,由此实现了经济性与社会性的有效平衡。②

(三)政府建立健全社会企业的法律条款和扶持监管制度

在共建共治共享的社会治理新格局下,社会企业愈发受到政府与社会的关注,也更积极参与到社会治理领域,因此相关部门应尽快构建相关法律,使这一新形态能够获得法律认可,提升公众对社会企业的认知与信任,推动社会企业合法地参与残障人士就业帮扶。

社会企业法律框架搭建的基础在于社会企业法律定义的明确。目前我国社会企业在学理上的界定尚未达成一致意见,但结合成都和北京等地区出台的社会企业认证相关政策文件,可以发现有几个共同点:其一,创立动机的社会性,社会企业的创立应当是为了参与社会治理和解决社

---

① 参见深圳市郑卫宁慈善基金会官方网站。
② 参见爱德面包坊的微博。

会问题；其二，利润分配的有限性，社会企业的盈利应当主要投入其社会目标实现中；其三，组织属性的双重性，社会性目标与经济性运营的结合。因此可根据上述三点来开展社会企业概念的界定工作，并且随着各地区社会企业认证实践的持续开展，不断细化完善社会企业的法律定义。

社会企业法律框架的构建需要注重中央法律与地方法规的有机结合。鉴于目前我国各地社会企业发展差异较大，地方性法规也各有不同，社会企业的立法工作可采取"先地方后中央"的做法。中央应当鼓励各地根据实际情况研究制定本土化的法规条例，并积极开展实践检验。与此同时，还要推动中央博采众长，汲取地方法规条例中的精华，将行之有效的法规条例推广到其他地区乃至全国，逐渐构建起社会企业的法律框架。

为促使社会企业科学规范地帮扶残障人士就业，政府需加快制定登记认证制度，强调社会企业的社会性目标，明确规定其在提供公共产品与服务、解决社会问题以及参与社会治理其他方面的认证标准。确保认证门槛不降低，避免某些组织打着"社会企业"的幌子谋取利益，导致社会企业公信力下降。此外，还应统一确立社会企业登记认证的主管部门。从目前各地方的实践来看，工商部门和民政部门通常作为社会企业的主管部门，而单纯由这两大部门主管社会企业登记认证，会在一定程度上限制商业企业和社会组织转型为社会企业，不利于其长远发展。因此需结合社会企业发展现状，由政府部门主管逐渐过渡到由专责部门负责登记认证。

政府应主动开展对社会企业的管理与监督，确保其帮扶残障人士就业的过程与效果。首先，政府应加快具体规章制度的研究，明确规定监督管理的内容与实施方案，以便有关部门开展工作。其次，政府应注重社会企业的认证复审工作，建立以目标实现效果为主的审查评估体系，要求社会企业定期提交自审报告，并不定期开展专项审查，将审查评估结果与扶持和优惠挂钩，从而提高社会企业的驱动力并增强目标稳定性。最后，政府应建立退出摘牌制度，明确规定社会企业认证取消与摘牌的不同情形与处理措施。对未达到评估标准的社会企业，应及时启动退出摘牌机制并对社会公布，取消其认证资格和所享受的扶持与优惠政策，严格把控社会企业质量，确保其健康有序发展。对于被取消认证资格的社会企业，有关部门还需具体情况具体处理，做好组织转型等后续工作。

倡导建设社会企业管理与服务平台。社会企业管理与服务平台的建设能够有效整合资源与资讯，实现信息互通与跨界合作，从而推动社会企业稳健高效发展。因此，政府应当借助大数据等高科技技术，搭建全国范围内互联互通的管理与服务平台，促进社会企业与基金会等社会支持机构实现跨地域跨领域的合作交流。社会企业管理与服务平台应当囊括政策查询、登记认证、监督审核、项目招标等培育扶持与监督管理内容，实现信息与服务的集中和互通。平台的另一重要功能则在于搭建社会企业与政府长效合作的桥梁。对处于发展初期的社会企业来说，承接政府购买项目是维持其运作的有效方式，而购买公共服务也能有效缓解政府提供公共服务的压力，并推动职能转型。因此应当从社会企业管理与服务平台开始，建立健全政府与社会企业的长效合作机制。

（四）社会公众积极参与对社会企业的支持与监管

残障人士就业赋能仅依靠政府与社会企业是远远不够的，还需要公众的积极参与。社会公众参与残障人士就业赋能，其着力点应放在对社会企业的支持与监督上，而支持与监督的基础是公众对社会企业的正确认知与充分信任，因此需要加大宣传力度，提升社会企业的公众认知与信任。第一，政府应认识到积极的社会环境对社会企业健康有序发展的重要性，从政策文件、新闻广播等渠道做好社会企业宣传推广工作，大力肯定其在参与社会治理和解决社会问题上的价值与贡献，推动社会企业理念深入人心；第二，社会企业可与高校开展合作，配合高校开设社会企业相关课程、创办社会企业协会或社团、建立校外实践基地等，培养与挖掘潜在人才，宣传社会企业与社会创新创业的理念；第三，社会企业应当充分利用新媒体，通过微信、微博、抖音等平台，将社会企业的概念理论与成功案例进行简单易懂、寓教于乐的宣传，提升公众认知度。

为充分激发社会企业赋能残障人士就业的作用，社会各方力量应积极参与到这一过程中来，社会企业支持机构作为社会力量的代表更应为社会企业做好软硬件支持工作。第一，社会企业支持机构应当为社会企业打通筹资渠道，确保启动时期资金运转充足正常，以保障其稳健发展。第二，社会企业支持机构应当配合相关扶持政策，为社会企业提供办公场地、生产设备等硬件支持，从而降低其运营成本。第三，社会企业支持机构应当为社会企业和社会企业家们提供理论培训、经验交流、资源对接等软支撑，帮助其在正确的理论指导下有序发展，实现社会企业帮扶残障人士就业的功效最大化。

强化残障人士就业帮扶的社会监管。首先，要培养公众对社会企业帮扶残障人士就业的主动监督意识。在正确认知和充分认同社会企业帮扶残障人士就业的基础上，推动人们立足公共利益和社会治理目标，客观公正地开展社会监管。其次，要做好社会企业帮扶残障人士就业的信息公开工作，要求社会企业及时准确地公开其公益明细和年度报告等相关信息，确保公众对社会企业帮扶残障人士全过程的详细了解。最后，政府要扩宽社会监管的意见收集渠道，结合电话、邮件等传统渠道和微信、微博等新媒体渠道，多角度全方位收集社会监管意见与建议，并且将其与社会企业的认证审核挂钩，以增强社会企业对此的重视，真正发挥公众对社会企业赋能残障人士就业的监督作用。

五　结束语

面对日益增长的残障人士就业需求，政府、市场和社会组织的传统路径均存在失灵现象，因而新的就业赋能探索势在必行。兼具社会性和经济性的社会企业能够有效避免传统路径中存在的三大部门失灵问题，通过商业化的运营模式来赋能残障人士就业，达成解决社会问题和企业可持续发展的双重目标。

成都馋爱善食餐饮管理社会企业有限公司立足于外卖餐饮的商业活动，为残障员工提供就业培训、心理辅导、就业支持和社会化赋能四方面的就业赋能。但通过访谈发现，其赋能残障人士就业的行动者网络中仅有社会企业的角色较为突显，而政府和社会公众并未明显体现出其应有的更明确的作用。"馋爱善食"成立两年后才得到政府的社会企业身份认证，且仅限于成都市区域内，政策帮扶目前来说还是较为滞后和微弱的，制约"馋爱善食"充分发挥就业赋能作用的关键性问题还是没有得到解决。此外，社会企业的普及宣传并没有得到有效落实，普通民众与其他社会力量对"馋爱善食"尚存疑虑，无法积极地发挥其应有的角色作用。

针对社会企业参与残障人士就业赋能存在的不足，亟须从涉及残障人士就业赋能的各个行动者寻求突破。社会企业自身需要不断完善残障人士就业赋能途径和社会企业内部运营管理的机制；政府要建立健全社会企业的法律条款和扶持监管制度；社会公众要积极参与社会企业帮扶残障人士就业，并发挥社会监督的力量，促进社会企业正规有效地帮扶残障人士解决就业难题。

思考题

1. 通过查阅资料，了解促进残障人士就业通常有哪些方式。这些方式各自的优势与劣势是什么？
2. 除了残障人士就业，社会企业还可以解决哪些社会问题？
3. 成都市社会企业的政策主体、政策客体与政策核心内容分别是什么？与其他地区比较，有什么异同？
4. 你如何理解"社会企业"这一现象？请查找相关资料，提供一个社会企业的案例，并分析这一案例的注册部门、营利方式，以及如何被认定为社会企业的。

案例说明书

一 课前准备

（一）教师准备

通过阅读案例正文、社会企业的相关资料，熟悉我国社会企业的基本情况以及残障人士就业相关理论实践等。为了深入分析该案例，开展具有启发性和开放性的讨论，建议阅读相关学术文献，了解残障人士就业、社会企业等方面的研究成果。查看"馋爱善食"、老爸测评等知名社会企业的微信公众号、新闻报道、媒体采访视频等资料备用。

（二）学生准备

学生应在课前阅读和熟悉教师发放的案例，并记录自己的疑惑及相关问题，查找相关的案例、知识、政策文本等内容。

二 适用对象

（一）适用课程

本案例主要适合公共管理学、公共政策分析学、社会学、社会组织管理等课程教学和研究使用。

（二）适合学生

本案例适合有一定工作经验的学员和管理者学习，如 MPA 学员；适合行政管理等专业本科高年级学生，公共管理类、社会学类和政治学类学术型研究生，以及社会工作类专业硕士等。

三 教学目标

本案例着重讨论的问题是政府与社会组织在残障人士就业赋能方面的创新举措，尤其是在面对政府失灵、市场失灵与志愿失灵的风险时，如何对残障人士等弱势群体进行就业、心理与社会适应等方面的赋能，实现社会公平。本案例在具体的教学过程中要实现的教学目标有以下几点。

（一）积累和深化专业知识

1. 丰富专业知识

通过对社会企业的制度设计、政策配套、组织实践过程以及取得的成效及不足等展开完整的分析，增加社会企业、残障人士就业等方面的专业理论知识，将专业知识库存量做大，并与时俱进地更新，不断巩固知识链的长度。

2. 提高理论水平

以案例为契机，深度拓展专业理论知识，在丰富理论知识的同时，不断将理论知识向深处拓展；将公共管理科学、政治学、社会学、社会工作等学科融合起来，形成一定的交叉学科意识和素养；通过对社会企业运营实践的研习，将理论知识与前沿实践问题结合起来，全方位把握前沿问题，培养出可将实践问题置于一定的学术理论框架中进行探讨的敏锐能力。

（二）培养问题意识和理论运用能力

1. 训练提出问题的能力

通过对这个较为完整的案例进行阅读和思考，可训练学生对当前实践中的热点问题进行严肃且具有一定深度的学术思考。尝试在一定的理论、视角和框架的观照下，基于鲜活的场景和实践现实，提出具有较强代表性、前瞻性及预见性的学术命题或议题。

2. **提高分析问题的能力**

通过对案例的深入分析、合作讨论和梳理关键知识点，可以训练学生基于不同学科、不同方法、不同立场和不同视角等而得出迥异观点、判断和结论，这有助于提高多层面、多维度、立体化分析问题的能力。启发学生辩证看待社会问题、政策问题，引导学生积极思考社会企业、残障人士赋能等命题。

3. **提升解决问题的能力**

通过对残障人士在社会生活中所遭遇困境及社会企业运营中的困境反思，提出相关对策和建议，可以帮助学生形成一定的反思能力、批判能力及辩证思维能力，这有助于提升学生解决问题的能力。

四 教学内容与要点分析

（一）促进残障人士就业的多元路径

就业是民生之本，残障人士通过就业能够获得劳动收入，提高生活水平，改变弱势状况，提升社会地位。现今我国大量残障人士尚未具备基本的就业能力，就业比例低，绝大部分残障人士无法通过就业实现生活的自给自足与人生价值的达成。我国残障人士由于普遍文化教育水平较低，生活能力和就业能力低下，而且就业市场对残障人士就业抱有负面的主观认知，导致残障人士凭借他们自身在现今竞争激烈的就业市场实现就业困难重重，需要外部力量来给予帮助和扶持。在探索促进残障人士就业上，多年来政府、市场和社会组织都实践了多种路径。

1. **福利企业**

现阶段，我国残障人士实现就业的主要渠道是福利企业。福利企业是在有关社会福利部门的支持与指导下，为残障人士提供集中的庇护式就业的特殊性经济组织，在残障人士就业帮扶中有杰出贡献。然而，随着我国社会经济的发展和社会福利制度的变革，大部分福利企业由于过度依赖政策扶持、生产水平低下、缺乏高水平的管理人才等问题，难以在市场经济中保持其竞争力，组织存续艰难甚至面临倒闭，使得大量残障人士又要面临就业难题。并且，由于大部分福利企业主要从事手工艺等简单性的生产活动，残障人士薪酬福利待遇低，在其中无法得到有效的技能培训，福利企业倒闭后很难通过自主应聘找到合适的工作。根据民政部发布的《2015年社会服务发展统计公报》的数据，截至2015年，全国福利企业1.5万家，吸纳 42.9 万残疾人就业，福利企业帮扶就业的残障人士数量自 2011 年起连续下降①，与 2015 年全国城镇就业残障人士 430.2 万②的总数相比，福利企业帮扶残障人士就业的效果甚微。

2. 按比例就业

《中华人民共和国残疾人保障法》第 33 条规定国家应当实施按比例安置残疾人的就业制度："国家机关、社会团体、企业事业单位、民办非企业单位应当按照规定的比例安排残疾人就业，并为其选择适当的工种和岗位。达不到规定比例的，按照国家有关规定履行保障残疾人就业义务。国家鼓励用人单位超过规定比例安排残疾人就业。"按比例就业政策的实施，也让很多残障人士找到了庇护所。据《2018 年残疾人事业发展统计公报》的数据，2018 年按比例就业的残障人士达 81.3 万人③，占全国城乡持证就业残障人士的 8.57%。此占比数据表明按比例就业的帮扶政策实际能够帮扶到的残障人士数量有限，远远不能满足日益迫切的残障人士就业需求。除此之外，按比例就业政策措施还存在"挂靠"的弊端，部分企业为获得按比例就业政策的相关补贴和优惠，虽然名义上吸纳残障人士就业，但实际上只是拿着残障人士的残疾证在表格和文件上实现了"就业"，残障人士只能得到些许"挂靠"的收入，并没有与这些企业签订劳动合同，也没有实际的工作岗位。

3. 公益性岗位

随着我国社会治理管理体系的建立健全，公益性岗位制度演变为旨在帮助就业困难群体实现就业，由政府来开发设置基层社会管理和公共服务领域的工作岗位，并由财政拨款来支付相关人员薪酬的政策措施。公益性岗位制度创立以来，拓宽了残障人士的就业渠道，缓解了残障人士严峻的就业形势，有利于社会的和谐与稳定。2018 年度我国共计有 13.1 万名残

---

① 《2015 年社会服务发展统计公报》，中华人民共和国民政部网站，2016 年 7 月 11 日，http: //xxgk.mca.gov.cn: 8011/gdnps/pc/content.jsp? id = 12365&mtype = 4。

② 《2015 年中国残疾人事业发展统计公报》（残联发〔2016〕14 号），中国政府网，2016 年 4 月 1 日，http: //www.gov.cn/xinwen/2016 - 04/01/content_5060443.htm。

③ 《2018 年残疾人事业发展统计公报》，中国残疾人联合会网站，2019 年 3 月 27 日，https: //www.cdpf.org.cn/zwgk/zccx/tjgb/2e16449ca12d4dec80f07e817e1e3d33.htm。

障人士通过公益性岗位成功实现就业。① 但公益性岗位这一政策措施也具有单一性、滞后性与强制性等政策性安排普遍存在的问题，存在过度依赖财政资金、不断增长的行政管理成本以及脱离自由就业市场等问题。不仅使得政府财政投入日益增长，基层工作任务繁重，也极有可能造成受到公益性岗位政策帮扶的残障人士产生岗位依赖心理。

4. 激励企业帮扶残障人士就业的税收优惠政策

为充分激发劳动力就业市场的活力和发挥企业帮扶残障人士就业的积极主动性，我国政府出台了有益于企业发展和残障人士就业帮扶的税收政策，期望企业能够在帮扶残障人士就业中获得实惠，从而更加积极主动地参与残障人士就业帮扶。王娟认为，政府有关部门可以研究探讨人均工资定额扣除办法的税收优惠政策，以此来充分激励企业帮扶残障人士就业。②

5. 非正规就业

随着福利企业、按比例就业与公益性岗位等残障人士就业帮扶政策的问题日益显露，在创建共建共治共享的社会治理新格局的时代背景下，政府部门转向引导社会组织参与残障人士就业帮扶。社会组织结合经济社会发展形势与组织活动特性，通过社区就业和居家就业等非正规就业路径对残障人士就业进行帮扶。灵活的非正规就业形式与当时经济体制转型的大背景相适应，如今已经成为残障人士主要的就业渠道。据《2018年残疾人事业发展统计公报》，2018年通过社区就业、居家就业等非正规就业渠道实现就业的残障人士共计254.6万人，占2018年残障人士就业总数的26.8%。③

6. 支持性就业

支持性就业是指将残障人士安置在普通就业环境中，与健全人一起工作，并在工作中得到持续支持的就业方式。支持性就业的概念最早源于20世纪60年代的美国，起初主要是为智障人士服务，后在日本、马来西亚

---

① 《2018年残疾人事业发展统计公报》，中国残疾人联合会网站，2019年3月27日，https://www.cdpf.org.cn/zwgk/zccx/tjgb/2e16449ca12d4dec80f07e817e1e3d33.htm。

② 王娟：《促进城市新弱势群体就业税收政策》，《合作经济与科技》2006年第16期，第49~50页。

③ 《2018年残疾人事业发展统计公报》，中国残疾人联合会网站，2019年3月27日，https://www.cdpf.org.cn/zwgk/zccx/tjgb/2e16449ca12d4dec80f07e817e1e3d33.htm。

等国家开展,目前已经形成了系统完善的就业服务模式。支持性就业服务的主要和直接提供者是就业辅导员,他们陪同残疾人进入实际就业岗位,学习岗位技能,使残疾人最终实现独立就业。所以,支持性就业服务是持续的,从接案开始就全程参与,不间断地帮助残疾人处理各种问题,直到残疾人稳定就业后,就业辅导员才逐渐退出服务。可以说支持性就业的先决条件是按人找岗,这样就避免了多个残疾人同时竞争同一岗位的现象。近年来,我国也在一些地市对支持性就业服务进行了一系列探索。①

2017年,北京市残联出台了《北京市残疾人支持性就业服务办法(试行)》(以下简称《办法》)。在支持性就业中,就业辅导员处于关键位置,是联系企业、残疾人及其家人的纽带。《办法》规定,就业辅导员是指与社会机构签订劳动合同,并具备以下条件的人员:社会工作、教育、心理咨询、人力资源等相关专业毕业,大专(含)以上学历;具有1年以上残疾人相关工作经验;参加市残联联合相关部门举办的就业辅导员培训,经考核合格的。《办法》中还明确,支持性就业的服务对象是指有在竞争性劳动力市场就业愿望,具备一定就业能力,还存在就业困难的残疾人,包括智力残疾人、有手语翻译需求的听力残疾人、经各级残疾人就业服务机构3次推荐就业未能就业的残疾人。②

与传统的庇护性就业相比,支持性就业的好处非常多。对于残疾人自身来说,可以在市场经济条件下的竞争性环境中为他们开拓更多的工作机会,以满足残疾人就业需求;可以提高残疾人在工作中的报酬,获得更为合理的工资;残疾人在支持性就业中有更高的满意度,更利于建立积极的人际关系;可以使雇主认识到残疾人具有可靠、忠诚、合作等重要的工作人格,认识到他们在工作中的实际能力和贡献。此外,对于整个社会来说,可以使职业康复机构摆脱仅仅通过道义与良心等来为残疾人寻求就业机会的格局,而以更有创意的方式为残疾人争取权益,提供服务;还可以提高政府和社会福利部门在残疾人职业康复方面的投入产出比,以较少的

---

① 王炫力:《支持性就业与传统就业的比较与启示》,《中国残疾人》2018年第4期,第48~49页。
② 《北京市残疾人支持性就业服务办法(试行)》(京残发〔2017〕14号),北京市残疾人联合会网站,2017年2月23日,http://www.bdpf.org.cn/n1508/n1509/n1516/c68513/content.html。

经费获得更好的效果；可以使残疾人成为社会经济发展的积极力量。①

（二）社会企业的创新与完善

自2004年刘继同将社会企业概念引入我国后，社会企业逐渐成为社会科学领域热门的研究课题。目前，我国对社会企业的理论研究还处于起步阶段，研究的重点在于社会创业、社会企业概念探讨和国外社会企业经验介绍。

而实践领域的社会企业有着志愿者组织、社会工作服务机构、商业企业等多种类型的探索路径与发展方向。早在官方的认证出台之前，有些组织就声称自己是社会企业，或者申请了国外的认证。2015年第四届中国慈展会上，中国首个民间社会企业认证办法出台，7家社会企业首次认证获得"民间执照"。②

2018年6月成都社会企业政策的出台，是该领域的"破局"，被媒体称为"破冰启航"之举。官方执照比民间执照晚了3年时间。同时，观察各地政府已经出台的社会企业政策文本可以发现，发文的主体及对社会企业的界定、监管等都有所差异。对这一新生事物，政府部门还需要有更多完善的政策跟进。

（三）赋能残障人士的多元立体行动者网络

在本文的案例"馋爱善食"赋能残障人士就业的行动者中，仅有社会企业的角色较为突显，无论是政府还是专业辅导机构与人员、社会公众，并没有明显地体现出其应有的作用，并且社会企业在行动者网络中的核心地位尚未得到充分的确认与支持。"馋爱善食"成立两年后才得到政府的官方社会企业身份认证，但仅限于成都市区域内，并且政策帮扶目前来说还是较为滞后和微弱的，制约"馋爱善食"充分发挥就业帮扶作用的关键性问题还是没有得到解决。

在残障人士就业赋能中的核心专业人士，即具备专业资质的社会工作服务机构及就业辅导员，在本案例中并没有出现。目前的专业辅导机构主要在辅导如何申请认证社会企业。

---

① 西城残联：《支持性就业：让残疾人就业实现闭环》，搜狐网，2019年3月4日，https://www.sohu.com/a/299024603_765707。

② 盛佳婉：《第五届中国慈展会 将认证100家社会企业》，《深圳特区报》2016年8月23日，第A7版。

据调研团队对国内社会企业的观察与分析,目前已获得国内认证的社会企业主要有三种类型:一是营利性的商业企业转型,二是非营利性的社会组织转型,三是营利性的商业企业的社会责任履行。有相当比例的组织是两块牌子(一个是营利性的,一个是非营利性的)一套人马(同一批工作人员),从事不同的服务内容。对于其中的公共产品与服务部分,如何界定比例及成分,还缺少明确的认定与执行标准,更多的是靠创始人的一腔情怀与自律。

面对如此多元的社会企业类型,社会公众的认知也是混乱的。普及宣传社会企业,使得普通民众与其他社会力量对社会企业有明确的认知,积极地加入行动者网络中发挥其应有的角色作用,还需要走很长的路。

五 课堂安排

本案例拟用3课时完成。由教师引导,针对不同学生情况,实施不同的教学计划。

A方案:针对缺乏相关工作经验的本科生、全日制硕士研究生,可采取课前阅读和制作PPT演示文稿、课中分组讨论和PPT展示及课后巩固复习的模式。

B方案:对于MPA,由于学员在岗位、职业、行业、专业背景等方面的差异较大,可灵活采取课前预习、课堂讨论、课后回顾的方式进行。

两种课堂教学安排,具体如下:

A方案	B方案
课前(6小时):阅读相关文献,查找资料(含相关的视频)(3小时),小组讨论(2小时),制作PPT(1小时) 课中(180分钟):小组PPT演示(60分钟)—分组讨论(60分钟)—知识梳理(35分钟)—问答和机动(25分钟) 课后(120分钟):复习和巩固(20分钟)—寻找课堂上未提及的新知识点或问题(40分钟)—写出案例分析报告和发现的知识增长点(60分钟)	课前(3小时):阅读相关文献(2小时),查询资料(1小时) 课中(180分钟):小组讨论(60分钟)—观点分享(40分钟)—小组辩论(50分钟)—核心知识点梳理和理论提升(20分钟)—问答和机动(10分钟) 课后(90分钟):复习和巩固(10分钟)—结合自身工作经历,寻找新知识点(20分钟)—写出案例分析报告和发现新的知识增长点(60分钟)

六 其他教学支持

教室需黑板、电脑、投影设备等,确保播放软件稳定运行。

参考文献

[1] 余晓敏等：《社会企业与中国社会发展的创新实践》，中国经济出版社，2018。

[2] 许琳：《残疾人就业难与残疾人就业促进政策的完善》，《西北大学学报》（哲学社会科学版）2010 年第 1 期，第 116～120 页。

[3] 董才生、接家东：《残疾人就业政策的转型历程与创新路径——以诉求变迁为视角》，《残疾人研究》2017 年第 3 期，第 43～48 页。

[4] 廖慧卿、罗观翠：《基于残障概念模式的残疾人就业政策目标评价》，《华中科技大学学报》（社会科学版）2012 年第 2 期，第 104～113 页。

[5] 廖娟：《残疾人就业政策效果评估——来自 CHIP 数据的经验证据》，《人口与经济》2015 年第 2 期，第 68～77 页。

[6] 李静、周沛：《发展型社会政策视域下的残疾人非正规就业：分析框架、支持困囿与政策耦合》，《云南行政学院学报》2017 年第 1 期，第 108～113 页。

[7] 刘志阳、金仁旻：《社会企业的商业模式：一个基于价值的分析框架》，《学术月刊》2015 年第 3 期，第 100～108 页。

[8] 潘小娟：《社会企业初探》，《中国行政管理》2011 年第 7 期，第 20～23 页。

[9] 李健、王名：《社会企业与社会治理创新：模式与路径》，《北京航空航天大学学报》（社会科学版）2015 年第 3 期，第 9～15 页。

[10] 时立荣：《从非正规就业组织到社会企业》，《理论学刊》2005 年第 9 期，第 42～44 页。

[11] 朱健刚、严国威：《从庇护性就业到支持性就业——对广东省残疾人工作整合型社会企业的多个案研究》，《残疾人研究》2019 年第 1 期，第 48～57 页。

[12] 董蕾红、李宝军：《社会企业的法律界定与监管——以社会企业参与养老产业为分析样本》，《华东理工大学学报》（社会科学版）2015 年第 3 期，第 108～116 页。

[13] 刘小霞：《社会企业研究述评》，《华东理工大学学报》（社会科学版）2012 年第 3 期，第 9～22＋56 页。

[14] 王名、朱晓红：《社会企业论纲》，《中国非营利评论》2010 年第 2 期，第 1～31 页。

[15] 赵萌、郭欣楠：《中国社会企业的界定框架——从二元分析视角到元素组合视角》，《研究与发展管理》2018 年第 2 期，第 136～147 页。

[16] 〔美〕贝弗利·施瓦茨（Beverly Schwartz）：《涟漪效应：以商业思维做社会公益的 18 个世界经典案例》，晏和淘、宋丽、邱墨楠译，中信出版集团，2016。

[17] 〔德〕弗洛伦蒂·玛丽埃尔·索菲·罗思（Florentine Mariele Sophie Roth）、〔丹麦〕英戈·温克勒（Inglo Winkler）：《共益企业家：分析经营社会企业背后的动机与价值观》，肖红军、郑若娟、薛离译，经济管理出版社，2018。

［18］北京社启社会组织建设促进中心、南都公益基金会编《中国社会企业与社会投资行业调研报告 No.1》，社会科学文献出版社，2019。

［19］王娟：《促进城市新弱势群体就业税收政策》，《合作经济与科技》2006 年第 16 期，第 49~50 页。

［20］王炫力：《支持性就业与传统就业的比较与启示》，《中国残疾人》2018 年第 4 期，第 48~49 页。

【第四讲】 云上扶贫记

——基于首个国家级扶贫综合试验区的调研

摘　要：大山阻隔形成的"数据孤岛"给贵州省精准扶贫战略制造了障碍，给"真脱贫"增加了难度。作为首个国家级大数据综合试验区，贵州省是如何借助大数据赋能扶贫实现融合发展的呢？本案例详细阐述了贵州省扶贫工作中的数据屏障，梳理了"扶贫云"与"精准扶贫大数据支撑平台"从构建到试点再到全省推广的历程，展示了攻破数据壁垒过程中的多元协同治理，并总结了贵州省"大数据+扶贫"的融合经验与推广价值。

关键词：扶贫攻坚；大数据治贫；"扶贫云"；"大数据+扶贫"

案例介绍

引言

2020年全面建成小康社会是"两个一百年"奋斗目标的第一个奋斗目标，也是党和全国各族人民共同的奋斗目标。"精准"是脱贫攻坚的要义，是决定其成败的关键要素，然而"扶持谁、谁来扶、怎么扶、如何退"等问题一直困扰着中国扶贫开发工作的深入开展。大数据因为具有容量大、类型多、存取速度快、应用价值高的特征，被认为是解决"不精准"问题的有效工具。2015年8月，国务院印发的《促进大数据发展行动纲要》明确提出"打造精准治理、多方协作的社会治理新模式。将大数据作为提升政府治理能力的重要手段"[1]，贫困治理作为政府当前的重要任务，是大数据投入应用的主要领域之一。

贵州省作为全国贫困人口最多、农村贫困规模最大、贫困程度最深的

---

[1]《国务院关于印发促进大数据发展行动纲要的通知》（国发〔2015〕50号），国务院新闻办公室网站，2015年9月9日，http://www.scio.gov.cn/xwfbh/xwbfbh/wqfbh/33978/34896/xgzc34902/Document/1485116/1485116.htm。

省份，是全国脱贫攻坚战的主战场和决战场，扶贫开发中遇到的困难与挑战前所未有，作出的探索和努力前所未有。作为首个国家级大数据综合试验区，贵州积极探索"大数据+扶贫"的发展模式，为扶贫工作提供真实可靠、及时全面的决策数据，为解决扶贫"不精准"的问题提供强力支撑，助力扶贫工作精准管理、动态管理、科学管理，使扶贫走上可持续发展之路。贵州省在扶贫开发过程中遇到了哪些数据信息屏障？这些屏障带来了哪些问题？如何运用大数据攻破屏障？大数据在扶贫领域发挥了什么作用？取得了哪些成效？这些问题将在本案例中阐释。

一　地瘠民贫，黔路漫漫

（一）大山阻隔：地无三里平

贵州省位于我国西南部，地处云贵高原，简称"黔"或"贵"，素有"地无三里平，天无三日晴"之说。全省面积17.6万平方公里，其中山地和丘陵占92.5%，岩溶地貌面积占61.9%，石漠化面积占21.5%，是西南岩溶生态脆弱区中心，也是全国唯一没有平原支撑的内陆山区省份。高原山地使得贵州交通落后、信息闭塞，成为贵州与外界发展接轨的屏障；岩溶地貌使得水土流失严重、土地贫瘠，严重制约农业发展。此外，受地形影响，贵州气候不稳定，干旱、洪涝、泥石流、冰雹、凝冻等自然灾害频发，对经济发展十分不利。自然地理环境的劣势不仅让贵州陷入贫困的境地，还是其谋求发展之路的最大绊脚石，可谓黔路漫漫。

（二）贫困传递：内无三分力

内生发展动力的缺乏是贫困代际传递与贫困恶性循环的主要原因，受教育落后、思想观念保守、人才流失等因素的影响，贵州的人力资本质量欠佳，难以为贵州的发展注入动力。首先，第六次全国人口普查结果显示，2010年贵州省15岁及以上文盲率为8.74%，高居全国第三，比全国平均文盲率4.08%高4.66个百分点。[1] 其次，贵州的贫困人口多聚居在偏远山区，高原山地的天然屏障使之成为一方孤岛，人们的思想观念较为落

---

[1] 《贵州人口文化素质明显提升（2011年）》，贵州省人民政府网站，2013年2月6日，https://www.guizhou.gov.cn/zwgk/zfsj/tjsj/202109/t20210914_70379945.html。

后。最后，随着社会经济的发展，高层次人才更倾向于前往一线城市发展，更多的年轻人选择外出务工，导致贵州人才流失与村庄空心化。

(三) 久困于穷：人无三分银

贫乏的资源禀赋使贵州困羁于山，贫困代际传递则使贵州久困于穷，贵州素有"人无三分银"之说。截至2013年底，贵州省贫困人口745万，贫困发生率21.3%，是全国贫困人口最多、农村贫困规模最大、贫困程度最深的省份。[①] 全省75%的县级行政区地处全国14个连片特困地区中的武陵山区、乌蒙山区和滇桂黔石漠化区，覆盖全省85.2%的面积与85.4%的农村贫困人口。贫瘠、落后、穷困与贵州这片土地相生相伴，反贫困之路困难重重，但贵州从未放弃与贫困的斗争。

二 告别"粗放"时代，喜迎"精准"元年

（一）精准扶贫揭幕，政策之窗开启

改革开放以来，我国一直致力于扶贫工作。20世纪末到21世纪初的扶贫旨在解决民众的基本生活问题，满足困难群众的最低生活保障。2011年颁布的《中国农村扶贫开发纲要（2011—2020年）》明确指出："我国扶贫开发已经从以解决温饱为主要任务的阶段转入巩固温饱成果、加快脱贫致富、改善生态环境、提高发展能力、缩小发展差距的新阶段。"2012年党的十八大首次正式提出"全面建成小康社会"。我国扶贫开发的力度逐渐加大，扶贫开发的目标已经发生转变，粗放式的扶贫开发方式已满足不了现阶段的反贫困需求。2013年习近平总书记到湖南湘西考察时首次作出"实事求是、因地制宜、分类指导、精准扶贫"的重要指示，随后中央出台的一系列扶贫政策文件明确了精准扶贫的理念，2014年中共中央办公厅详细规制了精准扶贫工作模式的顶层设计，推动精准扶贫思想落地。2015年中共中央、国务院出台的《关于打赢脱贫攻坚战的决定》表明了战胜绝对贫困的决心。精准扶贫揭幕，脱贫攻坚成为各级党委政府的首要任务。贵州作为全国贫困人口最多、农村贫困规模最大、贫困程度最深的省

---

① 《2013年各省贫困人口数量及贫困发生率》，国家乡村振兴局网站，2014年4月11日，http://nrra.gov.cn/sofpro/ewebeditor/uploadfile/2014/04/11/20140411095556424.pdf。

份，既是脱贫攻坚的主战场，又是各类扶贫资源的汇聚地，政策之窗开启，贵州迎来千载难逢的发展机遇。

（二）立脱贫军令状，制扶贫之细策

机不可失，脱贫攻坚成为贵州各级党委政府的头等大事和第一民生工程。"十二五"期间，贵州相继出台了《贵州省"十二五"扶贫开发规划》《贵州省扶贫开发条例》《滇桂黔石漠化片区（贵州省）区域发展与扶贫攻坚"十三五"实施规划》《乌蒙山片区（贵州省）区域发展与扶贫攻坚"十三五"实施规划》《武陵山片区（贵州省）区域发展与扶贫攻坚"十三五"实施规划》等文件，指明了贵州扶贫开发的目标与方向。2015年贵州省出台了扶贫攻坚"1+10"配套文件①，进一步细化脱贫目标，明确精准扶贫精准脱贫"十项行动"②，在生产与就业、生态移民、农村贫困学生资助、农村贫困人口医疗救助保障、金融服务、社会保障兜底、少数民族特困地区与人口数量较少民族的发展、党组织与党员先锋作用、动员社会力量和贫困县退出十个方面制定了详细的实施意见，以政策"组合拳"向贫困精准发力。同年11月，时任贵州省委书记在中央扶贫开发工作会议上向中央签署脱贫攻坚责任书，立下军令状。2016年1月，贵州省10个地级市、自治州与特区的党政主要负责人签订脱贫攻坚责任书，立下愚公移山志，咬定扶贫不放松。

（三）携手多方探路，"减贫摘帽"初显

"十二五"期间，中共贵州省委、贵州省人民政府深入贯彻落实《国

---

① "1+10"配套文件指的是1个决定和10个文件，具体是《中共贵州省委贵州省人民政府关于坚决打赢扶贫攻坚战确保同步全面建成小康社会的决定》与《关于扶持生产和就业推进精准扶贫的实施意见》《关于进一步加大扶贫生态移民力度推进精准扶贫的实施意见》《关于进一步加强农村贫困学生资助推进教育精准扶贫的实施方案》《关于提高农村贫困人口医疗救助保障水平推进精准扶贫的实施方案》《关于全面做好金融服务推进精准扶贫的实施意见》《关于开展社会保障兜底推进精准扶贫的实施意见》《关于进一步动员社会力量对贫困村实行包干扶贫的实施方案》《关于加快少数民族特困地区和人口数量较少民族发展推进精准扶贫的实施意见》《关于充分发挥各级党组织战斗堡垒作用和共产党员先锋模范作用推进精准扶贫的实施意见》《贵州省贫困县退出实施方案》。

② "十项行动"指基础设施建设扶贫行动、产业和就业扶贫行动、扶贫生态移民行动、教育扶贫行动、医疗健康扶贫行动、财政金融扶贫行动、社会保障兜底扶贫行动、社会力量包干扶贫行动、特困地区特困群体扶贫行动、党建扶贫行动。

务院办公厅关于进一步动员社会各方面力量参与扶贫开发的意见》(国办发〔2014〕58号)精神,积极调动多方力量协同参与扶贫。贵州各级党委政府携手社会各方探路,逐渐形成了多元主体协同治理的大扶贫格局,脱贫攻坚战取得初步胜利。整个"十二五"期间,贵州省共减少贫困人口656万人,贫困人口从2011年的1149万人减少到2015年的493万人,35个贫困县、774个贫困乡镇实现省定标准"摘帽"。50个重点县农民人均可支配收入达到6964元,年均增长15.3%,为全省如期打赢脱贫攻坚战,与全国同步全面建成小康社会奠定了良好的基础。① 2015年,贵州省有493万贫困人口,贫困人口数量排全国第1位,占全国8.77%。全省共有66个贫困县、190个贫困乡、9000个贫困村。全省88个县(市、区、特区)中,贫困发生率在10%以上的有61个。对照国家规定的"原则上贫困县贫困发生率降至2%以下(西部地区降至3%以下)"的脱贫目标,贵州脱贫攻坚任务艰巨。②

三 扶贫数据烟囱林立,脱贫攻坚难度升级

随着扶贫开发工作向深水区迈进,扶贫开发力度不断加大,围绕信息不对称产生的复杂问题逐渐暴露,如贫困识别不精准、驻村帮扶不扎实、政策落实不到位、资金使用不规范、脱贫成效不稳定等。究其根本原因,在于扶贫数据散落,缺乏有效的挖掘与利用。

(一)条块错位,数据上下传递差

"'条条'指的是从中央到地方各级政府业务内容的性质相同的职能部门;'块块'指的是由不同职能部门组合而成的各个层级政府,条块结构已成为我国政府行政体系的基本结构。"③ "条""块"被用来形容政府间关系,"条"与"块"之间既有合作,又存在一定程度上的矛盾。在扶贫

---

① 杨艳:《2016"扶贫日"贵州邀您扶贫济困,奉献爱心》,中国扶贫在线网站,2016年10月8日,http://cn.chinagate.cn/povertyrelief/2016 - 10/08/content_39443085.htm。
② 杨丽丽、姚东:《贵州省共有66个贫困县 去年贫困人口有493万》,多彩贵州网,2016年10月12日,http://news.gog.cn/system/2016/10/12/015157041.shtml。
③ 马力宏:《论政府管理中的条块关系》,《政治学研究》1998年第4期,第68~74页。

开发工作中，条块错位会阻碍数据纵向传递与使用。如省级扶贫部门管理的扶贫信息系统主要有三种，即全国扶贫开发信息系统业务管理子系统、省级层面的扶贫云系统、部分地区（市、州）开发的精准扶贫系统。国家、省级的系统是上级指挥脱贫攻坚工作和对各地扶贫开发工作考核评定的主要工具，但国家、省级扶贫系统的功能有限，各部门管理使用的系统，权限均在国家或省级，部门只有登录使用功能，无法满足地方扶贫实际工作需要。三个系统之间数据信息无法互通，同一指标要分别在三个系统中进行人工更改或完善，很多数据需重复录入，这极大地增加了基层扶贫干部工作量。

（二）部门阻隔，数据难共享

精准扶贫是一项维度广、任务重且时间紧迫的工作，需要政府各部门合作完成，然而各部门之间存在大量"数据孤岛"且缺少一个数据共享机制，这使得数据无法实现横向共享。一方面，贵州省级扶贫办不具备协调调度省级直属部门有关业务数据的权限，导致跨部门数据资源整合工作往往事倍功半；另一方面，一些省级部门、地（市州）、县（区）领导思想较为保守，以数据安全为由限制了很多数据信息开放，不同部门和区域间的数据标准差异也增加了信息资源共享的难度。

（三）数据成颗粒，数据地图未构筑

扶贫数据的采集工作主要依赖帮扶干部、村支两委及驻村工作队入户采集，填写纸质资料，数据采集量大，且数据采集受人为不确定性因素影响多，能够采集到的贫困户相关信息不足，缺乏更多、更广泛的数据源，难以从多维度构筑扶贫地图。此外，在全国扶贫开发信息系统中，由于功能开放权限要逐级授权，贫困户新增、删除、自然增减功能每年只开放一次，贫困户的动态管理工作较困难，采集的数据待系统开放时才能进行录入，扶贫"活地图"难以实现数据实时更新、实时共享。

（四）只见颗粒不见网，扶贫动态监督难

各部门之间的数据共享存在壁垒，无法对扶贫领域的相关数据进行实时比对分析，难以构建互通互联的数据铁笼，从而给扶贫领域的腐败、渎职等问题留下了空间。如安顺市普定县马场镇湾寨村会计黄某利用职务便利，违规将其子纳入贫困户名单上报；黔南州贵定县新巴镇违规套取扶贫

资金设立"小金库";铜仁市石阡县甘溪乡在实施易地扶贫搬迁项目过程中,乡人大主席陈某对工程建设督促指导不力,导致拆除率仅为12%,致使该地易地扶贫搬迁项目进展缓慢;遵义市湄潭县水库和生态移民局在上报湄潭县2016年易地扶贫搬迁工程情况时,命令工作人员将未实际完工的安置点按全部完工并分配入住进行上报。

(五)数据质量粗糙,脱贫攻坚内卷化

缺少数据检测、数据比对、数据生成、数据核查等配套系统,无法对基层扶贫干部收集的源数据进行处理,使得数据质量粗糙,可利用价值不高,难以实现"扶贫对象精准、措施到户精准、项目安排精准、资金使用精准、因村派人(第一书记)精准、脱贫成效精准",从而导致脱贫攻坚陷入内卷化,即"在某种模式下,虽然资源投入的总量不断增加,但效率没有提高,效果亦不显著,是一种'没有发展的增长'"①。贵州的扶贫开发进入了瓶颈期。

四 数据沙里淘金,率先构建"扶贫云"

扶贫开发工作涉及的对象多且规模大,产生的是纷繁复杂的数据,如何识别有价值的数据呢?大数据时代的到来,为处理纷繁复杂数据与减少信息不对称提供了重要途径,并且精准扶贫与大数据之间存在较强的耦合性,基于大数据技术的扶贫耦合机制减少了信息不对称,提升了精准扶贫绩效。② 2015年贵州省被列为全国首个国家级大数据综合试验区。为推进大数据在扶贫领域的运用,实现"大数据+扶贫"创新工作理念,贵州在全国率先建成贵州省扶贫开发管理系统,即贵州"扶贫云"。

(一)数据掘金:一库储存建档立卡数据

"扶贫云"的首要功能是储存全省贫困人口建档立卡数据,为精准扶贫工作提供信息基础。以"四看法"(有安全饮水、安全用电、安全住房

---

① 方劲:《中国农村扶贫工作"内卷化"困境及其治理》,《社会建设》2014年第2期,第84~94页。
② 汪磊、许鹿、汪霞:《大数据驱动下精准扶贫运行机制的耦合性分析及其机制创新——基于贵州、甘肃的案例》,《公共管理学报》2017年第3期,第135~143+159~160页。

和就业技能）构建的贫困评估体系为依据，扶贫干部入户走访调查采集贫困户资料，依托"扶贫云"汇集全省贫困人口建档立卡数据。以数据库为基础，"扶贫云"着力对31.7万贫困学生与87万余因病致贫、因病返贫的贫困户进行信息核实，协助认定11类人群376万人，协助发放"两助三免（补）"补助政策资助金，协助对贫困人口实施基本医疗保险、大病保险、医疗救助"三重医疗保障"。并且，"扶贫云"运用建档立卡数据资源，与中央网信办、省委宣传部、省网信办合作，开展了"9+1"精准扶贫试点活动，为3024个贫困户募集了180多万元爱心善款。

（二）数据分析：自动计算助推动态管理

借助大数据的自动分析与自动计算，重点对2014年以后全省贫困人口进行动态监测管理，并采取针对性帮扶措施进行帮扶。"扶贫云"紧紧围绕精准扶贫、精准脱贫的目标，从"扶持谁、谁来扶、怎么扶、如何退"四个方面入手，通过统一的界面整合有关省直部门扶贫相关业务数据，实时动态掌握全省贫困人口"一达标、两不愁、三保障"等方面情况，动态管理"五个一批"任务落实情况，动态监测帮扶项目和帮扶资金落地情况，动态评估各类型帮扶措施实施效果等方面情况，推动扶贫工作数字化、动态化、常态化、精准化管理。

（三）数据铁笼：跟踪记录助力动态监管

"扶贫云"系统中的考核评估子系统（数据铁笼）对接组织、目标、督查等部门，对各级各部门推进扶贫开发工作台账、领导干部"定帮联驻"工作情况、遍访贫困村贫困户工作情况、各行业部门落实扶贫任务工作台账等进行跟踪问效和督查考核。"扶贫云"围绕内部监督、垂直监督、横向监督、公众监督"四个监督"，建设扶贫资金日常监管应用、扶贫资金异常分析应用、扶贫资金监测预警应用、扶贫资金绩效评估应用、扶贫资金外部监管应用、扶贫资金协同监管应用"六大系统"，按照精准扶贫的整体思路，对责任链、任务链、项目资金链进行实时监督，实现扶贫项目资金流程全覆盖、数据全记录、过程全规范、效能全提升、权力全监管。截至2018年8月，统计监管全省15.5万个扶贫相关项目，监管资金364亿余元。

（四）改造升级：多方协作提升数据质量

2016年底，为升级改造"扶贫云"，贵州省人民政府将其迁至云上贵州平台，并配合"白山云"公司完成了现有系统建档立卡数据目录梳理工作。2018 年，"扶贫云"与国土资源部门完成了全省建档立卡贫困人口的详细数据，采集了其中 110 万条贫困户 GPS 数据和同等数量的照片，为"国土云"建设提供了贫困人口数据保障；与教育、人社部门完成了近 30 万高中、中高职、大专以上贫困生的信息核对；与民政部门完成了 158 万政策性保障兜底人口的衔接；与人社部门完成了全省农村贫困人口就业登记的比对；与卫计部门完成了 404.5 万全省新农合系统救助保障对象的认定；与省水库和生态移民局初步交换了 2016 年易地扶贫搬迁人口的详细数据。"扶贫云"携手多方协作，通过部门数据交换共享，提升了建档立卡数据的精确度，形成大合力助力精准施策。

五 深化数据"聚通用"，打造"精准扶贫大数据支撑平台"

"扶贫云"实现了扶贫数据的储存、管理与运用，但是在"数据通"和"数据准"两个方面仍有欠缺。为深化数据"聚通用"，进一步发挥数据效用，2017 年 9 月，贵州省扶贫办联合贵州省大数据局组织开展"精准扶贫大数据支撑平台"（下文简称平台）建设，先在黔东南州黎平县和黔西南州进行试点，后在全省推广使用，使其成为"扶贫云"融合跨部门数据资源的组成部分。

（一）先行先试，推进平台全省应用

1. 容许试错，不容许错过

改革开放以来，中国取得了举世瞩目的成就，试验学习是中国取得成功的法宝之一。中国地大物博、地方各异，通过区分决策权与探索权，运用政策"试点"方法，实现了统一领导与有效治理兼得。政策试验是一个不怕试错的过程，在试验中修正错误、深化认知、优化政策、总结成功经验，提升中国治理的韧性与适应性。在扶贫开发工作中，中央提倡"创新思路方法，加大扶持力度，善于因地制宜，注重精准发力，充分发挥贫困地区广大干部群众能动作用"[1]。因此，"大数据+扶贫"作为一项创新项目要继续推进，容许试错，不容许错过。

---

[1] 《扶贫开发要因地制宜精准发力》，人民网，2014 年 10 月 18 日，http://politics.people.com.cn/n/2014/1018/c70731-25859261.html。

2. 选点试用，成效明显

2017年6月，黔西南州、黔东南州黎平县被选为试点进行试用。黔西南州自6月20日起，在全州9县（市、新区）126个乡（镇、街道）629个贫困村（社区）中推广平台试用，全州所有的驻村帮扶干部都在手机上安装了"精准扶贫App"。平台以省扶贫办7482907条建档立卡数据为基础，依托云上贵州数据共享交换平台，打通了扶贫、公安、教育、卫计、工商、民政、人社、国土、住建、水库移民、水利、工商联12个省级部门的数据和州农信社、州财政局、州林业局、州广电局、州农业局5个部门数据，实现扶贫数据互通共享、自动比对、实时更新、使用便捷。平台试点应用在精准识别与精准退出、自动预警、教育扶贫、信息查询、提高扶贫工作效率等方面成效明显，有力支撑了精准扶贫工作，得到了全州扶贫干部和群众的一致好评。

3. 分区分批推广，试点成果全省铺开

2017年9月，贵州省大数据局组织省内外各界专家、省直相关部门以及部分软件企业等在黔西南州对平台进行实地评估。评估者一致认为平台对支撑精准扶贫和精准脱贫工作有重要促进作用，是扶贫干部"管用、好用、爱用"的工具，建议尽早在全省推广使用。2017年12月，贵州省扶贫办联合贵州省大数据局制定《精准扶贫云大数据支撑平台推广方案》，将全省分为三个片区①，分两个时间节点②逐次推广软件，通过两个层面③自上而下开展技术培训，由省大数据局制作"操作手册"与相关教学视

---

① 第一片区：贵阳市、遵义市、铜仁市。第二片区：贵安新区、安顺市、六盘水市、毕节市。第三片区：黔南州、黔东南州。

② 第一节点：12月21~24日，省、市、县三级扶贫系统干部完成下载平台软件任务，学习操作手册，了解平台功能。第二节点：12月26~29日，在县级的具体指导下，乡、村两级扶贫干部、驻村干部、帮扶干部等下载平台软件，学习操作手册，了解平台功能。

③ 第一层面：12月21日，省对市、县两级开展扶贫云大数据支撑平台的应用培训和宣传推广，让市、县两级会使用平台软件，让扶贫干部能够实时掌握建档立卡贫困户数据与第三方数据异常情况，转变传统的工作方式，做到数据实时采集、及时更新、精准比对、统计分析。第二层面：12月26~29日，县级按属地管理原则分类对乡、村两级开展平台应用业务培训，上级单位负责帮助下级单位落实扶贫云大数据支撑平台的使用，同级部门负责所属部门落实平台的使用，乡镇党委、政府负责将平台的使用落实到村、到人。

频,并派遣技术人员授课,12月29日在省、市、县、乡、村五级实现了平台下载使用全覆盖,试点成果实现全省应用。

(二)打通部门信息壁垒,实现数据汇聚互享

1. 一"台"联动,汇聚全省扶贫信息

为进一步深化数据互通互享,有效解决基层跨部门、跨系统重复填报数据问题,"精准扶贫大数据支撑平台"以扶贫办数据为基础,依托云上贵州数据交换共享平台,与省国土厅、省教育厅、省旅发委等多家单位签订数据保密协议、数据传输协议,打通扶贫、教育、国土、人社等17个省级部门数据壁垒,形成部门互通、上下联动的数据交换机制,为多部门协同推进扶贫开发工作提供了有力支撑。截至2018年底,"扶贫云"通过平台已有效整合25家省直部门扶贫相关业务数据指标278项2300余万条,实现数据共享交换28次,数据交换量1.37亿条以上。

2. 一"网"打尽,描绘扶贫"活地图"

扶贫数据的时效性对扶贫工作具有重要影响,平台借用大数据统计功能实时掌握管辖县区内各类指标的统计情况,包括致贫原因、脱贫指标、男女比例、年龄分布等扶贫动态指标,也包括来自公安、住建、工商、移民、国土、教育、卫计、民政等第三方部门相关重点、异常指标,运用数据可视化描绘扶贫"活地图",跳动的数据将区域内各类指标实时呈现,扶贫信息一目了然。此外,只要扶贫干部在平台手机客户端上填写、更新贫困户有关信息,相关部门就能查询、使用最新信息,实现实时更新。

(三)云中拨雾,"大数据+扶贫"多点应用

1. 精准画像,实现贫困信息精准识别

脱贫攻坚贵在精准、重在精准,成败之举在于精准,精准识别贫困户是开展精准扶贫工作的第一步。通过平台可从海量的数据中对贫困人口的识别进行量化,对贫困程度深浅进行可视化,通过多部门扶贫数据对比,对贫困户进行精准画像,实时掌握省、市、县、乡、村各级帮扶干部情况及对应帮扶贫困户信息,从贫困户可以找到帮扶干部,从干部可以找到对应帮扶贫困户。通过相关部门多维度数据与第三方数据比对分析,贫困户一旦出现买车、买房、注册公司等情况,平台将实时推送异常信息,扶贫干部可以及时了解并开展清退和核实工作,精准助力贫困户识别。

2. 精准对比，实现政策落实到位

平台以数据库为基础，通过自动对比、自动筛选准确匹配政策客体，根据平台分析出的致贫原因，选择最适合贫困户的项目，确保措施到户精准。如在教育扶贫方面，平台自动将国内各高校录取的黔西南州大学生信息，实时与建档立卡贫困户信息进行精准比对，自动生成贫困学生名单，自动推送到省内各高校和州教育局、州扶贫办、州财政局等相关部门。省内高校就读的贫困学生，只需在报到时向就读高校出具身份证明材料，即可直接享受相关费用减免、领取国家相应补助；省外高校就读的贫困学生，也只需向黔西南州教育局出具身份证明和学校报到材料，就可直接办理。此外，平台能自动筛查出疑似未领到教育精准扶贫资金的贫困学生，帮助相关部门进行核实，实现教育精准扶贫资金发放到位。

3. 一键查询，提升扶贫工作效率

平台具备多维度的信息查询功能，能快速准确查询到有关扶贫信息，方便领导调度、扶贫干部调用。例如，在"精准扶贫 App"（精准扶贫大数据支撑平台手机客户端）上，只要点击某个村，就知道这个村有多少贫困人口、有哪些帮扶干部、在实施哪些项目等扶贫工作概况及该村以户为单位的贫困户具体情况。只要点一点"百企帮百村"按钮，就能快速查询到企业对贫困村和贫困户的帮扶情况，可点击查看每家企业所帮扶的贫困户人员具体名单、企业名称、帮扶地点、帮扶人数、帮扶金额、帮扶途径。只要用"精准扶贫 App"扫一扫贫困户的身份证或输入身份证号码，该贫困户家庭成员、住房、家电、饮水安全、生产条件、经济状况等信息便一目了然。

4. 自动生成，减轻基层扶贫干部负担

通过大数据云计算，数据比对核查、统计报表等大量的数据统计工作可自动完成，自动处理数据、自动生成报表。扶贫干部只需在平台上点一点相应按钮，就能自动生成相应报表。扶贫干部只需在"精准扶贫 App"上填写、更新有关信息，相关部门通过平台就能查询、使用相应信息，实现"一人更新填报、多人调用共享"，不再需要重复劳动。这大幅减轻了基层扶贫干部的负担，解决了扶贫干部频繁重复填表、工作效率低的问题，让扶贫干部腾出更多的时间和精力开展扶贫工作。

5. 动态监督，压缩权力寻租空间

平台可记录扶贫干部的工作痕迹，可对扶贫项目的资金进行实时监测，使扶贫领域的信息公开透明，通过实时动态监督，压缩权力寻租空

间，有效解决扶贫领域的腐败问题。例如，黔西南州依托平台开发了智慧云党建、廉洁诚信平台、财政预算管理一体化平台等新应用。智慧云党建通过台账日志对扶贫干部进行实时监测和随时抽查通报；廉洁诚信平台与检察、法院、银行等部门建立协作工作机制，将投标企业、项目负责人等行贿犯罪、信用记录等违规违法信息纳入平台数据库比对系统，促进帮扶企业诚实；财政预算管理一体化平台搭建财政、银行、预算单位的数据共享平台，统计资金使用运行轨迹和项目进度情况，自动分析资金使用和项目进度执行效率，实现对项目实施、资金使用全过程监管。

6. 自动预警，确保脱贫成效可持续

平台通过将建档立卡贫困户信息与教育、国土、住建、工商等多部门的数据进行对比，能及时推送贫困户"两不愁、三保障"相关情况，及时提示可进行达标评估，精准反映脱贫实效。还通过平台自动预警，确保脱贫成效可持续。平台会自动预判家中是否有子女考上大学，考上大学是否未得到补助，一旦发现异常情况，及时预警提醒扶贫干部重点关注相关贫困户，有针对性地采取措施和核查处理。致贫返贫提醒平台还具备贫困户因病重大开销自动提醒功能，若建档立卡贫困户在医院刷医保卡看病住院，自付费用较大，平台将自动提醒有关部门和帮扶干部重点关注。

六　大放"数"彩，"大数据＋扶贫"成功融合

"扶贫云"经过开发、迁云、升级改造、试用、全省推广，已成为贵州扶贫开发工作精准管理、动态管理、科学管理的得力助手，走出了"大数据＋扶贫"的贵州路径。贵州"扶贫云"在全国率先开发疑似漏评采集、入户核查、计划脱贫标识、帮扶措施覆盖分析等特有功能。通过运用多项特色功能并进行数据综合分析，2018年共帮助全省各地标识计划脱贫36万余户140万余人，针对帮扶措施落实情况预警33万余次，下发通报6次，为全省各地高质量完成减贫任务，如期摘帽提供了有力支撑，实现了"扶贫云"与"大数据＋扶贫"的成功融合。

（一）笑逐颜开：喜获多方点赞

"扶贫云"投入使用以后，获得来自中央与社会各界的多方认可。2015年5月，国务院副总理汪洋在贵州调研时指出："从精准度来讲，是我在全国看到的，做得最好的。"国务院扶贫办主任刘永富指出："建设扶贫开发大数据时间紧、任务重，贵州已经迈出了坚实的步伐，希望贵州继

续探索有效方式,把扶贫开发的大数据也继续建成全国的样板,真正地发挥作用。"2016年3月,"扶贫云"在中央党校(国家行政学院)会议厅向国务院扶贫办领导班子及各司局领导作了专题演示,得到了充分肯定。同年的数博会上,数据展区精彩亮相的"大数据+扶贫"案例,以一张"活地图"展示了扶贫工作的动态管理,成为大会亮点之一。2018年2月,国家标准委在贵州调研时,当即决定把平台的精准扶贫大数据标准上升为国家标准。2019年,数博会首次设立"大数据+扶贫"展,向来自世界各地的参会者展示了大数据技术推动扶贫的最新成果。

(二)纵向吸纳:中央借鉴平台开发经验

"扶贫云"的开发应用不仅获得了中央关注,其相关开发经验还被中央吸收借鉴。2016年5月,国务院扶贫办组织20人到贵州省扶贫办贫困监测中心学习"扶贫云"项目管理经验,在新开发的国扶办项目资金管理子系统的开发过程中,大量借鉴了"扶贫云"相关开发经验。此外,贵州省扶贫办在国务院扶贫办会议室演示了精准扶贫信息平台相关功能,时任国务院扶贫办党组成员、政策法规司司长给予了高度评价,并抽调贵州省扶贫办有关工作人员全程参与了国务院扶贫办信息化建设顶层设计等相关工作,其中主要借鉴了"扶贫云"的开发经验。

(三)横向扩散:兄弟省市学习建设经验

中央纵向的政策吸纳推动了省际的横向考察学习,贵州省"大数据+扶贫"的成功融合获得了各兄弟省市的关注。"扶贫云"建成以后,国务院扶贫办及各兄弟省市多次到贵州省考察学习"扶贫云"建设经验。2018年5月,大数据精准扶贫标准化论坛暨经验交流会在贵州召开,就大数据在扶贫领域应用的经验进行了交流,内蒙古自治区、江西省赣州市、湖北省十堰市有关领导及部分有扶贫任务的省(区市)质监局、部分贫困县扶贫主管领导等参加了本次论坛。同年7月,江西省委书记、省长带团前往云上贵州大数据集团考察调研,贵州大数据集团党委书记汇报了精准扶贫大数据支撑平台的作用和功能,通过"活地图"直观展示了大数据在精准扶贫领域的典型应用,江西省有关领导就云上贵州系统平台建设等问题进行了交流。

七 结语

"大数据+扶贫"的成功探索为贵州省的扶贫开发注入了新动力,在三年的"扶贫云"与"精准扶贫大数据支撑平台"开发建设实践中可以总结很多可供借鉴的经验，为全国"大数据+扶贫"的应用提供贵州样板。贵州省利用大数据技术搭建"扶贫云"与"精准扶贫大数据支撑平台"，扩大了信息采集的渠道，提高数据加工能力和效率，深度挖掘数据的价值，提升了扶贫数据的质量。"扶贫云"和平台能精准识别贫困户与致贫原因，可以真正把扶持对象搞精准、把原因搞清楚、把管理搞规范，做到因户施策、因人施策，做到扶真贫。"扶贫云"和平台连接各部门数据，通过自动对比可实现自动预警，确保脱贫成效可持续，做到真脱贫。但是，大数据在扶贫领域的应用也存在一些问题，如贫困户的信息是否得到安全保障，较低层级政府应用大数据的情况如何，"大数据+扶贫"是否会衍生出新的问题与挑战，等等。此外，随着后扶贫时代的到来，大数据在扶贫领域该何去何从？应继续保留哪些功能，开发哪些功能？这些问题都值得探讨。

思考题

1. 案例中大数据在扶贫领域发挥了哪些作用？解决了哪些问题？
2. 试从公共政策执行、政策试点、政策创新和公共治理等方面来分析贵州"大数据+扶贫"模式。
3. 分析贵州省"大数据+扶贫"的融合为什么能取得成功。
4. 结合案例内容和你的亲身经历，谈谈对"大数据+扶贫"模式推广价值的认识。

案例说明书

一 课前准备

（一）教师准备

首先，根据授课班级学生数量进行分组。

其次，明确课堂汇报要求，并制作案例讨论提纲与案例分析报告的写作要求。

最后，提前下发案例正文与案例讨论提纲，并向学生说明课堂汇报要求。

（二）学生准备

学生自行查阅，阅读相关资料。

二 适用对象

（一）适用课程

本案例主要适用于公共管理学、公共政策分析、地方政府学等专业课程的学习。

（二）适合学生

本案例主要适合公共管理专业学位硕士（MPA）与公共管理相关专业的学生，同时适用于政府干部培训活动以及对贫困治理、大数据扶贫有相关研究的学习者等。

三 教学目标

本案例着重讨论的问题有：怎样利用大数据实现扶贫过程中数据汇聚通？大数据在扶贫过程中发挥了什么作用？"大数据+扶贫"的政策是怎样扩散的？"大数据+扶贫"的融合具有什么推广价值？

本案例在具体教学过程中要实现的教学目标如下。一是让学生了解大数据技术在贫困治理领域的应用。本案例梳理了贵州省在推进精准扶贫工作过程中遇到的数据鸿沟问题，并展示了贵州省借助大数据技术搭建"扶贫云"与"精准扶贫大数据支撑平台"攻破数据壁垒实现精准识别与精准脱贫的历程，学生通过阅读案例可以了解到大数据技术在贫困治理领域的价值。二是引导学生学以致用。本案例蕴含技术治理、多元协同治理、政策执行等理论知识点，通过案例教学引导学生用所学知识去分析与解决实际问题，实现理论与实践的结合。三是帮助学生树立技术治理新理念。通过大数据在扶贫领域应用的案例，让学生认识到大数据的价值，树立技术治理新理念，鼓励学生运用大数据思维探索解决各类问题的新方案。四是培养学生分析问题的能力。本案例呈现了"遇到问题"到"解决问题"的完整过程，通过案例教学挖掘案例中的解决问题路径有助于培养学生分析问题的能力。

四 教学内容与要点分析

本案例将理论与实践结合，展现了"大数据+扶贫"的融合发展之路,囊括精准扶贫内卷化、数字鸿沟与信息扶贫、技术治理与技术赋能、多元协同治理、政策试点与政策扩散等要点。

(一) 精准扶贫内卷化

"内卷化"一词最早由美国人类学家吉尔茨提出,是指一种社会或文化模式在某一发展阶段达到一种确定的形式后,便停滞不前或无法转化为另一种高级模式的现象。扶贫领域的内卷化表现为随着扶贫资源投入的增加,脱贫人数虽然在不断增加,但贫困者在发展能力、脱贫意识等方面没有产生质的提升,实则是没有发展的增长,即陷入"无发展的增长"状态,在具体的扶贫实践中表现为扶贫资源的低效使用与精准扶贫不精准等现象。本案例中,随着大量的扶贫资源向贵州省汇聚,其脱贫人口数量显著上升,但随着扶贫开发工作向深水区迈进,围绕信息不对称产生的复杂问题逐渐暴露,如贫困识别不精准、驻村帮扶不扎实、政策落实不到位、资金使用不规范、脱贫成效不稳定等,这些使得贵州省的精准扶贫工作陷入内卷化。

(二) 数字鸿沟与信息扶贫

在互联网时代,信息作为一种重要资源,对地区的经济社会发展具有重要意义。然而数字鸿沟的存在,即信息技术在国家之间以及一个国家内不同地区之间发展与使用的不平衡,使得不同地区的贫富差距加大。随着精准扶贫工作的开展,数字鸿沟问题凸显,信息扶贫成为打赢脱贫攻坚战的重要方式。本案例中,贵州省的贫困地区由于信息闭塞而处于数据鸿沟的弱侧,此外在扶贫开发工作中由于扶贫数据碎片化导致了帮扶者与被帮扶对象之间存在信息不对称,并产生了贫困户识别不精准、施策不到位等问题,这严重地阻碍了贵州省的发展。因此,信息扶贫在贵州省的扶贫开发工作中被寄予厚望。

(三) 技术治理与技术赋能

大数据因为具有规模性、多样性、高速性、价值性、真实性等特点,能够弥补人工治理的不足,被广泛地应用于解决各类社会问题。同时,运用大数据不仅能提高解决问题的效率,还能提升国家治理能力,实现技术赋能。本案例中,贵州省运用大数据技术分别搭建了"扶贫云"与"精准扶贫大数据支撑平台",通过两个平台汇聚全省建档立卡贫困户数据,打通了政府各部门数据壁垒，实现扶贫数据汇聚通与实时共享，挖掘出扶贫数据的使用价值，提升了扶贫干部的贫困治理能力，为精准识别、精准脱贫保驾护航。同时，借助大数据预测功能搭建了返贫预警机制，为脱贫成效可持续提供了保障。

（四）多元主体协同治理

多元主体协同治理是指多个主体通过协同的方式达到治理目标，强调多元主体之间的互动与配合。面对日益复杂的现实问题，政府的治理能力有限，在现有规制体系下，为了实现公共利益的目标，政府、市场、社会等多元主体应通过协商，化解冲突和矛盾，持续共同治理公共事务。本案例中，在"扶贫云"与"精准扶贫大数据支撑平台"的建设过程中，贵州省扶贫办联合贵州省大数据发展领导小组办公室与贵州省白山云科技公司合作完成了升级改造工作，并在国土厅、教育厅、人社部门、卫计部门、省水库和生态移民局等部门的协作下，实现了各部门数据的交换共享与精准对比，提升了建档立卡数据的精确度。

（五）政策试点与政策扩散

政策试点是我国政策执行中常见的方式之一，通过试验学习提升政策执行的韧性，包括自上而下、自下而上、请示授权等形式，成功的经验在纵向政策吸纳与横向考察学习的推动下而得到扩散。本案例中，"精准扶贫大数据支撑平台"首先在黔西南州、黔东南州黎平县进行试用，然后贵州省大数据局组织省内外各界专家、省直相关部门以及部分软件企业等对黔西南州的平台进行实地评估，最后在全省分区分批进行推广。此外，新开发的国扶办项目资金管理子系统的开发大量借鉴了"扶贫云"相关开发经验，国务院扶贫办及各兄弟省市多次到贵州考察学习"扶贫云"建设经验，促进了贵州省"大数据＋扶贫"的融合发展经验的推广。

五　课堂安排

本案例的教学预计使用3个课时，其中2个课时进行小组的PPT汇报，最后1个课时由老师带领同学对案例进行分析，具体教学安排如下。

（一）课前准备阶段

提前1~2周对授课班级的学生进行分组，并下发案例正文与案例讨论提纲，同时说明 PPT 汇报要求。

案例讨论提纲：

（1）案例中大数据在扶贫领域发挥了哪些作用？解决了哪些问题？

（2）试从公共政策执行、政策试点、政策创新和公共治理等方面来分析贵州"大数据＋扶贫"模式。

（3）分析贵州省"大数据＋扶贫"的融合为什么能取得成功。

（4）结合案例内容和你的亲身经历，谈谈对"大数据＋扶贫"模式推广价值的认识。

（5）大数据技术还可以应用在哪些领域？

（二）课堂汇报阶段

根据分组顺序依次进行汇报，各小组汇报时间控制在 10 分钟以内，1 个课时可汇报 3～4 个小组，每个课时汇报结束后，收集学生提出的问题。

（三）课堂互动阶段

所有小组汇报结束后，老师对汇报情况进行点评，总结各小组汇报的优点与不足，并针对不足进行补充，带领学生对案例进行再次分析。此外，对学生提出的问题进行讨论，由老师引导解答。

（四）案例分析报告撰写阶段

在最后 1 个课时说明案例分析报告的撰写要求，如案例分析报告的格式、内容、提交时间等，以小组为单位提交案例分析报告，并注明小组分工情况。

六　其他教学支持

电脑、投影仪等多媒体设备。

参考文献

[1] 郑瑞强、曹国庆：《基于大数据思维的精准扶贫机制研究》，《贵州社会科学》2015 年第 8 期，第 163～168 页。

[2] 关婷、薛澜、赵静：《技术赋能的治理创新：基于中国环境领域的实践案例》，《中国行政管理》2019 年第 4 期，第 58～65 页。

[3] 赖纪瑶、蒋天骥、李思彤、张鑫、韩圣龙：《农村信息扶贫的政策逻辑及实施问

题分析：来自华北 S 县的田野调查》，《情报杂志》2020 年第 8 期，第 145~153 页。

[4] 汪磊、许鹿、汪霞：《大数据驱动下精准扶贫运行机制的耦合性分析及其机制创新——基于贵州、甘肃的案例》，《公共管理学报》2017 年第 3 期，第 135~143+159~160 页。

[5] 赵金旭、孟天广：《技术赋能：区块链如何重塑治理结构与模式》，《当代世界与社会主义》2019 年第 3 期，第 187~194 页。

[6] 莫光辉：《大数据在精准扶贫过程中的应用及实践创新》，《求实》2016 年第 10 期，第 87~96 页。

[7] 汪三贵、胡骏：《从生存到发展：新中国七十年反贫困的实践》，《农业经济问题》2020 年第 2 期，第 4~14 页。

[8] 马力宏：《论政府管理中的条块关系》，《政治学研究》1998 年第 4 期，第 68~74 页。

[9] 方劲：《中国农村扶贫工作"内卷化"困境及其治理》，《社会建设》2014 年第 2 期，第 84~94 页。

【第五讲】 数字驱动的乡村振兴新模式

——基于四川大邑县国家数字乡村试点地区的考察

摘　要：近年来，中央战略布局乡村振兴，各地乡村积极采取得力措施，奋力推进农村农业转型、产业升级、农民脱贫，切实改变了农村落后面貌。随着社会发展，互联网、大数据等先进数字技术不断释放其发展效应，为乡村经济社会提供新的发展动能。在这样的时代背景下，四川大邑县积极投入数字乡村建设，抢先将数字技术与乡村发展场景融合，通过融合数字农业技术，促进传统农业转型；鼓励农村电商发力，提升农村产业等级；投入智慧社区建设，推进数字治理实现；打造智慧文旅品牌，推动业态融合发展，探索出一条"数字+"融合的数字驱动振兴之路，促使乡村振兴迈上新台阶。大邑县的数字乡村探索之路，生动地说明在互联网、物联网等信息技术快速发展的时代背景下，将先进数字技术融入乡村发展已刻不容缓。本案例通过对四川大邑县国家数字乡村试点地区进行田野考察，展现中国数字乡村建设成就，激发读者对我国数字乡村建设、乡村振兴发展等问题进行思考。

关键词：乡村振兴；数字乡村；数字治理；数字经济

案例介绍

引言

现阶段我国经济社会发展的不平衡不协调问题，具体表现在城乡发展差距较大、农业基础不稳固、农村社会事业发展滞后等方面。"乡村兴则国家兴"，农业农村的发展是全面建设社会主义现代化国家进程中无法回避的问题之一。2017年党的十九大报告中首次明确提出"实施乡村振兴战略"，作为解决好"三农"问题的总抓手，采取更加有力的举措，切实改变农业农村落后面貌。① 自实施乡村振兴战略以来，农业转型升级，发展亮点频显；农村环境整治，由点到面全面推开；农民稳定脱贫，凝聚振兴新力量，为全面建成小康社会打下坚实基础。然而，乡村发展过程中也出现了路径依赖、资源内卷、信息鸿沟等问题，在一定程度上影响了振兴进程。

随着信息技术的发展，数字时代来临，它兼具去中心化、扁平化、跨界开放与高效精准、智慧互通的特点，着力培育融通互联、智慧共享、平等开放、个性多元的思维体系，为乡村振兴突破瓶颈、迈上新台阶带来了机遇。2018年中央印发《中共中央国务院关于实施乡村振兴战略的意见》，明确提出要实施数字乡村战略，做好整体规划设计，加快网络覆盖、技术开发等步伐，推动远程应用普及，弥合城乡数字鸿沟。② 2019年中央印发《数字乡村发展战略纲要》，进一步明确要着力发挥信息技术创新的扩散效应、信息和知识的溢出效应、数字技术释放的普惠效应，加快推进农业农村现代化。③ 2020年7月，中央网信办等七部门联合印发《关于开展国家数字乡村试点工作的通知》，部署开展国家数字乡村试点工作。④

自中央提出实施乡村振兴战略、数字乡村战略以来，四川大邑县一直紧跟中央步伐，锐意进取，积极探索乡村振兴与数字乡村发展之路，其探索经验也成为地区模范。2020年9月，大邑县成功入选国家数字乡村试点地区公示名单。⑤ 四川大邑县作为一个西部边远小县是如何开展数字乡村建设工作的？其探索经验有何过人之处？过程中是否塑造出了乡村振兴新

---

① 习近平：《决胜全面建成小康社会　夺取新时代中国特色社会主义伟大胜利——在中国共产党第十九次全国代表大会上的报告》，新华网，2017年10月27日，http://www.xinhuanet.com//politics/19cpcnc/2017-10/27/c_1121867529.htm。

② 《中共中央　国务院关于实施乡村振兴战略的意见》，中国政府网，2018年2月4日，http://www.gov.cn/zhengce/2018-02/04/content_5263807.htm。

③ 《中共中央办公厅　国务院办公厅印发〈数字乡村发展战略纲要〉》，中国政府网，2019年5月16日，http://www.gov.cn/zhengce/2019-05/16/content_5392269.htm。

④ 《中央网信办等七部门联合印发〈关于开展国家数字乡村试点工作的通知〉》，中国政府网，2020年7月18日，www.gov.cn/xinwen/2020-07/18/content_5528067.htm。

⑤ 《关于国家数字乡村试点地区名单的公示》，中华人民共和国国家互联网信息办公室网站，2020年9月18日，http://www.cac.gov.cn/2020-09/18/c_1601988147662407.htm。

模式？本案例以大邑县成功申请国家数字乡村试点为契机，对其进行深入的田野考察，以期探索其基于数字驱动的乡村振兴新经验、新模式。

一 昨日之大邑：被遗忘的绚丽

（一）话说大邑：山水田园宜居地

1. 成都"西大门"：蜀之望县

大邑县隶属于四川省成都市，位于成都市西部，是成都的"西大门"，一座雪山下的森林城市，自古以来就有着"蜀之望县"的美誉。大邑县总面积1327平方公里，辖区8个镇3个街道，常住人口51.49万人，其中，农业人口31.8万人，占61.9%。大邑县地理位置优越，交通四通八达，距成都市45公里，正加紧建设成都经济区环线高速、成蒲快铁、天新大快速路，积极融入成都"30分钟经济圈"。2017年成都新一轮城市规划中，大邑县位于"西控"战略区域中。为了更好实施"西控"建设，大邑县以"创新提能、提质增效"为主线，建成"双城两轴，五区多点"的城乡一体发展格局，即：以晋原中心城区和沙渠产业新城为核心，集中拓展和提升中心服务、科创智造等功能；以青霞—王泗、花水湾—沙渠两条城镇发展轴为线索，统筹组织全域城乡发展；以自然保护区、山水度假区、综合服务区、精致农业区、智能产业区五大功能区为引领，发挥区位优势，形成既和谐统一又各具特色的发展格局面；以特色镇、新型社区及林盘、聚落为亮点，形成分布全域的多个特色发展节点。

2. 窗含西岭千秋雪，稻香渔歌万亩田

大邑境内有西岭雪山、安仁古镇、花水湾、鹤鸣山、刘氏庄园、新场古镇等多处风景秀丽的旅游景区，旅游资源十分丰富。除此之外，大邑的农业发展也十分有力。农作物种植面积59.6万亩。"两区"划定了粮食生产功能区19.1万亩，重要农产品生产保护区6万亩，建成高标准农田16.07万亩。2019年实现农业增加值38.44亿元，同比增长2.7%，占全县GDP的13.2%。农村居民人均可支配收入23737元，同比增长9.8%，绝对额和增幅分别排成都市三圈层第四位、第九位。大邑安仁都市现代农业园区、大邑县稻乡渔歌现代农业（粮食）产业园区、天府道源中药材产业园区三个10万亩产业园区，分别以特色水果、优质粮油、中药材为主导产业，形成了生态果蔬、优质粮油、林竹药、名优水产等特色优势产业，建成了葡萄产业种植基地、生态蔬菜基地、食用菌种植基地、红梅产业发

展基地、中药材基地5个万亩特色农产品基地，4家农产品出口基地，建成格林庄园、向阳花农场、金谷域庄园等休闲体验农业项目37个。三个产业园区分别获评市级三星级、五星级现代农业产业园。

故此，大邑已经走出了一种融合型的发展路径。其一，发展天府文创文博集聚区，突出文博文创文旅优势，体现大邑保护、传承、发扬天府文化的实际成效。其二，建设国家级都市现代农业发展区，依托特色农业资源，展现大邑"农商文旅"融合发展的优势，走出了大邑的独特气质。

（二）往昔大邑：多管齐下造辉煌

1. 探农业标准化，抓致富"金钥匙"

2013年，大邑县被国家标准委批准建设全省首个"国家农业综合标准化示范县"。经过近几年的不断探索和实践，大邑已探索出极具亮点的农业标准化新模式。

首先，大邑创新构建"1+2"的顶层体制模式。"1"即成立了农业标准化建设工作领导小组，政府牵头实施"一把手"工程；"2"即两个"智囊团"，一个是外聘技术服务机构，另一个是专家工作站，共同为标准化建设出谋划策，提供科学指导。其次，以"标准"为核心打造大邑模板。大邑市场和质量监督管理相关负责人表示，"标准化的核心永远是标准，这是毋庸置疑，也是亘古不变的。因此我们标准化建设的前期重要任务放在了标准体系和标准的编制上，这为我们后续工作的展开奠定了一个非常好的基础"。大邑制定区域性地方标准19项、项目内控标准450余项，建立10家企业标准体系，建成21个标准化示范点，走出了高端品种、高端品质、高端品牌的都市现代农业发展之路。最后，以"试点、扩大"为路径强化大邑品牌。先通过实施企业标准体系化、生产记录规范化等七化措施，建立起鸣镇蘑菇种植基地、万物生红标鸡养殖基地等19家标准化示范点，再将其推广以强化大邑品牌。2019年全县实现农村居民人均可支配收入23737元，与2014年农村居民人均可支配收入13229元相比，增长79.43%，人民生活水平显著提高。

2. 践行"社区+"模式，实现社区造血

社区是国家治理的基础单元，是社会治理的微观细胞，社区治理的质量在很大程度上影响着社会治理的成效，关乎着国家治理现代化的程度。因此聚焦城乡社区这个基本单元，确立以建设高品质和谐宜居生活社区为

目标，大邑县深刻把握新理念新要求，着力破解城乡社区发展治理痛点和难点，围绕社区功能区布局，大力培育文创、文旅等新业态，探索"社区+"模式，呈现红星街"三文融合"国际社区、幸福公社文创社区、斜源共享小镇等产业社区，初步实现社区造血。

(1) 特色红星，"社区+三文"

特色"三文融合"新业态实现特色红星街社区造血。有着"中国博物馆小镇"之称的安仁古镇现存数量众多的民国老公馆和博物馆，绝大多数都坐落在红星街社区。作为安仁古镇博物馆（群）的核心区，红星街社区当仁不让成为安仁古镇"三文融合"新业态的主阵地。故此，红星街社区充分发扬"文博"特色，确立以博物馆（群）为核心，创新"博物馆+""+博物馆"开发运营模式，并向相关产业延伸，将文创、艺术、音乐等内容与博物馆产业紧密结合，形成了完整的产业生态链，打造出具有"文博"特色的方知书房，具有"文创"精神的《今时今日安仁》沉浸式情景剧等"三文"产品。

(2) 幸福公社，"社区+文创"

"社区+文创"挖掘幸福公社社区发展新潜力。幸福公社因生态环境优越，吸引了众多城市人来此建房养老，很快，落成了一片具有川西民居特色的别墅群。然而，幸福公社必须依靠产业与人才，才能实现乡村振兴、社区造血。首先，集聚和培育人才。幸福公社积极打造生态宜居的环境品牌，吸引众多城市人才、青年（大学生）来此生活创业。同时创新"三类体系、多点布局"的乡村人才培育模式，培育了一大批乡村振兴人才。其次，兴旺文创产业。幸福公社推进乡村农创、文创社区建设，建立了成都文创中心、成都农业创客中心、乡村人才培育载体三大"筑巢引凤"平台，加速聚集各类乡村人才，打造乡村美学空间站、农业品牌梦工厂、乡村人才培育基地，延伸乡村农业产业链。

(3) 共享斜源，"社区+文旅"

"共享IP"成为斜源撬动乡村振兴新支点。"进山第一镇"斜源镇，静卧斜江源头，矿产资源十分丰富，也有着"药材之乡"的美誉。近年来，斜源镇为了转变粗放式经济发展方式，打破社区发展瓶颈，把建设共享小镇作为撬动斜源乡村振兴的"新支点"和"引爆点"。不断打造文旅场景，植入文旅产业，并以旅居产业作为主导，规划布局了"特色镇+共享社区+川西林盘+主题精品民宿"的"两心一带"产业空间格局，营造全景式消费场景，在点亮乡村旅游的同时发展社区新经济，把斜源片区打造成为一个旅居小镇，不仅在共享中让特色农产品增值，还带动了主题精品民宿、运动康养产业发展，实现生态价值转换。

3. 推进诉源治理，打造"无讼社区"

2016年以来，大邑县创新试点诉源治理"无讼社区"建设，以"息争止讼"为目标，以"1+N"综合性调解平台、"诉调对接"三级联网平台、信息资源共享平台三大平台为抓手，构建三道防线多元解纷机制，强化矛盾纠纷源头治理，指导人民调解，强化司法确认，实现"矛盾不上交、就地解决"，打造共建共治共享的基层社会治理新模式。大邑法院把"非诉讼"纠纷解决机制挺在前面，运用"三大平台"为群众提供高效便捷不花钱的纠纷化解方式，将司法服务的触角延伸到镇、村、居（社区），使"无讼社区"在大邑开花结果，切实增强了人民群众的满意度、幸福感和安全感。2016年8月至2019年6月，全县诉前分流25901件，同期法院民事受案数10637件，70.89%的矛盾纠纷在镇、村（社区）得以化解。不仅改革工作获中央以及省级诸部门及领导的充分认可，改革经验还被中央电视台《新闻联播》及新华社等媒体广泛宣传报道。

4. 领头"雪亮工程"，铸就平安大邑

"雪亮工程"，取群众眼睛雪亮之意，是以县、乡、村三级综治中心为指挥平台，以综治信息化为支撑，以网格化管理为基础，以公共安全视频监控联网应用为重点的群众性治安防控工程。2016年，四川省综治办将大邑县列为"雪亮工程"试点县。大邑县政府选取王泗镇为工程试点镇，采取"政府主导、以租代建、租金共担、资源共享"的模式，由王泗镇政府统一规划，四川广电网络大邑分公司全额投资在该镇19个村（社区）建设高清监控点位。县公安、城管、交通等部门共享监控信息资源。2016年底，王泗镇建成星光级智能高清监控探头99个、乡镇二级监控平台2个、村（社区）三级监控平台19个、公共场所"紧急求助"系统5套，视频监控入户1.21万户，安装手机App应用3.05万人。同时，在实施"雪亮工程"试点建设过程中，着力打造了"大联动"指挥应用平台，实现了智能围堵、视频接力、多屏互动、实时联动调度等多项功能，确保了治安防控立体化、全方位、无遗漏。通过"雪亮工程"建设，大邑县群众对平安建设满意度大幅提高，同时大邑"雪亮工程"也成为全省典范，建设实施经验全省推广。

(三) 迷茫大邑：遭遇振兴"拦路虎"

1. 路径依赖，产业创新难以为继

近年来，大邑在农业、旅游及汽车装备等产业，相继出现因路径依赖导致产业创新能力不足的势头。以大邑农业标准化为例，按理说大邑县已经探索出了一种独具特色的发展模式，继续发展下去，应该能够将都市现代农业发展之路越走越好，然而，现实并不如大邑所设想一样美好。大邑对农业标准化进行建设，固然能使农产品在保障数量的情况下提高整体质量，可大邑似乎渐渐沉浸到标准化模式当中，主动走进了路径依赖的"牢笼"里，慢慢失去了创新能力。农业发展中，实施农业品牌化是提升农产品市场竞争力的有力法宝。在消费者追求定制化的时代，大邑如果继续一味追求以标准，而不是以创新去塑造品牌，只会出现生产同质性产品而无法有效占领市场份额的结局。

2. 资源内卷，业态融合停滞不前

大邑的第二个发展难题，是因资源内卷导致引以为傲的业态融合趋于停滞。伴随着大邑不断将土地、人才以及资金等核心要素投入"农商文旅体"的融合之路中，出现业态融合度不升反降的内卷化现象，致使大邑的融合之路难以继续。因此，如何突破"农商文旅体"的融合困境，实现以要素优化组合厚植"农商文旅体"融合新优势，达到以城乡统筹理念培育"农商文旅体"融合新业态的目标，就是大邑县未来亟待解决的问题。[1]

3. 信息鸿沟，治理协同举步维艰

大邑的第三个发展难题，是信息鸿沟导致部门间信息不对称，协同效应无法充分发挥。在我国，部门间明确的职能范围和层级制结构，是政府提供公共服务和处理公共事务的组织基础。[2] 而这种组织基础却助长了部门主义的不良之风，跨部门之间存在不同程度的信息鸿沟，最后导致部门间协作交流成本急剧上升。近年来，大邑县在社区治理方面的成绩亮眼，打造了"无讼社区"，深化了"雪亮工程"建设，进一步提高了乡村治理能力。然而，尽管两个治理措施都在一定程度上克服了信息不对称问题，

---

[1] 叶国伟、杨坤、李玲玲、聂有亮、罗永、祁玉蓉：《成都市农商文旅体融合发展助推乡村振兴研究》，《农村经济与科技》2019 年第 22 期，第 199~201 页。

[2] 刘锦：《地方政府跨部门协同治理机制建构——以 A 市发改、国土和规划部门"三规合一"工作为例》，《中国行政管理》2017 年第 10 期，第 16~21 页。

但部门间的信息鸿沟仍需要技术去消除，协作问题仍需要时间去磨合。部门之间的治理协同充分达成，是大邑县下一步要努力的目标。

二 今日之大邑：数字打通乡村"任督二脉"

（一）数字赋能：乡村发展新引擎

1. 数字时代：国家乡村振兴新机遇

自实施乡村振兴战略以来，国家聚焦"五大振兴"，不断加大农业产业发展力度，壮大农村经济实力；加强农村环境卫生治理，改善农村环境；加快农村人才培养与资源集聚，造就农村优秀人才；传承优秀乡土文化，为农村发展培育新动能；探索基层组织建设制度改革，提升乡村治理能力，使得乡村"秀"起来，村民生活"美"起来。然而，乡村振兴还存在许多困境亟待解决。例如：村集体经济实力仍薄弱，农村基础设施建设有待完善；农村产业发展还不够充分，产业融合度不深；乡村治理体制痼疾仍存在，部门间难以进行协同；等等。然而，互联网、物联网等新业态高速发展，社会悄然进入数字时代，而数字时代的重要特征就是数据联通、技术创新与跨界融合。在乡村振兴过程中，要注重数字技术的应用，通过数字与乡村发展场景的融合，更好地打破产业融合、部门协同等壁垒，实现数字为乡村发展赋能，展现乡村发展的多样性。这才是推动乡村振兴突破发展困境的重要着力点。

2. 峰回路转：多维探寻数字振兴路径

为了提升数字与乡村发展的融合度，2019年中央提出要实施数字乡村战略，突破乡村发展困境，迈向振兴新境界。大邑作为成都市边缘的农业县，在坚持乡村振兴战略的道路上也面临相同的困境，由此展开了数字乡村建设的试验。在探寻数字振兴的发展模式过程中，大邑尝试从多维的角度试验数字技术与乡村场景的融合，不仅为乡村农业数字化建设和产业振兴提供了重要契机，也使乡村公共服务和社会治理的智能化水平显著提升。首先，探索数字化农业生产模式。无人机插播、智能远程监控等科技的应用，让大邑农民种田更"智慧"，加快农业现代化进程。其次，探索数字化农村产业发展模式。在电子商务、直播带货等新经济模式推动下，大邑的农村产业经济发展展示出更多的可能性。最后，探索数字化基层治理模式。大邑借助信息服务云平台、物联网等数字科技推动数据公开与共享，消除部门间、政民间的信息鸿沟，推动实现协同治理和民主治理。

3. 抢占先机：入选国家数字乡村试点地

长期以农业发展为主的大邑，探索数字乡村建设的道路并不平坦。数字建设过程中，数字技术的应用与农村发展场景的融合需要大量的人力、物力与财力，仅凭大邑县单一的力量是远远不够的。可喜的是，2020年中央网信办会同农业农村部、国家发展改革委等部门印发《关于开展国家数字乡村试点工作的通知》，组织开展国家数字乡村试点工作。大邑县抓住此次机遇，积极组建项目工作组，争取国家数字乡村试点项目。经各省、自治区、直辖市和新疆生产建设兵团推荐，专家评审及复核，确定了拟作为国家数字乡村试点地区名单。9月，国家数字乡村试点地区名单进行公示，四川省有四个地区入选国家数字乡村试点地区，成都市大邑县榜上有名。接下来，大邑县在原有的数字乡村建设基础上，带着国家试点项目倾斜的政策资源，进一步探索属于自己的基于数字驱动的乡村振兴模式。

（二）数字农业"初露锋芒"：从标准化到智慧农业

1. 大田种植：为农业插上数字"翅膀"

大田种植是数字农业项目之一。党的十九大"建设数字中国"决策部署中明确提出要大力发展数字农业，以推动农业产业体系、生产体系、经营体系、管理体系的数字化改造，加快实施乡村振兴战略，推进农业高质量发展。故此，2017年农业部正式启动大田种植数字农业项目建设，项目面向现代农业示范区及信息化技术基础较好的地区，由县级农业主管部门作为建设主体，牵头组织本地农业企业作为项目实施主体进行申报，开展精准作业、精准控制、服务平台建设，最终形成可推广、可复制、具有明显节本增收效果的典型模式。

大邑县牢牢把握中央精神，紧抓数字机遇，大力培育数字农业新业态新模式。成立了项目工作组，积极对接国家、省、市级部门，争取到了农业农村部大田种植数字农业建设试点项目。随后，大邑县紧紧围绕试点项目要求，坚持政府引导、市场主体、多元投入、多方协同的原则，建成大邑县智慧农业产业园和"吉时雨"数字农业服务平台，打造智慧农业应用场景，探索出以数字技术赋能现代农业发展的路径，推进农业生产智能化、管理数据化、服务在线化，为传统农业插上了数字的"翅膀"。数字农业就成为大邑县建设数字乡村，实现乡村振兴的第一步。

2. 智慧农业园：为农业搭建数字"身躯"

大邑县推进标准化农业向智慧农业的转型，以智慧农业园为载体。自大邑县入选大田种植数字农业建设试点项目以来，大邑县依托高标准农田建设成果，组建了智慧农业产业园。该产业园区是国家大田数字农业试点项目的承载区，建设面积1.5万亩，服务面积15万亩。首先，产业园区以"科技赋能农业产业，创新驱动乡村振兴"为理念，着力组建专业化社会组织。探索构建"园区指挥部+产业协会+综合服务平台"运行机制，以实现数字农业服务平台线下作业专业化，整体降低平台生产成本。其次，打造"润地"数字农业综合服务平台。平台建有耕地识别、作物识别、环境监测、适种分析、灾害预警、产量预测、精准生产和价格预测等八大智能功能，实现粮食生产"上天入地"全方位管控。最后，与成都电子科技大学、四川农业大学、四川省农业科学院、成都市农林科学院等院校机构开展院地合作。推动大数据、物联网、云计算等现代信息技术与农业生产体系、经营体系、管理体系的深度融合，从而建立以"平台+中心+农场"为核心的社会化大服务体系，探索新型农业生产经营模式，促进农业高质量发展，助力乡村产业振兴。

3. "吉时雨"平台：为农业燃烧数字"新能源"

"吉时雨"平台深耕数字农业全过程，整合农业管理、运营与金融等功能，为数字农业系统运作提供了一种新动能。"吉时雨"App是大邑县政府与四川润地农业有限公司联手打造的数字农业服务平台。平台聚焦农业全产业链，在生产经营、管理服务、主体融资等环节中创新构建数字农业新场景，为多元主体提供一站式数字化服务，全面提升农业现代化水平。

首先，平台聚焦生产环节，构建"天空地"一体化农业生产感知系统。通过手机远程掌握农作物空间分布、水肥状况、长势与产量及病虫害情况，根据平台土壤肥力监测数据和施肥模型建议精准施肥用药，实现农业生产方式由粗放型向集约型转变。

其次，平台聚焦运营环节，汇集整合农机作业、农资购买配送、农业生产托管、粮食烘干加工及农产品销售等产业链上下游优质资源，搭建农业生产全生命周期服务体系。永兴村农户小朱说："现在，我们都是'云种田''云收割'，一个手机就能搞定。就像以前在电脑上玩农场游戏一样，只不过，这一次游戏里的内容都是真实的。比如我需要收割和烘干，只需在App上圈定地块，选择相应业务，确认下单，第三方公司会直接来完成作业。"

最后，平台也聚焦融资环节，与中国平安、农商银行、蚂蚁金融等金融机构签订合作协议，搭建数字农业金融平台，为融资、保险、物流等活动提供授信，为农场主提供比普通资金借贷和农资赊销更高效、便捷、优惠的融资服务。

4. "智慧人才"平台：为农业振兴做好人才准备

乡村振兴，人才是基石。大邑县要想吸引与集聚人才，关键在于补齐乡村的人才发展短板，搭建人才干事创业平台，吸引各类人才扎根乡村、建设乡村。为此，大邑县创新"大数据+人才服务"的新模式，构建以"一网一库一平台"为支撑的"智慧人才"服务体系，用大数据思维"网管"人才，对各支人才队伍实行精确管理，为用人主体提供高效便捷服务。"一网"即"大邑人才"门户网站，主要实现人才供求信息发布、宣传与项目申请等功能；"一库"即大邑优秀人才数据库，主要实现各支人才队伍信息资源收集、管理和服务，主要为主管单位制定招才引智政策提供数据支撑；"一平台"即"大邑人才DayiTalent"微信公众服务平台，全面展现大邑县人才信息的同时，有机连接线上线下人才交流渠道。

（三）数字经济"大显身手"：从传统经济到智慧产业

1. 自主创新模式：打造农村电商"大邑样本"

乡村振兴的关键是产业振兴，因此除了数字农业的转型，大邑县也在积极发展数字经济产业，促进数字乡村构建。近年来，大邑县不断引导各类社会资本积极投入农村电子商务建设，探索属于自己的电子商务发展模式，在推动农民创业就业、开拓农村消费市场、带动农村扶贫开发等方面取得了明显成效。

（1）电商孵化园框架初成

首先，2014年大邑县成立了大邑电商孵化园，专门从事全县电子商务企业培训孵化工作，旨在培训商家通过互联网提升产品及电子商务销售竞争力。其次，探索"政府+企业+市场+高校"发展模式。孵化园由大邑县商务局牵头成立，提供免费办公、仓储空间等优势资源，吸引电商企业的投资和入驻。运营方面，采用市场化运作方式，放松电商企业束缚，公平竞争。同时与成都电子科技大学达成协议，为孵化园提供技术支撑。最后，县内建设电子商务产业园。大邑县在王新片区、安仁镇等地建设电商产业园，将各地农产品与电商进行有机结合，打造农产品电商品牌，扩大经营渠道。

(2) 农产品电商特色明显

基于电商孵化园和产业园实践，大邑农产品持续与电商进行深度结合，成功打造出了王泗白酒、邨江青梅酒、安仁葡萄等十余个具有市场知名度的电商品牌。同时，电商孵化园与大邑现代农业（粮食）产业园、都市现代农业园等园区进行资源整合，建立电子商务服务站。一方面，将入驻的电商企业集中起来，发挥集聚效应，降低运营成本，健全农业电商发展全链条，继续推动农产品电商品牌建设，持续扩大产品销售渠道；另一方面，充分运用农业物联网、大数据等信息技术，以"线上农业"带动"线下农业"，开启"网络新零售"模式，挖掘更多农旅互动新模式。

(3) "邑方良品"电商平台初探

2019年，"邑方良品"电商平台正式上线，这是大邑探索电商发展模式的崭新尝试。有别于其他地区主要依靠市场主流电商平台来发展农村电商的做法，大邑出于电商与本地农产品深度结合的考虑，选择打造属于自己的电商平台——"邑方良品"。首先，平台作为大邑色彩鲜明的电商平台，自然能最大限度提升本地农副土特产和地标产品的推广力度。其次，能为本地种植户提供最安全的电商培育环境，避免农户电商萌芽被市场激烈竞争扼杀。但是，"邑方良品"尚在初创时期，还面临人才培育、市场流量等困难。

2. 智慧气象服务：大邑旅游气象智慧服务平台

智慧气象服务作为智慧旅游服务业的辅助产业，也是发展数字经济产业的重要一环。目前针对智慧旅游产业，各个地方已有许多做法，例如上线全域旅游智慧地图、开发"智慧旅游"系统等，但针对旅游气象专项服务还没有统一标准和做法。因此，大邑县抓住机遇，创新完成旅游气象服务体系建设，建成旅游气象监测站网、灾害监测平台和智慧服务平台，为智慧旅游发展提供科技保障。平台能提供大邑县各个景区实时气象状况、旅游舒适度指数、气象灾害和地质灾害预警时间和范围等重要信息，为游客提供便捷、贴心的旅游体验。游客既能在购票参观时快捷查询到这些信息，也能通过下载"大邑旅游气象"App足不出户进行查询。

3. 智能产业转型：大邑文体智能装备产业功能区

自进入成都市"西控"城市规划后，大邑县以构建"西部领先的特色文体装备产业承载地"为抓手，通过产业资源导入，加快构建大邑文体智能装备产业功能区，着手打造"文旅装备+"产业生态圈。产业功能区分为东、西两区，西区以生产生活生态"三生"融合理念为引领，助力电子信息、生物医药、汽车装备等产业转型升级，建成宜居、宜业、宜游的高端智能装备产业示范区。东区着力引进大数据、智慧旅游、户外运动装备等方面的龙头企业，投入智能制造、智慧文旅、文化创意等领域的产业优势资源，积极构建文体大数据、文体智能装备、绿色运动美妆三大产业社区。

4. 数字产业振兴：金山云数字经济产业园

为促进县域产业的数字转型，达到建设数字乡村目的，实现乡村振兴战略，大邑县与金山云网络技术有限公司正式达成战略合作。双方将联合打造"金山云西南数字经济示范区项目"，共同建成金山云数字经济产业园。产业园由金山云数字经济产业的西南总部参与运营，园区涵盖"城市大脑示范中心"及"金色大邑科技孵化中心"等机构，通过培育云计算、大数据、人工智能、物联网、区块链等新技术，让产业链、供应链和创新链汇集，通过项目建设聚集IT高端人才，助推大邑县智能社会和智慧产业快速发展，为"惠民""善政""兴业"提供智慧化服务，树立县域智慧城市建设标杆，打造大邑县产融结合新名片。

（四）数字治理"渐入佳境"：从传统社区到智慧社区

建设数字乡村的关键在于，如何打通农村公共服务的"最后一公里"，提高社区治理能力，为村民提供整体性公共服务，提高他们的幸福指数。[①] 为此，大邑县在数字治理的浪潮中，为构建乡村整体性公共服务体系，开始了以数字化为抓手，引入数字技术创新政府服务，搭建智慧治理平台，构建数据共享渠道，激发部门之间协同效应的探索。

1. 大邑县智慧调度中心：运转社区治理"大脑"

大邑县智慧调度中心作为大邑县整体性公共服务体系的治理"大脑"，主要发挥数据分析与处理、进行智慧研判、做出智慧决策的功能。采取"政府+企业"合作模式，打通政府、社区、广电、企业监控平台通道，运用信息化手段构建立体化治安防控、智慧河长防汛、智慧城市管理、企业安全环保监察、无讼社区在线运行和应急联动"六大"智慧响应体系。中心设有一块巨大的电子屏幕，屏幕会展示重要公共场所监控探头实时影像，显示矛盾纠纷的大数据统计图表，必要时可以一键互联，建立线上视频会议室进行智慧调度。同时，科学制定智慧联动派单处置流程，建立多元力量参与

[①] 方堃、李帆、金铭：《基于整体性治理的数字乡村公共服务体系研究》，《电子政务》2019年第11期，第72~81页。

处置机制，推进辖区派出所、综治队员、网格员、治保巡逻员、"红袖套"等专群协作共治，构建治安防控、应急响应、快速处置联动体系。

2. 东岳花苑智慧社区：塑造社区治理"躯干"

东岳花苑智慧社区作为整体性公共服务体系的治理"躯干"，主要功能是成为一个实践载体，承接各种运用大数据、人工智能等信息技术的"智慧社区"建设试点。目前，社区内已搭建起可与"天府市民云服务平台"对接的智慧社区治理平台，植入集宣传、管理等功能的智慧党建，集网上政策查询、远程受理、在线预约等服务的智慧政务，集公共报修、物业缴费等服务的智慧物业，集全局摄像机、单元智能门禁、应急广播等服务的智慧安防，集动态管控、及时跟踪、快速反应、联动处置为一体的指挥调度中心等智慧服务功能和运用场景，实现社区居民生活服务数字化、网络化、智能化、互动化和协同化。

3. "雪亮工程+N"体系：疏通社区治理"经络"

"雪亮工程+N"体系解决了为居民公共服务"最后一公里"的难题，成为疏通社区治理的"经络"。体系以"雪亮工程+平安智慧小区、微权力、智慧司法"等为抓手推进建设，使政府、社区、司法等部门可以就基于"雪亮工程"构建起来的数据库进行数据共享。这不仅能有效打通部门壁垒，构建彼此间的联动体系，还能发挥部门协同效应。例如"雪亮工程+智慧司法"，社区智慧调度中心利用"雪亮工程"进行智慧安防的同时，司法也能借助覆盖全社区的高清摄像头精准抓拍有关案件细节，固定证据，提高案件解决的成功率。

4. 网格"随手调"App：增强社区治理"细胞"

社区网格员借助"随手调"App实时调解矛盾，成为增强社区治理的"细胞"。大邑县将全县综治、公安、人社等12个部门的网格力量，划分为一般网格418个、专属网格30个，配备网格员521名。每名网格员每天在社区定期巡视，发现问题及时将矛盾当场调解，并通过手机App"随手调"软件进行记录。当场调解不成的，通过手机App上报，力争将矛盾纠纷解决在源头。广泛倾听群众声音、搜集社情民意，对各类纠纷做到早发现、快调处，及时进行诉非分流、息讼止讼。

（五）数字旅游"繁荣顶端"：从传统旅游到全域旅游新业态

1. 乡土文化振兴：全国首创"三文"产业融合聚集发展模式

近年来，大邑县依托丰富的乡土文化与旅游资源，以"文旅大邑"为导向，深入推进旅游业和文旅深度融合，初步构建起丰富立体的全域旅游发展格局。在全域旅游取得发展成效的同时，大邑在全国范围内首创文博、文创、文旅"三文"产业融合聚集发展模式。首先，大邑借助"文博IP"，努力挖掘安仁博物馆历史文化，积极探索"博物馆展示+文化体验+消费场景"的发展模式。其次，大邑借助"文创"力量，高标准建设类似华侨城创意文化产业园的文创空间，创作独具大邑文化特色的文创产品，培育安仁"双年展"、安仁论坛等国际化展会品牌。最后，大邑借助"文旅"，带动"特色镇+川西林盘+主题民宿"加速发展，着力打造国际生态文化旅游目的地。

随着数字时代的到来、信息技术的转型与提升，人们对于旅游的便捷性、精准性有了更高的要求。与此同时，结合中央数字乡村建设发展要求，大邑县抓住数字经济发展机遇，为提升游客旅游消费体验感，开始了乡村智慧文旅发展模式的探索。

2. 精准全域旅游：全域智慧旅游大数据中心

为了探索出合适的乡村智慧文旅发展道路，2020年大邑县建立了全域智慧旅游大数据中心，能对大邑县全域旅游数据进行采集与挖掘、统计与分析、宣传与营销、监管与服务。首先，中心为大邑县提供了更多参考依据，有效提升协同管理和公共服务能力。通过大数据对游客量、游客构成、游客偏好等进行梳理，大邑县可以进行游客属性、行为、旅游景区或目的地偏好度等分析，一方面有助于旅游目的地的战略定位与精准营销，另一方面有助于旅游业态与产品的创新。其次，中心与智慧旅游系统的对接为广大游客提供了更加精准的服务，及时向游客推荐相关信息，方便了游客的出行，提高了游客体验幸福指数。

3. 多维智慧文旅："三文"旅游+数字

大邑县对智慧旅游的投入不止于大数据中心的建立，更在于建设多维度的智慧文旅。大邑县将"三文"旅游与数字相结合以发展多维智慧文旅，是抓住机遇将自身发展长处与数字乡村建设相结合，最大限度地挖掘乡土文化，从而促进乡村振兴。

（1）"文旅"+数字：新场古镇智慧旅游平台

2019年夏季，新场古镇与成都安易信科技有限公司合作打造的新场智慧旅游平台正式上线。平台是一个围绕新场旅游为中心提供食、宿、行、游、购、娱、养等行业智能服务的生态产业链"互联网+"大平台。游客可以根据自己需要，在智慧平台上选择相应的智慧化旅游服务，实现了景区智能化的精准服务。后期安易信科技将充分运用云计算、大数据、人工智能、物联网、互联网等先进技术，实现对各类旅游信息的智能感知并将其及时发布，让人们能够及时了解这些信息，达成信息的有效利用。

（2）"文博" + 数字：智慧北斗智游刘氏庄园

2018年春节，大邑刘氏庄园博物馆与成都智慧全域信息技术公司合作的"智慧北斗"智慧旅游系统正式上线。该系统整合了GPS卫星技术、北斗卫星技术等技术，具有智能讲解、游客导览、游客求救和游客引流等功能。"智慧北斗"上线后，不仅缓解了刘氏庄园博物馆人员不足问题，也有效地解决了游客扎堆听讲解、游览通道客流拥挤等问题，既满足了更多自由行游客的游览需求，还有效节约了人力资源。

（3）"文创" + 数字：康佳之星安仁创新中心

康佳之星安仁创新中心于2018年由大邑县政府、安仁华侨城、康佳创投共同发起设立，旨在为安仁文化特色小镇导入科技创新元素，打造未来文旅科技小镇。中心主要是将AR、VR等数字技术与安仁古镇的文化资源相结合，创造出具有未来感、科技感的文创产品。例如在锦绣安仁花卉公园里，开展了AR实景体验游玩项目，就是数字技术与乡土文化的一次良好结合创造出来的文创产品。安仁创新中心未来还将持续将AR、VR等数字技术与安仁文化相结合，助力安仁智慧景区的建造。

三 明日之大邑：开启未来的征途

（一）效果显著：多领域领先

1. 智慧农业全省标杆

深入实施数字乡村战略以来，大邑县紧绕国家大田种植数字农业建设试点项目要求，建成智慧农业产业园，开发出"吉时雨"数字农业服务平台，探索出以数字技术赋能现代农业发展的新路径，推进农业生产智能化、管理数据化、服务在线化，提高了土地产出率、资源利用率、劳动生产率，成为四川省内探索智慧农业转型的新标杆。2019年，"吉时雨"数字平台服务农作物面积14.5万亩，带动项目区农业产业节本增效15%以上、农户人均可支配收入增长9.8%，智慧农业正在带领农民走向富裕，切实实现乡村振兴。

2. 智慧产业驱动振兴

为坚持乡村振兴战略，大邑县积极推进传统产业向智慧产业转型建设，探索数字经济发展带动农民致富之路，从而构建大邑县数字乡村。建成的电商孵化园、电商产业园及各地服务站，充分运用数字技术开启的"网络新零售"模式，有效带动农民人均收入水平增长。智慧旅游气象服务平台完善了大邑智慧旅游服务手段，提升了大邑旅游形象，推介了大邑旅游资源。文体智能装备产业功能区具有良好的发展前景和营商环境，吸引了众多省外优质项目落地，与将建成的金山云数字经济产业园，都为大邑县的经济发展增添了新的动力，注入了新的活力。

3. 智慧社区普惠民生

大邑县投入资源进行智慧社区建设，是融入居民生活、满足人民日益增长的美好生活需要的具体行动。东岳花苑社区里，从小区大门到单元门，都在使用人脸识别技术，不再需要门禁卡、业主卡，一个又一个小区居民表情自然地通过人脸识别门禁。小区内配备智能广播、自动售药机、大数据实时分析车位共享、失能老人身体智能监控等设施设备。社区搭建的智慧社区服务平台充分运用数字技术，导入各类数据进行统计和分析，为民生服务和社区治理提供依据。76岁的朱大爷出门前都会戴上社区康养中心配发的智能手环，"如果血压高了，电话就来了，提醒我注意饮食和休息，简直就像随身带了一个医生"。

4. 智慧文旅区域带头

大邑县坚持数字乡村发展战略的又一重要举措，是探索传统旅游向智慧文旅的转型，并且这种智慧文旅的探索经验在四川省内起着良好的带头作用。大邑县将首创的"三文"融合发展模式与数字业态相结合，建设全域旅游大数据中心，打造出新场古镇智慧旅游、智慧北斗等平台与系统，积极探索数字与旅游业态融合的发展路径，不仅使得域内旅游景区进行自身品牌精准定位，也为游客提供精准服务，用数字继续挖掘乡土文化的发展潜力，继而带动大邑乡村文化振兴。自发展智慧文旅以来，2019年大邑全年共接待国内游客2005.26万人次，境外游客8.19万人次，实现国内旅游综合收入80.75亿元，旅游创汇3407.90万美元。

（二）未来可期：开启数字驱动乡村振兴新模式

1. 数字驱动乡村振兴："数字 + 农商文旅治"多维融合模式

对于大邑来说，农商文旅融合发展一直是所坚持的乡村振兴之路。例如大邑的川旅尚善田园综合体，就以"产景相融、产旅一体、产村互动"为基本思路，深挖特色农业、川西林盘、乡村民俗等资源禀赋，打造公园式田园综合体，推动农商文旅融合发展。而在数字时代，产业创新、业态融合和跨界协同才是关键词，这为大邑县的乡村振兴之路带来全新机遇。于是，大邑县开始谋求全新的，基于数字驱动的"数字+农商文旅治"多维融合的乡村振兴发展模式。

首先，追求"数字+农业"。大邑投入资源构建智慧农业产业园，与企业展开合作搭建"吉时雨"数字农业服务平台；搭建"智慧人才"平台，用数字的力量改造传统农业，激发农业创新发展潜力。其次，专注"数字+产业"。大邑积极发展农村电子商务，打造农产品电商品牌，扩宽营销渠道；建设智能文旅装备园与数字经济产业园，探索传统产业向高端智能、数字产业转型发展路径；全国范围内初探智慧旅游服务产业，搭建智慧气象服务平台，不断完善智慧旅游服务手段。再次，探索"数字+治理"。传统治理的弊端在于条块化管理，而数字的融合正好克制这种治理割裂化的体制痼疾，使得数据、信息能够在不同部门之间顺畅流动，充分发挥部门协同效应，为群众提供整体性公共服务。最后，发展"数字+文旅"。围绕"文旅大邑"导向，大邑正在打造特色旅游品牌。而数字与文旅的业态融合，成为大邑进一步挖掘乡土文化潜力，提供精准旅游服务的机遇。

2. 数字乡村地区模范：大邑经验多点扩散

大邑县这种基于数字驱动的融合型乡村振兴发展模式，已经成为数字乡村建设的地区典范，其建设与发展经验也通过各种形式不断向外输出与扩散。2019年4月24日，在由中国农业科学院、成都市人民政府共同主办的2019成都数字乡村发展论坛上，四川润地代表大邑作为数字乡村建设的优秀模范，在论坛上发表了"小农户&大市场"演讲，与参会嘉宾分享了将数字技术赋能农业产业的探索与努力。建设经验不仅在国内进行分享，国外考察团也慕名前来。2019年9月7日，泰国农业与合作社部技术考察团调研了大邑县智慧农业产业园建设情况。除此之外，四川绵阳市游仙区政法委、彭州市委社治委等多地政府部门也曾到沙渠学习考察智慧社区建设工作，就彼此关于智慧治理的建设经验进行交流。关于大邑县数字乡村建设的其他方面发展经验，陆陆续续有很多地区前来考察交流。

（三）砥砺前行：数字驱动乡村振兴未完待续

1. 深化"数字+"振兴模式，持续探索业态融合

大邑县的数字乡村建设在地区内起到了带头作用，也探索出了比较适合于自己的发展模式。然而数字技术发展日新月异，要想进一步建设数字乡村，实现乡村振兴，大邑县还有很长一段路要走。在这条道路上，大邑县必须要做的,就是继续深化"数字+"的振兴模式,持续探索不同业态之间的创新融合。在农业方面,大邑需要通过创新数字技术应用示范模式、营造数字技术应用新场景,积极发展多种形式的农业新业态经营、新模式经济。在治理方面,大邑除了全面推广"智慧社区"平台,将在治理领域创新应用更多数字技术,深化数字与社区治理的融合。在电商、文旅等产业方面,大邑将不断创造更多的数字技术融合场景,将数字与农商文旅治之间的融合进行下去。

2. 抓紧追赶时代步伐,谋求5G"万物互联"

随着5G技术的持续研发,5G技术将在未来引起万物互联潮流,开启一个全新的商业时代。国家《数字乡村发展战略纲要》明确提出到2025年数字乡村建设取得重要进展,乡村4G深化普及,5G创新应用,城乡"数字鸿沟"明显缩小。未来,数字经济与产业深度融合是中国经济发展的大势所趋,5G、人工智能、大数据及云计算等更是乡村进行数字化转型关键技术。因此,大邑县必须抢先进行5G技术的创新应用,走在数字发展前沿。首先,建设5G网络基础设施。数字化的基础是网络,大邑要抓紧光纤、5G基站以及村级局域网等基础设施的建设改造,实现5G网络覆盖。其次,探索5G技术与智慧场景的业态融合。未来,大邑县将始终坚持将5G建设作为数字乡村建设的重要抓手,不断探索"5G+智慧农业、智慧产业、智慧治理、智慧文旅等"的体系建设。

四 结语

中央实施乡村振兴战略,目的是要缩小城乡之间的发展差距,解决社会发展不平衡、不充分的结构性矛盾,最终达到全面建成小康社会。因此,乡村振兴战略的落脚点在于提升人民生活的幸福感。经济社会的高速发展,信息技术的飞快升级,不断催促政府进行创新与改革,主动适应社会环境的变迁,不能再墨守成规。相较于城市高创新能力,乡村的创新能力一直处于弱势,在应用物联网、互联网等新一代数字技术方面双方渐渐拉开了差距。为了提升乡村创新能力,缩小城乡"数字鸿沟",中央提出数字乡村战略,所以数字乡村发展是适应数字时代背景的农业农村现代化转型战略,是乡村振兴战略继续实施的必然要求和发展趋势。[①]

[①] 沈费伟、叶温馨:《数字乡村政策扩散的现实困境与创新路径——基于衢州市柯城区的案例分析》,《中共杭州市委党校学报》2020年第6期,第44~50页。

大邑县响应中央号召，积极探索数字乡村建设，经过三年多的探索实践，逐渐探索出一条适合于自己的数字乡村振兴之路。这条基于数字驱动的乡村振兴之路，是大邑县委、县政府牵头与主导，积极引导企业、社会组织以及群众参与，坚持政企、政社和政民合作，以数字技术创新与应用为抓手，反复尝试数字与大邑农业、商业、文旅以及治理等发展场景进行融合探索出来的，在一定程度上破除了路径依赖、资源内卷以及信息鸿沟等发展困境，实现了乡村经济的快速发展，带领村民走向富裕。但大邑县的探索并未止步，未来大邑县还将继续探索，不断提升数字与乡村发展场景的融合度；不断提高乡村的创新能力，缩小城乡发展差距；不断激发多元主体的积极性，共同参与数字乡村建设，为实现乡村振兴、全面建成小康社会增添底色。

思考题

1. 大邑县是在何种背景之下开展数字乡村建设的？
2. 大邑县是从哪些方面开展数字乡村建设的？有何创新之处？
3. 县政府部门在数字乡村建设过程中扮演了哪些角色？是否与企业、社会组织等主体进行了合作？
4. 结合案例，谈谈你对大邑县独具特色的"数字+"振兴模式的看法。

案例说明书

一　课前准备

（一）教师准备

（1）要求参与案例学习的学生能够提前阅读案例正文，对本案例所提出的四个问题进行提前思考。

（2）课前根据学生人数，将学生分组，大致分为4到6组为宜。每小组人数相当，既能保证组内每位成员都能充分发言讨论，又能保证案例观点得到充分展现。

（3）课前分发给每个小组充足数量的白纸及黑色墨水笔，用于书写小组讨论的意见与观点；准备好用于收集学生案例交流观点的黑板（白板）以及书写的粉笔或白板笔。

（4）课前将教室桌椅按照分组情况进行重新布置，以方便小组成员集合与交流。

(二) 学生准备

阅读老师推荐文献和相关网络资料。

二 适用对象

(一) 适用课程

公共管理学、公共政策分析等。

(二) 适合学生

本案例适用于公共管理等相关课程的 MPA 学员、行政管理专业学术研究生以及从事这方面工作的人员，同时也适合公共管理专业其他方向的研究生学习使用。本案例还可能适用于具备一定公共管理基本知识并对公共管理有兴趣的非专业人士及学生。

三 教学目标

第一个目标是要学生通过案例分析，了解数字乡村建设的同时学习相关理论。通过对公共管理专业的相关理论进行进一步的学习，提升用理论分析实际问题、用理论解决实际问题的能力。本案例中描述了大邑县乡村发展的已有基础、发展面临的困境，建设数字乡村的缘由、建设过程中实施的举措以及建设取得的优秀成绩，使学生在案例学习后不仅能进一步了解我国数字乡村建设的重要性、发展情况以及未来趋势，还能了解数字乡村作为乡村建设的升级版，是如何让数字赋能于乡村建设，从而推动乡村发展，缩小城乡差距，是如何让数字促使政府转型，推进乡村治理现代化的。最后运用所学的公共管理理论知识来分析数字乡村建设的现实问题，并提出解决数字乡村建设现实问题的观点与想法。

第二个目标是要学生了解政府主导下多元主体的社会协同能力。了解在大邑县数字乡村建设过程中，政府在其中扮演着什么角色，需要承担哪些职能以及这些职能是如何履行的。政府在其中是否与企业、社会组织等主体进行了合作，是怎么进行合作的。本案例对大邑县通过多维举措进行数字乡村建设从而取得优异成绩这一典型公共管理案例进行分析，再现了立足于大邑经验创新出的基于数字驱动的乡村振兴新模式中，政府、企业、社会组织和民众等多元主体所扮演的角色以及具体做法，展现出数字乡村建设中政府主导下多元主体的社会协同能力。

第三个目标是要学生学会解读各地方政府执行中央政策过程中因地制宜的创新举措，了解政府的创新能力。本案例通过对大邑县数字乡村建设的分析，展现了大邑县在中央政府的数字乡村建设号召下，基于本地乡村建设的已有经验和基础，通过在乡村发展场景中嵌入数字技术，最终创新出独具大邑特色的"数字+农商文旅治"的数字乡村建设模式的具体做法。

四　教学内容与要点分析

1. 大邑县开展数字乡村建设的背景

"乡村兴则国家兴"，农业农村的发展是全面建设社会主义现代化国家进程中无法回避的关键问题之一。自从2005年党中央通过《"十一五"规划纲要》，提出"按照生产发展、生活宽裕、乡风文明、村容整洁、管理民主的要求，扎实稳步推进新农村建设"，以及2017年党的十九大报告明确提出"实施乡村振兴战略"以后，大邑县一直积极响应中央号召，专心投入于乡村建设之中，不断探索乡村发展模式。在农业方面，大邑实施农业标准化，经过几年的不断实践探索出了极具亮点的农业标准化新模式，使得农民人均收入有较大程度的提高，抓住了致富的"金钥匙"。在产业方面，大邑县深刻把握新理念新要求，着力破解城乡社区发展治理痛点和难点，围绕社区功能区布局，大力培育文创、文旅等新业态，探索"社区+"模式，初步实现社区造血。在乡村治理方面，大邑县创新试点诉源治理"无讼社区"建设，以"息争止讼"为目标，实现"矛盾不上交，就地解决"，打造共建共治共享的基层社会治理新模式。除此之外，大邑县还通过"雪亮工程"建设，让大邑县群众对平安建设满意度大幅提高。

然而，在新农村建设向美丽乡村建设的转型之中，一些发展面临的问题还是暴露了出来，如路径依赖、资源内卷以及信息鸿沟等，大邑县的乡村振兴遭遇"拦路虎"。因此大邑县必须另寻妙计，找到发展的突破口。自互联网、物联网等新技术高速发展以来，社会悄然进入数字时代，而数字时代的重要特征就是数据联通、技术创新与跨界融合。抓住数字机遇成为大邑县乡村振兴突破发展困境的重要着力点。在乡村振兴过程中，要注重数字技术的应用，通过数字与乡村发展场景的融合，更好地打破产业融合、部门协同等壁垒，就能实现数字为乡村发展赋能，展现乡村发展的多样性，推进乡村建设现代化，提高乡村治理能力，更好地实现乡村振兴。

2. 大邑县开展数字乡村建设的创新之处

2019年中央提出要实施数字乡村战略，突破乡村发展困境，迈向振兴新境界。大邑作为成都市边缘的农业县，在坚持乡村振兴战略的道路上，为了提升数字与乡村发展的融合度，由此展开了数字乡村建设的试验。在探寻数字振兴的发展模式过程中，大邑县尝试从多维的角度试探数字技术与乡村场景的融合，不仅为乡村农业数字化建设和产业振兴提供了重要契机，乡村公共服务和社会治理的智能化水平也得到显著提升。

首先，探索数字化农业生产模式。大邑县争取到了农业农村部大田种植数字农业建设试点项目。随后，紧紧围绕试点项目要求，坚持政府引导、市场主体、多元投入、多方协同的原则，建成大邑县智慧农业产业园和"吉时雨"数字农业服务平台，打造智慧农业应用场景，探索出以数字技术赋能现代农业发展的路径，让大邑农民种田更"智慧"，加快了农业现代化进程。

其次，探索数字化农村产业发展模式。电商方面，大邑县通过自主创新电商发展模式，打造出农村电商"大邑样本"。在政府主导之下，全县搭建起电商孵化园框架，通过探索本地电商平台"邑方良品"不断推动农产品的品牌建设。智慧旅游方面，针对全国旅游气象专项服务还没有统一标准和做法，大邑县抓住机遇，创新完成旅游气象服务体系建设，作为智慧旅游发展的科技保障。在智能产业方面，大邑以构建"西部领先的特色文体装备产业承载地"为抓手，通过产业资源导入，加快构建大邑文体智能装备产业功能区，着手打造"文旅装备+"产业生态圈。在数字产业方面，为促进县域产业的数字转型，达到建设数字乡村目的，实现乡村振兴战略，大邑县与金山云网络技术有限公司正式达成战略合作。双方将联合打造"金山云西南数字经济示范区项目"，共同建成金山云数字经济产业园。在电子商务、智慧旅游、智能产业以及数字产业等产业的推动下，大邑县的农村产业经济发展能展示出更多的可能性。

最后，探索数字化基层治理模式。大邑县借助信息服务云平台、物联网等数字科技促进数据公开与共享，不仅能消除部门间、政民间的信息鸿沟，还推动传统社区向智慧社区的转型。建设大邑县智慧调度中心，作为社区治理运转的"大脑"；打造东岳花苑智慧社区，作为社区治理的"躯干"；构建"雪亮工程+N"体系，作为疏通社区治理的"经络"；创新"随手调"App，作为增强社区治理的"细胞"，为村民提供整体性公共服务,提高他们的幸福指数,以实现协同治理和民主治理。

通过以上对大邑县数字乡村建设的具体做法进行分析,我们可以知道大邑乡村建设的创新之处在于因地制宜,审时度势。对于大邑县来说,农商文旅融合发展一直是应该坚持的乡村振兴之路。以"产景相融、产旅一体、产村互动"为基本思路,深挖特色农业、川西林盘、乡村民俗等资源禀赋,不断推动农商文旅融合发展。然而,在数字时代,产业创新、业态融合和跨界协同才是关键词,这为大邑县的乡村振兴之路带来全新机遇。于是,大邑县因地制宜,在已有乡村建设的基础上审时度势,抓住机遇,开始谋求全新的、基于数字驱动的"数字+农商文旅治"多维融合的乡村振兴发展模式。

3. 县政府部门在数字乡村建设过程中的作用

大邑县是在中央号召、自身发展谋求困境突破口的情况下,积极投入数字乡村建设当中去的。因此,大邑县的数字乡村建设既不是群众自发,也不是企业牵头,而应该是县政府部门主导。

首先,县政府部门扮演的是主导者角色。自数字乡村建设开展以来,在大邑已有的乡村建设基础之上,在农业、产业及治理等多个领域中,县政府积极主导乡村发展场景与数字技术进行紧密结合,保障发展方向不偏离。例如主导大邑大田种植试点项目争取,坚持政府引导、市场主体、多元投入、多方协同的原则,建成大邑县智慧农业产业园和"吉时雨"数字农业服务平台;主导电商孵化园的框架构建,探索"政府+企业+市场+高校"发展模式,由大邑商务局牵头成立孵化园,采用市场化运作方式,吸引电商企业的投资和入驻;主导智慧旅游气象服务体系建设、智能装备产业园建设等。

其次,县政府部门扮演的是设计者角色。县政府实际参与到数字技术结合的具体场景当中,进行一些规划与设计。例如大邑智能装备产业功能区中,县政府将功能区规划为东、西两区,并设计东、西两区的发展内容;依托优秀的乡土文化和丰富的旅游资源,以"文旅大邑"为导向,设计数字技术与文旅领域的结合措施,建立全域智慧旅游大数据中心,建设"三文"旅游+数字的多维智慧文旅。

最后,县政府部门扮演的是执行者角色。在数字技术与乡村治理场景结合中,县政府为执行数字政府建设,实现数字政府转型,构建乡村整体性公共服务体系,以数字化为抓手,引入数字技术创新政府服务,搭建智慧治理平台,构建数据共享渠道,不仅提升乡村治理能力,还推进国家治理现代化进程。

在数字乡村建设过程中，大邑县政府主要处于主导地位，发挥主导作用，把握大体发展方向。在数字技术与乡村发展场景的具体结合上，大邑县政府还是要依赖企业、社会组织等多元主体，因此县政府与企业、社会组织等多元主体在多个领域中都展开了深度合作，充分发挥了政企、政社等的多元社会协同作用，提高了多元主体在数字乡村建设中的协同治理能力，形成了政府、企业和社会三者协作共建、共治的数字乡村建设新局面。在数字农业方面，政府与四川润地农业有限公司合作，共同研发"吉时雨"服务平台，与专业化社会组织合作，共同构建智慧产业园。在数字产业方面，采用"政府+企业+市场+高校"模式发展农村电商，积极与金山云网络技术有限公司进行战略合作，打造数字产业园。在数字旅游方面，政府也与多家企业合作进行智慧旅游系统、创新中心建设。

4. 大邑县"数字+"振兴模式的经验总结

大邑县的"数字+"振兴模式，其实就是"数字+农商文旅治"模式，是大邑县通过总结自身数字乡村建设经验，立足于自身发展优势，创新出的基于数字驱动的一种乡村振兴新模式。首先，追求"数字+农业"。大邑投入资源构建智慧农业产业园，与企业展开合作搭建"吉时雨"数字农业服务平台；搭建"智慧人才"平台，用数字的力量改造传统农业，激发农业创新发展潜力。其次，专注"数字+产业"。大邑县积极发展农村电子商务，打造农产品电商品牌，扩宽营销渠道；建设智能文旅装备园与数字经济产业园，探索传统产业向高端智能、数字产业转型发展路径；在全国范围内初探智慧旅游服务产业，搭建智慧气象服务平台，不断完善智慧旅游服务手段。再次，探索"数字+治理"。传统治理的弊端在于条块化管理，而数字融合正好克制这种治理割裂化的体制痼疾，使得数据、信息能够在不同部门之间顺畅流动，充分发挥部门协同效应，为群众提供整体性公共服务。最后，发展"数字+文旅"。围绕"文旅大邑"导向，大邑正在打造特色旅游品牌。而数字与文旅的业态融合，成为大邑县进一步挖掘乡土文化潜力，提供精准旅游服务的机遇。

这种振兴模式，不仅继续坚持了大邑县一直以来倡导的农商文旅融合振兴之路，还完美地将数字技术与乡村发展场景深度结合，不断推动着数字乡村建设向更高阶段前进。智慧农业推进农业生产智能化、管理数据化、服务在线化，提高了土地产出率、资源利用率、劳动生产率，成为四川省内探索智慧农业转型的新标杆。智慧产业以产业创新、产业振兴推动着数字乡村建设与乡村振兴，不断以数字经济发展带动农民致富之路。智慧治理优化了政府治理，形成"用数据对话、用数据决策、用数据服务、用数据创新"的现代治理模式，全面提升了政府的履职能力，提升了乡村治理能力，满足了人民美好生活需求，提高了人民幸福指数。同时，这种振兴模式也体现了地方政府因地制宜谋发展、不断创新造未来的创新能力。大邑县政府在总结以往乡村建设的发展经验后，因地制宜地在各领域中引入数字技术，创新出极具大邑县特色的"数字+农商文旅治"振兴模式，不断带领大邑县经济、政治、文化、生态等领域的数字化发展，使得大邑县的数字乡村建设成为地区的标杆，大邑县人民的生活水平、幸福指数也因数字乡村得到了极大提高，这都是大邑县政府极具创新能力的最好证明。

但是，为使大邑县数字乡村建设持续高质高量地发展，进一步缩小城乡差距，增添乡村振兴底色，使政府创新继续保持，大邑县的"数字+"振兴模式还需要不断努力。大邑县必须要做的，就是继续深化"数字+"的振兴模式，持续探索不同业态之间的创新融合。在农业方面，大邑县需要通过创新数字技术应用示范模式、营造数字技术应用新场景，积极发展多种形式的农业新业态经营、新模式经济。在治理方面，大邑县除了全面推广"智慧社区"平台，还需在治理领域创新应用更多数字技术，深化数字与社区治理的融合。在电商、文旅等产业方面，要不断创造更多的数字技术融合场景，将数字与农商文旅治之间的融合进行下去。最重要的是，未来大邑县必须始终坚持将5G建设作为数字乡村建设的重要抓手，不断探索"5G+智慧农业、智慧产业、智慧治理、智慧文旅等"的体系建设。

五　课堂安排

（1）在课程的开始，教师可以利用多媒体，以PPT模板展示为主要方式，同时佐以纸质版案例正文，向学生展示大邑县数字乡村建设情况。

（2）接下来教师可以先安排20~25分钟的学生自由讨论时间，让每个小组对4个问题都进行讨论，并要求他们写下讨论出的观点。

（3）然后教师开始围绕案例问题展开课堂集中讨论，让每个小组指定一名小组成员上台将本小组的讨论结果进行展示，每小组展示时间在15分钟左右。同时教师将每个小组的讨论结果的主要观点简要地在黑板（白板）上罗列出来。

（4）最后由教师对各小组的观点进行统一的分析和点评，也可以给出自己的观点作为补充,最后带领学生整理出一个总体的、相对完整的案例学习总结。在讨论的过程中可能会有不同意见的争论,教师要掌握节奏和课堂氛围,及时中止争论,将学生们的精力更多地引向对案例和对公共管理的关注。

六　其他教学支持

电脑、投影仪等多媒体设备。

参考文献

[1] 叶国伟、杨坤、李玲玲、聂有亮、罗永、祁玉蓉:《成都市农商文旅体融合发展助推乡村振兴研究》,《农村经济与科技》2019年第22期,第199~201页。

[2] 刘锦:《地方政府跨部门协同治理机制建构——以A市发改、国土和规划部门"三规合一"工作为例》,《中国行政管理》2017年第10期,第16~21页。

[3] 方堃、李帆、金铭:《基于整体性治理的数字乡村公共服务体系研究》,《电子政务》2019年第11期,第72~81页。

[4] 沈费伟、叶温馨:《数字乡村政策扩散的现实困境与创新路径——基于衢州市柯城区的案例分析》,《中共杭州市委党校学报》2020年第6期,第44~50页。

【第六讲】 社区"无讼"，百姓"无忧"
——四川大邑县基层社区矛盾调解模式研究

摘 要：随着经济社会转型，社会利益格局多元化，社会矛盾纠纷频发，诉讼案件逐年增加，法院"案多人少"等问题使得基层治理面临多重困境。2016年以来，四川大邑县结合国家政策和当地实际情况，借鉴新时代"枫桥经验"，以各方需求为出发点、矛盾纠纷为切入点，创新建设"无讼社区"，发挥党委领导作用，激励动员老党员干部、新乡贤和律师组成人民调解委员会，同时引进社会组织参与社区治理，最终构建了"党委领导、政府主导、司法推动、社会协同、公众参与"的矛盾调解体系，走出了一条"上下联动、统筹推进、多元参与"的基层社会治理新路。大邑县"无讼社区"是中国特色社会主义治理体系中共建共治共享模式的典范。本案例运用"需求—动员—制度"三维框架深度分析大邑县"无讼社区"的建立和维系是何以可能的，并找出其成功的关键因素，对于未来基层治理创新的研究具有较强启发，也为中国特色基层社区治理法治体系的实践提供了参考。

关键词：无讼社区；基层矛盾调解；社会治理创新

案例介绍

引言

城乡社区是当代社会生活的基本支点与社会成员的聚集点。近年来，邻里纠纷、公共服务、劳动矛盾、商品房买卖等问题呈逐年上升趋向，亟须创新治理措施，从源头上防控和化解各类矛盾纠纷。司法作为社区治理的有力手段，对于社区纠纷和矛盾的解决至关重要。

四川省大邑县位于成都西部，毗邻邛崃、崇州，常住人口52万，辖11个镇（街道）146个村（社区），社区多为涉农社区，人员众多，矛盾纠纷频发。针对上述问题，2016年8月大邑县人民法院向县委提出《关于无讼社区构建的意见和建议》，县政法委迅速在沙渠镇召开"无讼社区"创建工作会，沙渠试点，全县推广。经过几年的探索，大邑县贯彻落实党的十九大精神，发扬"枫桥经验"，创新基层矛盾纠纷多元化解模式，探索出了一条契合实际的诉源治理"无讼社区"建设路径，这成为全国社会治安综合治理的创新典型案例。

走进大邑安仁古镇，有这样一副对联："人到万难须放胆，事当两可要平心。"受道家文化和蜀地文化的熏陶，大邑人始终秉持不到万不得已，不对簿公堂的心态，并十分乐意进行民间调解，不愿"赢了官司，输了感情"。回顾两千多年前孔子提出的"无讼"社会理想，结合费孝通先生在《乡土中国》中提出的"礼治秩序"下的"无讼"，现今的"无讼社区"建设，已从乡土本色走向了现代化，具有较高的实践价值性。大邑县的成功是何以可能的？其关键因素是什么？长久维系的原因又在何处？深入探索这些问题，对于未来创新基层社会治理，构建"共建共治共享"的社会治理体系具有深远意义。

一　缘起

（一）拆迁风波

大邑县的最东部是沙渠镇（2019年撤销沙渠镇建制，设立沙渠街道），随着城镇化建设和工业化进程的快速推进，2015年前后，大量企业进驻，需要整合土地资源开厂生产。经过前期和村民反复协商，大家终于同意将自己的"小土地"拿出来，迁往东岳花苑小区居住，这里是全县最大的安置区，整合了6村3303户10000余人集中居住。村民们住进了楼房，准备过上城里人的日子。可是这一切，并不是那么顺利与美好。

2017年3月，东岳花苑刚刚建成交房时，拆迁农户认为公摊面积不应该计入安置面积内，情绪十分激动，开始了大规模聚集，挂标语、堵道路，甚至越级上访，拿着大喇叭在街上、小区、办公场所大声喊话，要求领导给他们一个说法。

面对这样的群体性事件，党政领导干部是看在眼里，急在心里。拆迁农户从未了解过高层公寓的面积计算，只觉得自家宽敞的大平房拆迁完，还要白白损失一些面积，是绝对无法接受的。针对这一情况，县里快速成立了多个工作组，紧急调动人员，挨家挨户走访宣传。经过一个多月的努力，农户们才明白了公摊面积，拿了钥匙，住进了新房。

为解决这一群体性事件，县里的正常工作受到了影响，而且耗费了大量的人财物资源。虽然拆迁风波暂时得到了平息，但其他问题一波接一波地袭来。

（二）纠纷不断

"唉！这个物业费又是个啥子？"

"凭啥子不能搞婚宴，办喜事都不得行？"

"接着找他们领导说，找他们负责人闹！"

……

调研过程中，东岳花苑党委书记回忆，村民们住进小区后，类似的问题几乎是天天找上门。今天这几家不满意，明天那几家为一件事吵得不可开交，这种邻里纠纷和安置问题在居民们刚搬进小区的时候很频繁。负责调解的社区工作人员表示，对于居民之间出现的纠纷他们非常理解，也非常努力地在做居民矛盾调解的工作，耐心地为这些事情到处奔走。拆迁的农民们从原来的散居关系变为现在的聚居关系，各类矛盾诉求一下子多起来是很正常的现象，但实际上大家也不愿意看到争赢了利益却失了邻里感情的局面。

"这有的事吧，你还能讲讲，两边多一些理解就好了；但好多事情吧，没那么简单，有的要用到一些法律知识，有的是我们也做不了主的事情，真的很无能为力。"社区工作人员说，"我们的调解员多是村（社区）干部，调解手段大多依据老经验、老观念，对医患纠纷、劳动争议、物业管理等矛盾纠纷的解决，缺乏相关法律和专业知识的支撑。而那些非干部人民调解员，多是义务性质的，没有激励，不用担责，所以问题解决水平提升不快，效果也不好。"说到这里，工作人员也是连连摇头。

东岳花苑的情况只是大邑县众多社区的一个缩影，社区单元的问题是基层治理的首要难题，而邻里纠纷不断，矛盾冲突升级又再次加重了基层矛盾调解的压力。

（三）矛盾突出

因利益主体多元化交织，商品房买卖、物业管理、公共服务等矛盾凸显，居民矛盾诉求逐渐呈现多元化，并呈持续上升的趋势。2017年大邑县法院受理案件5195件，而法官仅28人，案多人少矛盾突出。同时，基层人员调解不力、问题解决不彻底的现象都很常见。

办案任务重、无法结案等问题，是大邑县司法供需矛盾的突出表现。法院受理的案件越来越多，仅凭人民法院有限的审判资源已无法满足社会对于矛盾纠纷化解的需求。

经过2017年的群体性事件之后，大邑县出现了"大闹大解决，小闹小解决，不闹不解决"的不良风气，这种"信访不信法，信上不信下"的理念，非常不利于基层干部开展工作。干部们虽然都努力想把工作做好，可群众不买账。那么，该如何整合现有资源，从源头上预防和化解各种矛盾纠纷，让居民们放心、满意呢？

大邑县在学习了"枫桥经验"和其他地区的做法后，提出了自己的观点："既然居民更需要、更相信领导，那我们领导就来牵头，把社区作为载体，融合传统的无讼理念，依靠人民调解，强化司法确认，把矛盾纠纷化解在基层、化解在萌芽状态。"就这样，大邑县的"蜀地问道"，开始了进一步的探索。

二 探索

（一）探索屡碰壁，道阻且又长

"不要啥子物业费，你们搞不好，我自己的院子自己扫！"

"你看看，他们家把那个电瓶车的线牵了好多哦，我们怎么出门呢？"

"你说凭啥不让我养鸡，不养我怎么生活呢？"

…………

调研过程中，东岳花苑社区工作人员回忆说，听了居民们的想法，上门调解的调解员小王也很无奈："这样的情况啊，确实有点难说。你和他们讲规定、讲道理，他们不信服；单纯靠情感、靠经验，也没有什么成效。可领导是下了大决心要做的，一定要有成效，所以我们这些调解员都得先顶上，好好完成调解，最起码要讲清楚。"除了居民能否信服的问题之外，对调解人员的激励未到位也是客观存在的问题。小王还说，很多像他这样的人，除了居民调解工作之外，自己手头还有大量工作要做，长此以往，会非常疲惫。

一些专家学者在知道大邑县准备建设"无讼社区"后，提出了质疑的声音。他们认为"无讼"虽然符合传统，但是试图将法律伦理化，实现社区完全零诉讼是不可能和不科学的，不能将法律手段置于"和稀泥"的尴尬处境中。

领导的压力、群众的意见、专家的质疑，就像三座大山，压在每一名党政干部和基层工作人员的身上，建设"无讼社区"任重道远。

（二）新乡贤化矛盾，"无讼"初显效

大邑县各乡镇积极开展"无讼社区"建设，沙渠镇是试点乡镇之一。为此，沙渠镇成立了人民调解联合会，下辖六个村（社区）的人民调解委员会和沙渠企业人民调解委员会，并设联合会长1名，由律师兼任，其他4名成员为当地有威望和影响力的长者和志愿者，律师每周二、周五到场工作。各村（社区）调委会主任由村（社区）支部书记担任，其他成员为本村有威望和影响力的长者和一名村大学生。基层干部将矛盾纠纷按社、村（社区）、乡镇（街道）的顺序逐级进行调解，若调解失败，再由县法院法官介入调解。

至此，大邑县的"党政牵头、公众参与"治理体系已经基本搭建完成，各乡镇建立了多个调解室，以充分利用法律资源，发挥新乡贤[①]的作用。

2017年5月，邮江镇金秋调解室门口传来一阵嘈杂声，雷山村的村民左某和张某，由于边界纠纷，争执不下，拉扯在一起，一直吵到镇上金秋调解室门口，要找刘老师评评理。村民口中的刘老师就是邮江镇金秋调解室的调解员，72岁的他是当地闻名的新乡贤，退休前是邮江镇干部，处事公道、为人正直，多年来主动帮村民调解矛盾，村民提起他无不竖起大拇指。2017年，邮江镇成立金秋调解室，聘请其为金秋调解室人民调解员。

"老张、老左你们两位不要急，坐下来喝杯茶，我们慢慢摆。"刘老师倒上两杯茶请两人坐下谈。原来左某与张某是邻居，年初两人对房屋进行修缮，因公用墙修缮费用发生了争执。"远亲不如近邻。修缮房屋是好事，不要修了新墙，添了心墙，双方都多点宽容，没必要非闹到法庭嘛！"刘老师

[①] 在2017年第十三届中国农村发展论坛暨"新乡贤与新农村发展新动能"全国研讨会上，"新乡贤"这一概念首次被提出。新乡贤是心系乡土、有公益心的社会贤达，一般包括乡籍的经济能人、社会名流和文化名人。新乡贤不仅具有传统乡贤的一般特征，如乡土情怀、道德品行、伦理情操等，还有现代的知识、技能和新的文化视野，既可以起到道德指引的作用，还可以起到新文化、新观念、新思想、新技能传播者的作用；不仅可以协调和化解乡村邻里之间的矛盾，也可以引导舆论、明辨是非、凝聚人心、端正风气。参见百度百科，https：//baike.baidu.com/item/%E6%96%B0%E4%B9%A1%E8%B4%A4/22595687?fr=aladdin。

听完事情经过，几番推心置腹、入情入理的劝说，加上法律法规的讲解，平息了双方的怒火。"就听刘老师的，公共墙的修缮费用各出一半。"最终二人在达成的调解协议上按了手印，一场邻里纠纷就这样圆满化解了。

新乡贤来自群众，了解群众，调解矛盾纠纷自然就会得到群众的支持。大邑县发生的大部分矛盾纠纷可以通过网格员现场记录相关情况，之后由新乡贤和人民调解员出面完成调解这种方式解决，但有的矛盾纠纷却没这么简单。

(三) 恩怨难判决，法律进社区

"这可怎么活啊，我们一家有老有小……你们这个是啥子黑心的公司哦！你看看这娃儿多可怜。"这是一起工伤死亡赔偿纠纷案。成都某公司电工袁某于2018年8月30日在公司工厂安装空压机的过程中意外触电死亡，家属就赔偿事宜无法与该公司达成一致，两方闹到了沙渠镇人民调解委员会，死者家属情绪十分激动。

沙渠镇立即就该案向大邑县人民法院法官和律师进行线上咨询，法官随后也充分参与。多次调解后，最终双方当事人达成协议，握手言和。家属在拿到赔偿金后也是连连感谢："法官，我们的钱已经拿到手了，你们不仅不喝我们一口水，司法确认还一分钱都不收，真是太感谢了！"

对于工伤、劳动仲裁、房屋买卖等矛盾纠纷，法官的介入是必要的。大邑县政法委在此事后，加大力度调动法律资源进入"无讼社区"，充分发挥基层法院，特别是派出法庭化解矛盾纠纷的前沿阵地作用。此外，大邑县"无讼社区"成立了一支公益性调解队伍介入人民调解，建立律师有偿与无偿相结合的服务调解机制；同时，整合法律志愿者队伍，将婚姻家庭、邻里纠纷等案件交由法律志愿者进行调处，并推荐退休法官进县调解人才库，发挥他们丰富的法律知识和工作经验等优势，将矛盾纠纷化解在诉前。

(四) 五项举措起，群众心安定

大邑县"无讼社区"以矛盾纠纷为切入点，成功构建了"党委领导、政府主导、司法推动、社会协同、公众参与"的治理体系。经过近三年的探索，大邑县制定了"五项举措"(见表1)，落实"无讼社区"的工作体系，以筑牢纠纷调解的"第一道防线"，形成良性的治理模式，让群众真正吃下了"定心丸"。

表 1　矛盾调解"五项举措"

举措	内容
激活调解组织	通过居民代表大会选举产生社区人民调解委员会，由3～7人组成，由社区威望高、懂法律的人担任主任和成员，以明确调解民间纠纷的职能职责
建强调解业务	人民调解员从社区内德高望重、有一定专业素养的居民骨干中选举产生，或聘任社区律师、基层法律工作者和党员志愿者，以提升调解员队伍整体能力和素养。关于动员保障制度，2018年，增加司法行政机关指导人民调解工作经费和人民调解个案补贴经费部门，充分调动基层人民调解员的工作积极性
建好调解阵营	设立社区"无讼空间"，整合矛盾纠纷调解室、心理工作室、"法律之家"、"群众工作间"，植入成都市法院"和合智解"e调解在线解纷平台，打造社区"1+N"综合调解平台，让居民在社区就能接受便捷的线上、线下解纷服务
强化司法确认保障	对双方当事人达成的调解协议，以人民调解委员会名义出具调解协议书，审查后依法予以司法确认，赋予调解结果与法律文书同等的效力和法律执行力，强化人民调解委员会调解作用
畅通"诉非对接"渠道	在县法院、基层人民法庭、乡镇（街道）工作站、社区"无讼空间"设立"诉非对接"三级联网平台。对在社区"1+N"综合调解平台化解不了的矛盾纠纷，通过社区工作站"诉非对接"平台进入网上立案，提高法院诉讼服务的实效性和经济性

善和合，显调解能耐。"能摆平就是水平！"吴书记笑着说，"我们这个摆啊，是摆龙门阵的摆，是把情、理、法摆到一致。"虽然"无讼社区"的"问道"之路并不顺畅，总会有这样那样的问题，也受到了很多挑战和质疑，但时间证明，"无讼"的种子在大邑县逐渐落地生根，终会开花结果。

党政牵头，积极动员，扩大宣传，带动群众。如今的大邑县已经旧貌换新颜，"无讼社区"的建设形成了体系，矛盾调解形成了机制，取得了较好的成绩。未来，大邑县期望进一步完善"共建、共治、共享"的格局，让群众真正过上心中的美好生活。

三　今朝

（一）三条路径，旗开先得胜

走进东岳花苑，随处可见三三两两开心聊天的、在养老服务中心惬意品茶的、在广场上专注打太极的人。笔者见到彭大妈时，她正与儿子聊着家常，不时露出开心的笑容。曾经，因老伴离世，彭大妈和儿女们产生了赡养纠纷，经过多次调解，终于达成了经司法确认的协议。"感谢调委会和律师法官的帮助，娃娃儿们现在听话多了哦。"提起大邑县人民调解委员会，彭大妈很是感谢。

大邑县以人民调解为重点、建章立制为保障、稳定人民居住环境为目标，三条路径共同推进，把人民调解工作做到明处，把问题解决在基层。2016年至2019年，各方矛盾调解成功率稳步提高，取得了显著的效果（见图1）。

人民调解情况

	2016年	2017年	2018年	2019年
调解数	1754	1159	5362	9576
成功数	1731	1155	5230	9240

全县化解纠纷情况

	2016年	2017年	2018年	2019年
调解数	10131	14799	19940	17864
成功数	9900	14725	19573	17527

法院受理案件情况

	2016年	2017年	2018年	2019年
调解数	4249	5528	6502	6282

行政调解情况

	2016年	2017年	2018年	2019年
调解数	2890	7047	7200	2023
成功数	2864	6852	7106	2005

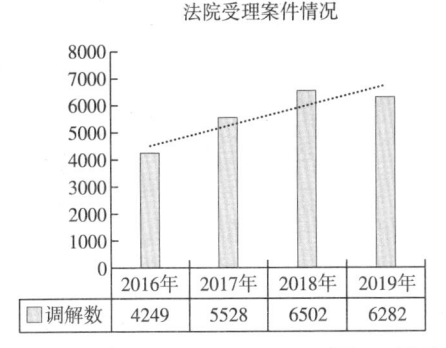

图1 矛盾调解情况成果

资料来源：大邑县人民法院内部资料。

（二）三大平台，配合出奇效

"无讼社区"已经形成了完整的工作体系，三大平台配合联动得以让信息及时、准确地上报，不仅降低了调解成本，还大大提高了办案效率，取得了斐然成绩。

1. "1+N"综合调解平台

"1"是一个调解平台,"N"是各类多元解纷组织。大邑县整合县综治办、县法院、县司法局、乡镇(街道)、村(社区)等部门力量,构筑起"人民调解为第一道防线、行政调解为第二道防线、司法调解为第三道防线"的多元解纷机制。平台运行情况见表2。

表2　2018年1~12月"1+N"综合性调解平台运行情况

种类		调解数(件)	调解成功数(件)	涉及人数(人)
人民调解	人民调解	1380	1361	3816
	"随手调"	3468	3270	11202
律师调解		479	444	1018
公证调解		0	0	0
劳动仲裁调解		324	205	372
公证对接		551	503	1211
访调对接		35	4	56
法院"和合智解"调解		34	25	68
合　计		6271	5812	17743

2. "诉讼对接"三级联网平台

2017年11月,县法院、人民法庭、乡镇(街道)工作站和社区"无讼空间"纷纷设立了诉调对接中心、分中心和工作站的三级联网平台,平台运行情况见表3。2018年,大邑县矛盾纠纷多元化解协调中心、"无讼社区"诉调对接中心与综治中心(B区)建成并开始实体化运行,大大提升了法院诉讼服务的时效性,减轻了法院的工作压力。

表3　2018年1~12月"诉讼对接"三级联网平台运行情况

诉调对接平台	收案(件)	调解成功(件)	涉及人数(人)
诉调对接中心	438	212	1012
分中心	119	61	286
工作站	12	2	29
合　计	569	275	1327

3. 信息资源共享平台

该平台依托县综治中心的信息化平台,充分运用四川省"9+X"网格化服务管理信息系统、四川省矛盾纠纷多元化解信息系统等,搜集社情民意，广泛聆听群众声音，对各类纠纷做到早发现、快调处，及时进行诉调分流、息讼止讼，提升了"无讼社区"的信息化和智慧化水平，实现了社区解纷的便捷性。

此外，大邑县创新运用了"雪亮工程+"，搭建"智慧社区"服务平台，实现了本社区信息多屏同传，远程进行法治宣传、法律咨询与法律服务的功能，群众在家即可远程预约接受法律专家服务；同时，大邑县将"和合智解"e调解平台应用接入"1+N"综合调解平台，让人民群众在家就能享受到咨询、诉求申请、调解及司法确认等在线司法服务（见图2）。

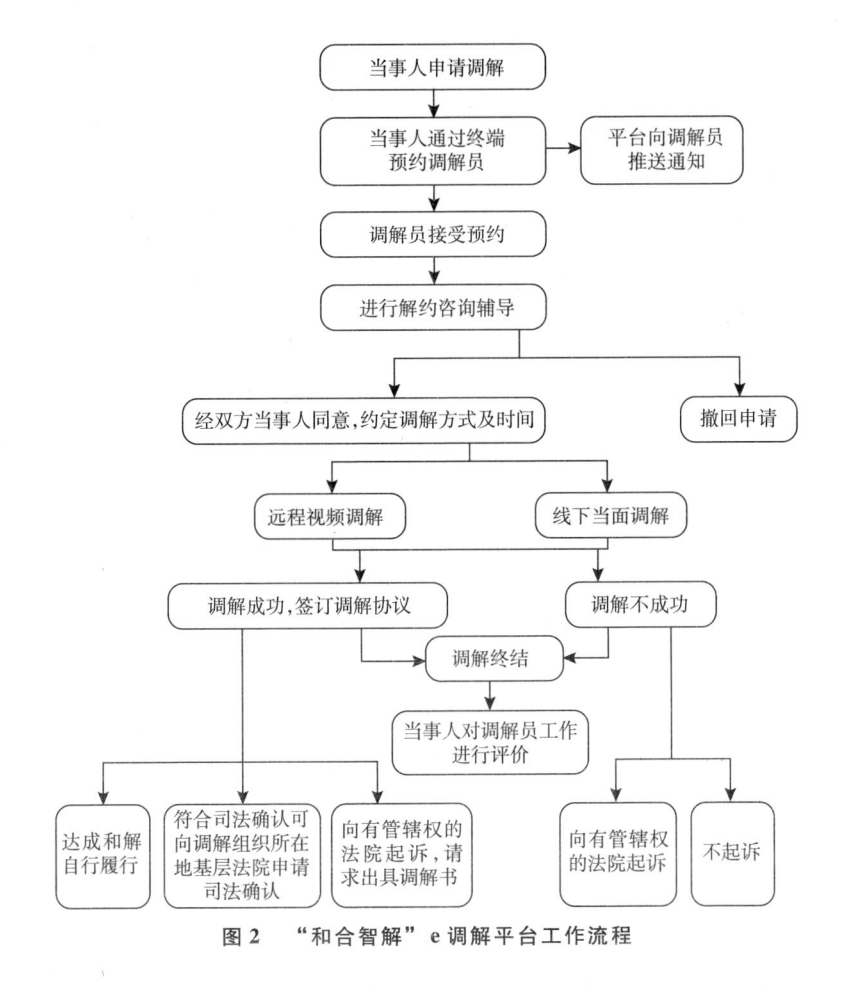

图2 "和合智解"e调解平台工作流程

（三）三个治理，畅通情理法

"三治"指自治、德治和法治，分别代表治理的情、理、法。党的十九大报告指出，要健全自治、法治、德治相结合的乡村治理体系。大邑县"无讼社区"的建设，充分贯彻了党的指导方针，顺应了经济转型发展需要，使自治、德治和法治下沉落地，在基层生根开花（见图3）。

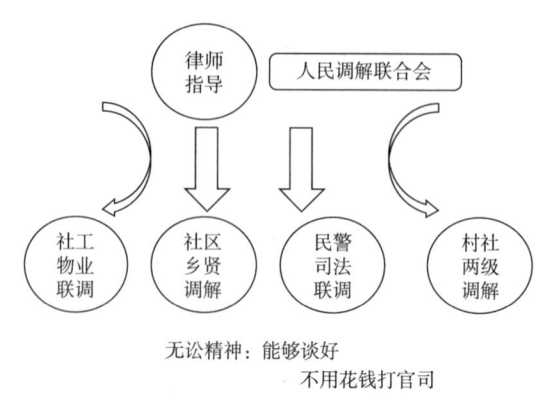

```
        律师              人民调解联合会
        指导
         ↓         ↓         ↓         ↓
       社工      社区       民警       村社
       物业      乡贤       司法       两级
       联调      调解       联调       调解

     无讼精神：能够谈好
              不用花钱打官司
```

图 3　人民调解组织架构

1. 提升社区自治能力，强化基层自治实践

将共建共治共享的"社区公约"作为蓝本，推广"无讼公约"。针对小区常见的物业管理纠纷，社区居民达成了"业主物管多沟通，社区事务共商量"的约定，并将程序固定下来，构建以调委会为主体、其他主体协同推进的新型调解体系。

2. 助推社区公共法律服务，强化法治社区建设

全面加强对群众的法律服务与引导，依托人民调解，强化司法确认，充分发挥"人民调解"组织在化解矛盾纠纷中第一道防线的作用，进一步提升人民调解的权威性和公信力。

3. 发挥示范、引领作用，提升社区德治水平

吸纳新乡贤参与调解，引导社区居民共同恪守"无讼公约"，使法律与道德价值内化成社区居民自觉自愿遵守的规则。通过居民身边的案例对群众不断进行普法宣传，引导社区居民向上向善、尊老爱幼、重义守信，从而实现家庭美满、邻里和睦。

"能谈好，何必花钱打官司"，如今大邑县从上到下，人人心中都是这句话。"党政搭台、各界唱戏"，在多方主体的共同努力和无数的实践工作、大力宣传之下，人民调解贡献了实在的价值。通过社区治理联合司法的规范、引导、服务、保障作用，"无讼社区"让大邑实现了纠纷诉源治理，推进基层治理法制化，形成了"共建、共治、共享"的新格局。

四 结束语

大邑县"无讼社区"的创建，破解了"案多人少"的困局，及时化解了社区邻里矛盾纠纷，有效节约了诉讼资源，更增添了基层治理的温度与温情，让矛盾纠纷化解更走心，促进了社会的稳定与和谐。大邑县"无讼"社区的持续建设，是提升社会主义治理体系和治理能力的宝贵经验，更是城乡融合发展转变为共同繁荣进步的真实写照。

思考题

1. 一个良性的社会基层矛盾解决体系、共建共治共享体系是何以可能的？
2. 大邑县"无讼社区"成功的关键因素是什么？
3. 大邑县的"无讼社区"建设有哪些创新之处？

案例说明书

一 课前准备

（一）教师准备

通过阅读案例正文、基层治理、社区治理及诉源治理等相关资料，熟悉我国诉源治理的制度、政策设计、执行情况以及基层治理相关理论实践等。对思考问题作初步回答。

（二）学生准备

学生应在课前仔细阅读案例正文；认真研读相关文件及媒体的报道，了解各方意见；阅读有关基层治理、基层矛盾调解、诉源治理等方面的论文和专著，对案例的背景、主题进行适当的了解。

二 适用对象

（一）适用课程

本案例主要适合公共管理学、公共政策分析学、社会学、地方政府管理与案例分析等课程教学和研究使用。

（二）适合学生

本案例适合有一定工作经验的学员和管理者学习，如 MPA 学员；适合行政管理等专业本科学生，公共管理类、社会学类和政治学类学术型研究生等。

三 教学目标

本案例从一个基层社会的角度向读者展示了大邑县"无讼社区"这一基层矛盾调解社区治理的创新过程，这是党和国家的重大政策在基层执行的创造性探索。希望丰富读者关于基层治理领域的相关知识，引导读者进行理论思考并提升发现问题、分析问题、解决问题的能力。

（一）积累和深化专业知识

1. 丰富基层治理领域专业知识

通过对基层社区矛盾调解的制度设计、政策配套、基层实践过程以及取得的成效及不足等展开分析，丰富读者有关基层治理领域的公共政策执行、公民参与、地方政府和多方协作治理等方面的专业理论知识，将专业知识库存量做大，并与时俱进地更新，不断巩固知识链的长度。

2. 提高基层治理领域理论水平

以案例为契机，深度拓展集体治理理论、公民参与理论、草根治理理论等专业理论知识，在丰富理论知识的同时，不断将理论知识向深处拓展，在用理论解释案例的基础上，用实践来丰富理论；将公共管理科学、政治学和社会学等学科融合起来，形成一定的交叉学科意识和素养；通过对基层矛盾调解实践的研习，将理论知识与前沿实践问题结合起来，全方位把握前沿问题，形塑出可将实践问题置于一定的学术理论框架中进行探讨的敏锐能力。

（二）培养问题意识和理论运用能力

1. 提出问题

通过对这个较为完整的案例进行阅读和思考，可训练学生对当前实践中的热点问题进行严肃且具有一定深度的学术思考。尝试在一定的理论、视角和框架的观照下，基于鲜活的场景和实践现实，提出具有较强代表性、前瞻性及预见性的学术命题或议题。

2. 分析问题

通过对案例的深度解剖、合作讨论和梳理关键知识点，将核心行动者、居民、社会组织等主体参与社区矛盾化解置于动态的框架中，开展阶段性分析，可以给学生分析社会问题、公共问题提供一种新的思路，这有助于提高多层面、多维度、立体化分析问题的能力。启发学生辩证看待社会问题，引导学生积极思考行政动员和群众路线、公共价值与效率价值、中央政府决策和地方政府执行等几组重要的关系命题。

3. 解决问题

通过对大邑县"无讼社区"建设成功的原因、存在的问题进行深入分析，提出针对性对策和建议，并总结出其成功经验，有助于学生形成一定的反思能力、批判能力及辩证思维能力，锻炼出多角度、全方位解决问题的能力。

四 教学内容与要点分析

（一）"无讼社区"建设的实现路径

本案例借鉴陈天祥、叶彩永关于集体行动"产生—维持"的动态发展视角，吸纳了"元治理"理论的内核，解释大邑县"无讼社区"建设成功的原因，探索如何在党政牵头下，动员多方主体参与到社区治理中。研究发现：共同需求是参与行动产生的引擎；核心行动者通过恰当的策略，动员社区居民广泛参与社区治理、积累社会资本，是参与行动成功的关键；制度规范是参与行动长期持续的稳定器，成功的参与行动则是社区实现自治的现实途径。

1. 共同需求："无讼社区"成立的引擎

一是体制改革与"人案矛盾"需要。在经济快速转型，社会利益格局多元，社会矛盾纠纷频发的背景下，2013年11月党的十八届三中全会明确提出要"深化司法体制改革，加快建设公正高效权威的社会主义司法制度"，党的十九大也提出打造共建共治共享的社会治理格局。面对新时代新要求，政府亟须探索司法体制改革的新路径新方式，将打造共建共治共享的社会治理格局和司法体制改革相结合。随着司法体制改革的深入，立案登记制度施行后，诉讼案件数量逐年增长。案多人少，工作压力大，法官累倒甚至累跑。大量的人民内部矛盾都"堵"在法院，占用了宝贵的政法资源，耗时耗力还耗钱。政府亟须探索新方式改变司法供需现状。

二是源头防范的需求。快速的工业化、城市化进程，使居民矛盾诉求多元化。在农民集中居住区，物业服务、商品房买卖、邻里纠纷等的矛盾逐年上升，群众的矛盾以邻里、家庭婚姻矛盾为主转向以财产矛盾为主；加之乡村社会治理覆盖不全面、发展不平衡、科技含量不高、各方面联动不足等现实问题，公共服务、物业管理等矛盾愈加凸显，基层矛盾化解压力大。老百姓即便是赢了官司，往往也会输了人情，矛盾未必能彻底解决，有的甚至还会埋下隐患。在此情况下，更好的解决措施就是"诉源治理"，从源头化解矛盾。

2. 党政牵头："无讼社区"成立的孵化器

一是坚持党政主导，加强制度保障。党中央高度重视基层矛盾化解工作，将其放在全面推进依法治国、推进社会治理现代化的高度统筹谋划，先后做出一系列部署，为矛盾纠纷多元化解指明了方向。省委、省政府多次召开会议做出部署，制定实施意见指导全省多元化解工作。二是优化党组织建设，实现党组织全覆盖。突破原有村（社区）的行政区划，将45个村（社区）升为党委（党总支），并在网格、院落、楼栋等社区"单元"建立起党支部或党小组。三是创新党支部形式，创建"支部+"新模式。先后创建"支部+队建""支部+服务""支部+法治"新模式，将队伍不正之风和隐患根除在萌芽状态，并创新执法监督体系，推动执法责任"体系化"。四是提升社区党组织的服务能力，推进社区网络"微治理"，完善党员联系群众机制，推行党员"社区夜话"、社区工作者"红马甲"、网格员"随手调"和"红袖套"巡视制度，广泛听取群众意见建议，做到各类矛盾纠纷早发现、快调处，筑牢城乡社区治理的组织基础。

3. 动员策略："无讼社区"成立的催化剂

一是动员核心行动者，发挥新乡贤作用。现有社区居民已从熟人社会转向陌生人社会，但在其传统观念中，会更信任"熟人"。因此在"无讼社区"的建立过程中，调动在人民群众中有威望有信服力的能人参与调解往往事半功倍，让能人担任人民调解员，有助于将矛盾化解在源头。但仅仅有威望还不够，还需要有服务群众的意愿和基本的法律素质和能力。人民调解员重点从社区内部德高望重、热心公益且有一定专业素养的居民骨干中选出，如在退休干部、退休教师、退伍军人、退休法官中选举产生，或聘任社区律师、基层法律工作者，为居民提供高质量的调解服务。

二是发展社会组织，培育社区精神。社会组织能够扎根社区、贴近民众，开展丰富多彩的活动，提供多样化的服务，满足居民的各种需求。培育社区社会组织，更有利于调动基层力量，发挥人民群众智慧。截至2019年，大邑县建立了5个企事业调委会、11个行业性调解组织，牵头调解本行业、本区域的矛盾纠纷；同时，成立成都市首家社区志愿服务联合会，培育了"红袖套"等志愿服务品牌，851支志愿者队伍成功组建，协同开展救助特殊人群、预防违法犯罪等公益事务，并负责预防和调处社区的矛盾纠纷，培育了良好的社区精神。

三是动员居民参与，构建社区社会资本。大邑县在"无讼社区"的建立过程中，一方面加强媒体宣传报道，推送典型案例，开展巡回审判、法制大讲堂等法制宣传活动，并组织社区干部和群众旁听庭审，让大家知法懂法，使"和为贵"的理念内化于群众心中；另一方面整合多种调解资源，公示可供选择的调解专家，供群众选择自己信任的调解人员，并提供多样的、低成本的矛盾解决方式；同时在调解程序上，"网格员"行程和考核机制透明化，便于群众了解与监督。"三管齐下"的同时，借助社会组织力量，开展社区文化活动，以此重建居民关系网络，增强居民对社区的认同感和归属感。

4. 制度规范："无讼社区"成立的稳定器

制度能塑造人的行为并使得规范内化于个体。党政牵头通过各种有效的策略动员多主体参与到基层矛盾调解中，为持续发展，须将已产生的集体行动转化为制度，形塑调解人员的行为，才能将集体治理内化为每个个体的行为意识。在几年的探索中，大邑县"无讼社区"已形成一套切实可行的完整运行制度。

一是坚持程序正义。大邑县基层矛盾调解有特定的程序规定。调委会在受理个案时，通过一听、二访、三查、四析（细听当事人陈述，专访知情人，查验有关证据，综合分析事实真相）四步程序去伪存真，合情合理化解矛盾。双方达成一致后，由法院进行司法确认，对无法调解的个案引导进入诉讼程序，实现"诉调"无缝对接。唯有坚持公平公正的程序正义才能使群众信服，"无讼社区"才能有长远发展。

二是将法律依据与公序良俗相结合。无讼调解也存在法律适用问题。人民调解员并非只是依据经验进行调解工作，而是在听取当事双方陈述之后，基于法律相关规定向当事人解释说明，使得当事人对于矛盾点有一定的法律认知。同时，结合当地实际的公序良俗，将法律适用到实际的调解过程中来，提高被调解双方达成一致意见的成功率，让法律与公序良俗成为无讼调解的"左膀右臂"。

三是多种监督方式并存。良好的监督体系是确保制度健康运行的保障。大邑县"无讼社区"一方面将排查出的矛盾纠纷录入"四川省矛盾纠纷多元化解信息系统"等网络平台，县、镇（街道）、村（社区）三级综治中心分级对矛盾纠纷排查化解情况进行动态监督，督办情况纳入对镇（街道）、部门的目标考核，对网格员的绩效考核和对调解员的个案补贴当中；另一方面让居委会以及其他专业调解的社会组织或律师直接监督调委会，督促调解工作的公平公正公开进行，居民也可以通过现场观看调解过程或"随手调"App网格员公示的行程进行监督。

（二）"无讼社区"建设经验总结

1. 党政引领，统筹推进

党建引领基层治理，形成统筹协调、攻坚克难的坚实力量，孵化"无讼社区"。党组织在大邑建设"无讼社区"的过程中始终发挥核心领导作用，形成"党委领导、政府主导、司法推动、部门参与、社区自治"的工作联动新格局，全面统筹，实现党的组织全覆盖，充分发挥了党员联系群众和带头模范作用，做到及时发现矛盾、及时调解纠纷，为"无讼社区"治理模式提供了方向引领和组织领导。

2. 多元共治，共参共享

多元参与基层治理，满足公共需求供给缺口，动员多方力量催化"无讼社区"。大邑县积极推进社区服务主体多元化，整合多方力量建成"1+N"综合调解平台和诉调对接三级平台。充分发挥新乡贤作用，吸收社会组织力量，培育社区精神。

3. 法律指导，法治共建

司法体制推进社区治理法制化，为"无讼社区"的制度规范添砖加瓦。组织法治资源进社区，选派法官定点指导社区矛盾纠纷调解工作，定期宣传法律知识，引导居民知法、懂法、守法、用法，充分发挥司法规范、引导、服务和保障作用，使司法服务触角得到延伸，促进基层社会和谐和社会信用体系的构建。

4. 科技助力，高效治理

科技助力基层治理，实现信息共享、即时高效。与我国以往"无讼社区"的建设试点相比，大邑县创新性地引进科技手段，推进社区服务方式智能化，利用物联网、云计算、移动互联网等信息科技，综合运用政府信息平台，对全域内突发情况、居民纠纷、矛盾冲突等实行动态监控，让问题早发现、早报告、早解决；其"智慧社区"平台也植入了智慧党建、政务、物业、安防、康养、公共服务和指挥调度中心7大功能，实现了民生服务和社区治理的科技化。

5. "无讼"先行，社区善治

基层社区治理是"党委领导、政府负责、社会协同、公众参与、法治保障的社会治理体制、共建共治共享社会治理格局"的重要组成部分。大邑县以基层矛盾调解为工作导向，更以社区治理为全局目标，促进治理格局新发展，完善三治融合的社区治理机制；并贯彻社会主义核心价值观，遵循道教文化和"无讼"传统，将乡村民俗和优良传统融入矛盾纠纷源头预防，推动社区民主自治；同时，成立"大邑矛盾纠纷多元化解培训学校"，为纠纷调解培养新的力量。在"无讼"建设的同时，放眼社区善治，营造社区治理新氛围，其成效与总书记"深入推进社区治理创新，构建富有活力和效率的新型基层社会治理体系"的指导高度契合。

五 课堂安排

本案例拟用3学时完成。由教师引导，针对不同学生情况，实施不同的教学计划：

A方案：针对缺乏相关工作经验的本科生、全日制硕士研究生，可采取课前阅读和制作PPT演示文稿、课中分组讨论和PPT展示及课后巩固复习的模式。

B方案：对于MPA，由于学员在岗位、职业、行业、专业背景等方面的差异较大，可灵活采取课前预习、课堂讨论、课后回顾的方式进行教学。

两种课堂教学安排，具体如下：

A方案	B方案
课前（6小时）：阅读相关文献，查找资料（含相关的视频）（3小时），小组讨论（2小时），制作PPT（1小时）	课前（3小时）：阅读相关文献（2小时），查询资料（1小时）
课中（180分钟）：小组PPT演示（60分钟）—分组讨论（60分钟）—知识梳理（35分钟）—问答和机动（25分钟）	课中（180分钟）：小组讨论（60分钟）—观点分享（40分钟）—小组辩论（50分钟）—核心知识点梳理和理论提升（20分钟）—问答和机动（10分钟）
课后（120分钟）：复习和巩固（20分钟）—寻找课堂上未提及的新知识点或问题（40分钟）—写出案例分析报告和发现的知识增长点（60分钟）	课后（90分钟）：复习和巩固（10分钟）—结合自身工作经历，寻找新知识点（20分钟）—写出案例分析报告和发现新的知识增长点（60分钟）

六　其他教学支持

教室需黑板、电脑、投影设备等，确保播放软件稳定运行。

参考文献

[1]〔美〕埃莉诺·奥斯特罗姆：《公共事物的治理之道》，上海三联书店，2000。

[2] 陈家刚主编《基层治理》，中央编译出版社，2015。

[3] 陈建平、郑逸芳、阮晓菁：《"为民治理"：坚持以人民为中心的基层治理实践创新——基于闽域村治典型经验的分析》，《中国行政管理》2019 年第 12 期，第 142～143 页。

[4] 陈天祥、叶彩永：《新型城市社区公共事务集体治理的逻辑——基于需求—动员—制度三维框架的分析》，《中山大学学报》（社会科学版）2013 年第 3 期，第 147～162 页。

[5] 季丽新、陈冬生：《自治、法治、德治相结合的乡村治理体系生成逻辑及其探索》，《中国行政管理》2019 年第 12 期，第 71～74 页。

[6] 李剑：《地方政府创新中的"治理"与"元治理"》，《厦门大学学报》（哲学社会科学版）2015 年第 3 期，第 128～134 页。

[7] 汪锦军：《合作治理的构建：政府与社会良性互动的生成机制》，《政治学研究》2015 年第 4 期，第 98～105 页。

[8] 吴晓林、谢伊云：《国家主导下的社会创制：城市基层治理转型的"凭借机制"——以成都市武侯区社区治理改革为例》，《中国行政管理》2020 年第 5 期，第 91～98 页。

[9] 熊易寒：《国家助推与社会成长：现代熟人社区建构的案例研究》，《中国行政管理》2020 年第 5 期，第 99～105 页。

【第七讲】 机制重设助推社区治理创新

——基于成都市金牛区社区提案工作机制的观察

摘　要：社区是国家治理最为基层的空间，然而，长期以来形成的自治细胞不够活跃、社区自治土壤板结、社会力量参与长效动力不足等问题使得社区治理创新后续动力不足，严重制约着城乡社区治理的发展。成都市金牛区通过居民自治、三社联动、多元共治等创新手段，突破了治理创新的瓶颈，持续打造社区治理创新的升级版。为更广泛地发动居民参与社区治理，构建人人有责、人人尽责、人人享有的社区治理共同体，2019年，成都市金牛区探索建立党建引领的社区提案工作机制，以社区提案为杠杆，社区、社会组织和社工三社联动，共同发力，为推进城乡社区治理体系和治理能力现代化提供了鲜活样板。本案例以社区提案工作机制为突破口，对其进行历时性观察，探究社区治理持续创新的动力机制，并通过重点呈现金牛区在社区治理持续创新进程中理论、实践和制度三者之间的互动，来探求当前治理创新危机的破解之道。通过本案例，不仅可以引导读者对网络化治理理论、协同治理理论、社区治理理论等相关理论做更加深入的理解，还能启发读者进一步思考社区治理创新背后蕴含的国家治理的转型、社会共同体的生成与国家—社会关系的转变。

关键词：社区治理；社区提案工作机制；社区自治

案例介绍

引言

改革开放以来，随着经济体制与社会体制改革不断深入，我国以单位制为主的社会结构逐渐解体，并催生了社区制的发展。1987年，民政部倡导在城市开展以民政对象为服务主体的"社区服务"①,"社区"概念第一次进入中国政府管理的议事日程。此后,中国城乡社区发展的内涵不断拓展至社区建设、社区管理和社区治理。国家治理的价值关怀与最终归宿都落脚于社区及其居民,社区治理是国家治理的基层逻辑。② 2017 年 6 月 12 日,为全面提升城乡社区治理法治化、科学化、精细化水平和组织化程度,促进城乡社区治理体系和治理能力现代化,中共中央、国务院颁布了《关于加强和完善城乡社区治理的意见》(中发〔2017〕13 号)。③ 这是我国城乡社区工作领域中第一个由党中央和国务院联合发布的纲领性文件。文件明确指出了城乡社区是社会治理的基本单元,提出了我国城乡社区治理的总体要求,规定了完善社区治理体系、提升社区治理能力、补齐社区治理短板等方面的内容。这一文件是对社区建设新治理观的深入阐释,开创了我国社区治理实践的新纪元。党的十九大报告进一步指出,要加强社区治理体系建设,推动社会治理重心向基层下移,发挥社会组织作用,实现政府治理和社会调节、居民自治良性互动,打造共建共治共享的社会治理格局。然而,长期以来形成的自治细胞不够活跃、社区自治土壤板结、社会力量参与长效动力不足等问题仍然严重影响着城乡社区治理的发展。破解社区自治和推进多元共治成为基层政府推进社会治理体系和治理能力现代化的突出难题。

党的十八届三中全会以后,成都市金牛区积极响应中央号召,在探索社区治理体系和能力现代化的实践中,不断推陈出新,催生了一系列社区治理创新的典型案例,持续助推国家治理体系和治理能力的现代化。成都市金牛区在推进社区治理持续创新的过程中如何克服"创新不断、治理脱靶"的后续动力危机?其创新动力何以维系?其创新经验有何不同?本案例以成都市金牛区社区提案工作机制为突破口,对其进行历时性观察,探究社区治理持续创新的奥秘所在。

---

① 夏建中:《从街居制到社区制:我国城市社区 30 年的变迁》,《黑龙江社会科学》2008 年第 5 期,第 14~19 页。
② 宋道雷:《国家治理的基层逻辑:社区治理的理论、阶段与模式》,《行政论坛》2017 年第 5 期,第 88~93 页。
③ 《中共中央 国务院关于加强和完善城乡社区治理的意见》,中国政府网,2017 年 6 月 12 日,http://www.gov.cn/xinwen/2017-06/12/content_5201910.htm。

一 前奏：交子故里话金牛　治理创新拔头筹

（一）金牛素描：科贸繁荣的"中心轴"

金牛区位于成都市主城区西北面，总面积108平方公里，辖13个街道和1个省级工业开发区，常住人口127万，是成都市市区中人口最多、商贸最繁荣、经济最活跃的中心城区，是全国领先"职务科技成果混合所有制改革"策源区、全省唯一"国家可持续发展"先进示范区。金牛区地处成德绵经济带的起点和天府大道"百里中轴线"北中轴的核心位置，拥有西南最大的铁路枢纽成都火车站，是轨道交通规划站点最多的主城区。拥有西部唯一的"国家级市场采购贸易方式"试点，将打造成为泛欧泛亚进口商品展示和出口商品集散中心。拥有可利用土地3万余亩，是土地资源最丰富的主城区。拥有市场主体31万户，总量位列全省区（市）县第二。金牛区是成都商贸市场、科研院所最为集中的区域，拥有全国闻名的荷花池市场、全国唯一覆盖全产业链的轨道交通产业园、西部规模最大的商品综合交易平台——成都国际商贸城、西部第一个以"北斗"为主题的地理信息产业园，拥有全省首个"中国工业大奖"和中医药、五金机电两个"国家级指数"。

（二）魅力金牛：幸福爆棚的"风向标"

金牛魅力源自厚重的历史文化。金牛区是天府文化发端的根基，境内有以金沙遗址为代表的古蜀文化遗址，有见证巴蜀文明与中原文化开放融合的金牛古道，有中国第一个科学考古发掘的皇帝陵前蜀永陵。老官山出土的汉代提花织机模型达到了蜀锦技术的巅峰，延续1000多年的九里堤开创了成都"两江环抱"的城市格局，世界最早纸币交子制造地净众寺蕴藏着厚重的历史文化。

金牛魅力也源自条件优渥的地理环境。金牛区上风上水，天回山、凤凰山"两山作屏"，府河、沙河等"八水润城"，环城生态区21.7平方公里，河流总长230.3公里。拥有中国唯一一座以露天音乐为主题的地标性城市公园——成都露天音乐公园、西部地区规模最大的现代主题公园——华侨城欢乐谷、全省最大的园林别墅式宾馆——金牛国宾馆、成都主城区容纳观众人数最多的国际体育赛事场馆——凤凰山体育中心，是主城区自然生态最好的区域。

当前，金牛区正以"提档升级、提质增效、完善功能、优质服务"为方向，努力"提升金牛品质、打造金牛品牌、重振金牛雄风"，加快成为美丽宜居公园城市的"中优提质典范区"。

（三）典范金牛：汇聚创新符号的社区治理

社区是社会的基本单元，是创新社会治理的基础平台。金牛区现有社区110个，院落2368个，居民小组1390个，社区数、院落数、居民小组数均居全市前列。这个社区数量如此之多的区域，社区治理发展情况如何？2016年11月11日，2016年全国创新社会治理典型案例颁奖典礼暨经验交流会在天津举行。当天，成都市金牛区实行社区网格化服务管理经验成果荣获2016年"全国创新社会治理最佳案例"。这项殊荣，无疑证明了金牛区在探索社会治理方面取得的巨大成绩。不仅仅是"全国创新社会治理最佳案例"，金牛区的社区治理还曾荣获"首批全国社会治理创新优秀地区""首批全国社会工作服务标准化建设示范地区"等国家级荣誉，这标志着这个商贸大区在社区治理工作上已经取得阶段性成效。总之，为打通社会治理的神经末梢，破解社区治理难题，成都市金牛区积极探索，推动社区由"管控为主、简单粗放、单一分散"向"服务为主、精细灵活、多元整合"转变，不仅形成了汇聚创新符号的金牛特色和金牛模式，更是成为全国社区治理的优秀典范。

二 上篇：守成容易创新难 牛气冲天未可知

（一）昔日的辉煌：社区治理创新后浪推前浪

1. 全国首创"社会治理公民议事委员会"

小区流浪猫狗多了，找谁？院子里公共凳子坏了，找谁？这些事关居民生活的"小事"，往往就是大家所关心的大事。2014年，针对传统社会管理中存在的管理成本高、管理手段被动及群众参与度低、积极性不高等问题，金牛区在全国首创"社会治理公民议事委员会"。作为成都市第一个街道层级上的群众议事决策机构，其围绕"充分发挥群众主体作用，坚持民主协商共同治理"的思路，创新建立了以"一个核心、三项制度、七类放权"为基本内容的工作机制。

2014年9月，公民议事委员会首先在金牛区黄忠街道筹备进行。从居民中选出一些成员组建成公民议事会，专门收集居民反映的问题并予以解决，无法解决的向街道办反映。按照"全域覆盖、全员参与"原则，将辖区划分为31个网格，把社会治理主体扩大到辖区单位、企业商家、社区群众。从数百名报名者中层层选举产生35名委员，推选出5名包括律师、教师、公务员、退休人员在内的议事会常设机构成员，负责日常工作，不拿分文报酬。时任议事会主任感叹道：事很小，但没人去争取，问题就解决不了。议事会这个平台就是调动大家来议事、议大家的事，实际上也成了沟通单位与居民的一座桥梁。①

自公民议事委员会成立以后，中央、省市多家媒体对其进行了深度报道。黄忠街道获得"全国安全社区"和成都市"三星级平安街道"称号，金牛区荣获"首批全国社会治理创新优秀地区"称号。此外，来自山东、重庆的数十批考察团对金牛区公民议事委员会也进行了参观学习。

2. 区域带头探索"社区网格化"服务管理

入户走访、意见收集、院落巡逻、发放通知、纠纷调解……这是金牛区1400多名社区网格员每天平常而重要的事。每个月，他们都会登门拜访数百家居民，收集、报送各类群众信息上百条。2015年以来，为了顺应民众期盼，系统解决城市转型、社会转轨的历史"欠账"问题，有效打通联系服务群众"最后一公里"，金牛区委审时度势、精准发力，全面施行了以社区网格化服务管理为核心的系列配套改革举措，出台了《关于创新社会治理全面实行社区网格化服务管理的实施意见》及相关配套文件。按照"街巷定界、规模适度、方便管理、无缝覆盖"的原则，结合原有的各类管理服务网格，全区108个社区科学合理划分为998个网格，每个网格指定一名负责人。社区工作站实行AB岗，A岗位为网格责任区域，B岗位负责劳动、计生、残联等专项业务工作，并按照"一格一员"的原则，核定了1438名社区专职工作者，实实在在为社区居民服务。从原来等"客"上门，到现在下沉社区问需服务；从原来的业务条块分割，到现在网格员"一把抓"再"带回家"分类处理，社区网格化服务大大提高了居民反映问题的响应速度。功夫不负有心人，在2016年全国创新社会治理典型案例颁奖典礼上，金牛区社区网格化服务管理经验成果入围"前十"，获选2016年"全国创新社会治理最佳案例"。

---

① 《金牛黄忠街道搭建"基层协商大平台" 首创"街道公民议事会"》，成都热线，2016年10月14日，https://www.cdrx.net/cdrx/news/2016/10/14/60868_1.shtml。

3. 省域率先启动"百千万"工程

2017年9月，金牛区社区发展治理"百千万"工程在四川省率先启动，以人本需求为导向，以院落治理为重点，创新开展社区发展治理"百千万"工程，探索构建符合国家中心城市特点和规律的社区治理体系的金牛路径。金牛区计划用3年时间，评选100个治理示范院落，建设1000支示范院落骨干队伍，实施10000个群众参与的院落"微治理"示范项目。为加快推进社区发展治理"百千万"工程，金牛区还重点实施示范院落评选、院落队伍提能、四级社会组织建设等七大行动（见图1）。金牛区相关负责人介绍："通过'百千万'工程，加快实现'策由民定、事由民理、权由民用'的院落居民自治管理新方式，努力构建'人人参与、人人尽力、人人共享'的高品质和谐宜居生活社区。"此外，金牛区充分链接社会资源，建立35支社区基金，并在全市率先建立了街道基金；创新打造四级社会组织体系，荣获了"2018全国创新社会治理最佳案例"；社区发展治理"百千万"工程获评"2017民生示范工程"。

图1 社区发展治理"百千万"工程七大行动

实施100个"微幸福"示范院落评选行动
3年时间评选100个"微幸福"示范院落

实施1000支院落"微团队"提能行动
建立1000支"能干事、会干事、干成事"的院落骨干队伍

实施10000个院落"微项目"营造行动
完善社区文化、教育、养老等各类公服设施，引导居民参与院落公共事务

实施院落治理智慧引领行动
建立院落治理智库，不断推进理论创新、实践创新、制度创新

实施院落治理创优争先行动
申报2018至2020年度的国家级创新社区治理实验区

实施四级社会组织建设行动
2020年，辖区内所有街道、社区、院落实现社会组织全覆盖

实施社区基金建设行动
2020年，基本实现社区基金全覆盖，并打造1家以上全国知名的社区基金会

资料来源：《创新社区发展治理的金牛路径》，中国网·锦绣天府，2017年9月21日，http://sc.china.com.cn/2017/kejiao_zixun_0921/245851.html。

（二）今日的惆怅：创新动力何以维系

1. 路径依赖问题初显

按常理来说，金牛区有着以上如此硕果累累的社区治理成绩，下一步继续推进社区治理"百千万"工程应该是更加胸有成足和镇定自若，然而，金牛区却发现创新动力逐渐减少，社区治理似乎进入瓶颈期。

作为成都市最早建成的中心城区，金牛区现有居民小区 2077 个，其中 80% 的小区建于 2000 年以前，小区物业覆盖率 34%，院落自治组织覆盖率 65%。由于小区类型丰富，即使近年来多次创新社区治理模式，实际的治理压力仍然较大。如何进一步激发社区自治、撬动多方主体参与社区治理、促进多元共治成为金牛区较长时期的治理难点和重点问题。根据多个小区的治理实践来看，以往的经验要么形成固定效应，不再进一步纵向扩散治理经验，要么"昙花一现"，仅在短时期内发挥作用，长效机制并未凸显。因此，金牛区在社区治理的进一步创新和长效机制的保障上，开始隐约显示出路径依赖的特征，即在以往制度和经验的基础上循环反复，最终趋于停滞。

2. 社区治理创新动力不足

作为社区治理创新领域的"佼佼者"，金牛区也面临自身不断创新带来的新烦恼。由于创新点不易把握、创新成果不易复制、政绩生产压力过大等原因，金牛区政府发现社区治理创新也会表现出自发性、零散性、无序性的特征。社区治理的发展既没有突变式的发展，也没有渐进式的增长，而是处于不断自我复制与精细化的状态，逐渐形成了一种约束机制，若是长此以往，便会导致社区治理偏离其本质目标。因此，如何发挥治理创新带来的正向效应，降低乃至避免创新的负面后果，找到撬动关键主体即居民参与社区治理的重要支点，进而持续推进积极的创新动力，是金牛区地方政府在社区治理创新实践里亟待解决的现实问题。

（三）破创新之冰：社区提案续动力

若要突破社区治理困境，遏制当前还未成为"后患"的社区治理路径依赖和治理创新动力不足，就必须寻求改变，"吃老本"行不通。金牛区开启了新一轮创新征程。经历了地方先行探索、模仿学习和统筹推进三个阶段，金牛区以党建引领的社区提案工作机制为创新点，交上了一张社区治理创新的满分答卷，再一次因地制宜探索了贴合"金牛烙印"的社区治理新模式。

1. 扎根基层：社区提案从中来

2016年9月3日，环行黄忠街道辖区5.2公里的1123路社区巴士如常运行。"每天发车100趟，每趟走22分钟，有14个站。"72岁的金沙社区居民李大妈对此了如指掌，从2016年起，她和坝坝舞友们便经常坐1123路社区巴士在约定的地点集合。而在社区公交开通的背后，正是强大幕后推手——"黄忠街道社会治理公民议事委员会"的功劳。

过去由街道党政会议议决的城市建设、城市管理、公共服务、社会管理、民生事项、基层党建、作风建设等7大类21项事项，现在将以"权力清单"形式交由公民议事会进行协商讨论。这一全国首创的新鲜事物，实质性地赋予了公民议事会辖区重大事项的"初始动议权"，扭转了过去几十年老百姓在"全能政府"之下形成的"等靠要"思想，真正把属于自治的空间让渡了出来。

而此时，正在为如何撬动居民深度参与社区治理而头疼的金牛区社区治理调研小组，因为这个"公交事件"，似乎醍醐灌顶——居民关心的事可以自己推动解决。不过，该如何将这个脑海中的设想转化为实践呢？调研组陷入了思考，但议事会的存在早已在他们心底埋下一颗扎根基层创新的种子……

2. 他山之石：模仿学习思路开

2018年伊始，恰逢民政部启动运用发现机制开展申报认定"全国社区治理和服务创新实验区工作"，作为社区治理创新的"头部选手"，金牛区自然不愿缺席，随即组织专项申报小组开展调研，联络高校学者和各界专家进行"头脑风暴"，力求找到既符合金牛现实情境又体现金牛创新治理风格的申报主题。

通过广泛调研和长久思考，在现有公民议事委员会基础上，融入对社区发展阶段性和趋势的判断，金牛初步提炼出把社区提案制度作为金牛区实验区主题的方案。进一步而言，社区提案不同于"两代表一委员"的政治协商，其涉及的协商属于基层协商范畴，是公共利益协商。[1] 金牛区民政局负责人介绍：我们发现公民议事委员会在社区公共议题方面有广泛的适用性，经过深入调研和思考，决定把它提升到社区提案制度层面。[2]

3. 提即题：上下联动齐配合

有了社区提案制度的想法后，如何将社区提案与当前金牛区的"百千万"

---

[1] 参见金牛区提供的《党建引领的社区提案工作机制指导手册》。
[2] 张红霞：《成都市金牛区："社区提案"协商身边的公共事务》，川观新闻，2019年9月4日，https://cbgc.scol.com.cn/news/173456。

工程联系起来？如何在公民议事委员会的基础上进一步融合社区提案制度？如何将社区提案作为撬动社区治理创新的新引擎？这一个个问号不断拷问着金牛区的社区治理实践。提即题，为落实社区提案制度的运作机制和长效机制，金牛区多次邀请社区治理知名学者、相关社会组织负责人和基层政权人士召开专题研讨会，进一步理清社区提案的作用、机制和逻辑。最终，在复旦大学、上海外国语大学、成都理工大学学者参与下，社区提案制度进一步充实为党建引领下的社区提案工作机制，并正式将其作为创建2018至2020年度"全国社区治理和服务创新试验区"的申报主题，进一步上升为国家层面的探索。

具体而言，金牛区构建区—街道—社区—小区（院落）四级社区提案体系（见图2），明确各级党组织在平台搭建、提案形成和监督落实等环节的

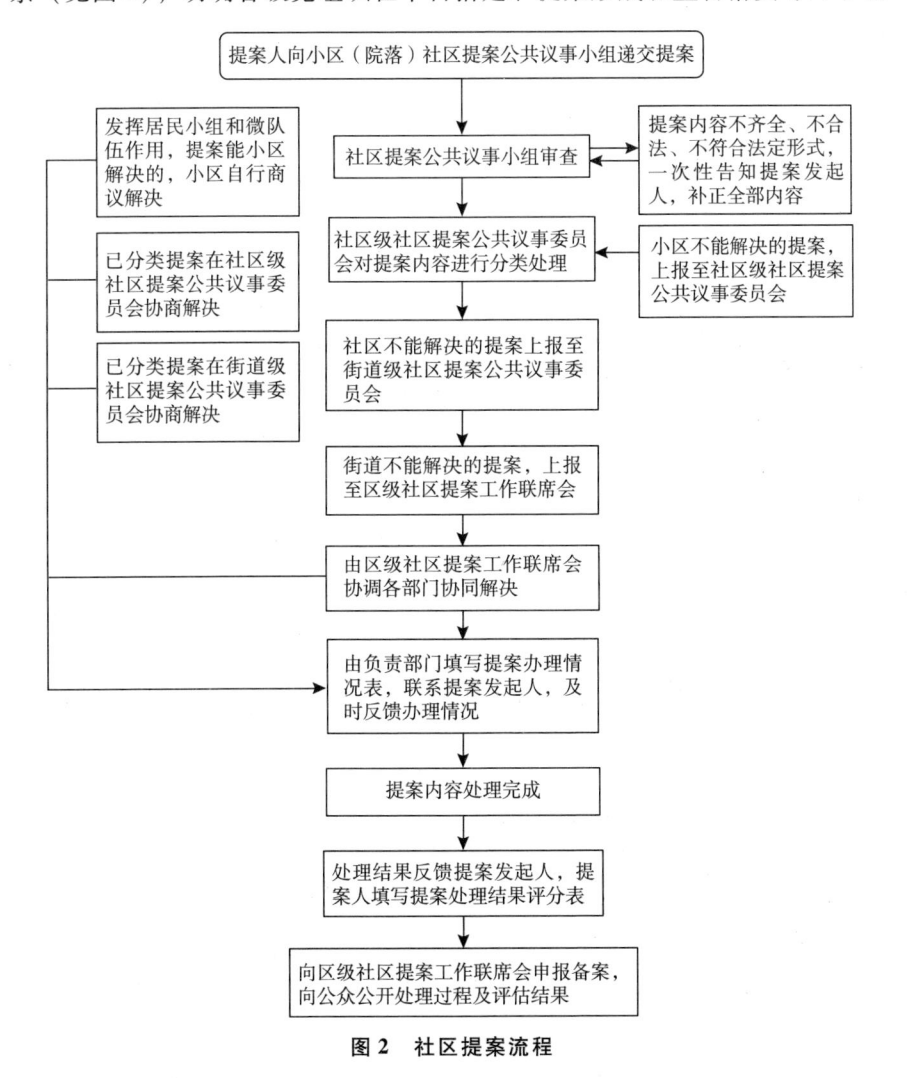

图 2　社区提案流程

统筹引领作用，由居民15人联合提名或是社区内的机构、社会组织、学校等提出提案，对绿化、建筑、治安、环境卫生等公共议题发起讨论，根据议题的难易程度从院落一级往上推，提案人全过程参与，直至问题解决。

三 中篇：忽如一夜春风来 四面开花尽欢颜

（一）打响第一炮：又获中央肯定批复

2019年3月25日，第四批创建"全国社区治理和服务创新实验区"名单出炉，一个振奋人心的好消息传来：经过地方申报、遴选、专家论证等环节，民政部正式批复金牛区为"全国社区治理和服务创新实验区"实验单位，实验主题为"探索建立党建引领的社区提案工作机制"，实验周期为2年。为了迎接这一天，金牛区已经准备了近两年。站在基层治理创新的新起点，中央的肯定与认可为金牛区实践社区提案工作机制注入了强心剂，极大地增强了金牛区以一往无前的冲劲将社区治理创新转化为实践。为确保实验工作顺利完成，金牛区高度重视，立即成立以区委书记为组长，区委副书记、区长为副组长的实验区创建领导小组，统筹谋划金牛区社区发展治理和服务创新工作，并将创建工作纳入区委、区政府重点工作。

（二）多方共建：持续推进优化提案

1. 中央的政策支持

金牛区正式入选全国社区治理和服务创新实验区后，探索建立党建引领的社区提案工作机制的实验主题得到民政部的政策指导和支持。2019年5月15日，民政部基层政权建设和社区治理司陈司长率调研组专门到金牛区调研，观摩实验区建设活动，剖析问题，提供指导。其先后走进金牛区黄忠街道金沙公园社区党群服务中心和黄忠街道公共事务议事委员会，察看了基层党建设施建设情况，详细了解金牛区党建引领社区提案工作机制。调研组对金牛区实验区创建提出了三点要求：一是以创建全国社区治理和服务创新实验区为抓手，引导居民对公共事务的关注，对于市民关注的重大事项、重大问题，建立上下联通、左右联动的机制；二是要结合信息化社会的要求，通过微信、公众群等建立线下线上诉求快速反馈等机制，给居民方便的参与渠道；三是要按照创建时间节点，联动多方力量，高标准有序推进，通过2年实验时间，为社区协商提供更加务实有效成果，为全国推进城市社区治理体系和治理能力现代化提供鲜活样板、贡献金牛力量。不仅如此，民政部还保持持续关注，不定时派送社区治理和服务创新实验区的专家组对金牛区的实验区建设进行跟踪指导。可以说，民政部的"锦囊妙计"为金牛区进一步推进社区提案工作机制提供了"超长续航"的能量补给。

2. 国内外专家的智力支持

同时，向"智囊团"的国内外社区治理专家们借智借脑，是金牛区在社区治理建设中常用的工作办法之一。金牛区依托高校、科研院所和全市首个"社区院落骨干培训基地"，联动国内外专家学者，积极召开外聘专家研讨会，为实验区创建提供强有力的智力支持和人才供给；率先在成都建立院落治理智库，定期召开"社区（院落）治理协商峰会"，不断完善实验方案。例如，2019年4月17日，金牛区民政局召开成都市金牛区社区发展治理"百千万"工程暨建设"全国社区治理和服务创新实验区"专家座谈会，就建设"全国社区治理和服务创新实验区"方案进行了探讨。座谈会现场，社区治理专家结合自身研究经验和专长就探索建立党建引领的社区提案工作机制进行了进一步的讨论和构思。成都理工大学社区研究中心负责人对此高度评价：社区提案最大的价值在于推动居民由"我提出、你办理、我受益"向"我主张、我参与、我推动"转变，提升居民责任意识。①

（三）由点及面：从"试验田"向全域扩散

1. 试点方案出炉

2019年6月18日，经过多方共建和持续打磨，社区提案工作机制变得更加完善，金牛区政府初拟"1+N"配套文件，印发《金牛区创建"全国社区治理和服务创新实验区"实施方案》（金牛委办文〔2019〕53号，下文简称《方案》）。根据《方案》，金牛区将在两年内创建实验区，包括"四个创新"和"十大行动"。而当万事俱备，只欠东风时，选择哪些试点区域，又成为一个令人纠结的问题，因为既要保证代表性又要突出未来试点的成效显著性。通过对全区社区治理的综合考量，金牛区最终确

---

① 《分流议事 社区提案 成都金牛区营造社区民主协商新场景》，人民网，2020年7月22日，http：//sc.people.com.cn/n2/2020/0722/c379469-34176068.html？from=singlemessage。

定在 2019 年选择 5 个街道（抚琴街道、驷马桥街道、荷花池街道、营门口街道、黄忠街道）进行全域试点，10 个社区（其余街道推荐上报的 1 个社区）进行单个社区局部试点。谈到当时的评选标准，成都市社会组织联合会工作人员小谭介绍说："金牛区在最初选择试点社区和街道时，主要考虑的是社区本身基础、参与积极性和社区领导的重视程度这三个方面，三管齐下，综合评定。"

(1) "四个创新"引领

《方案》以"四个创新"引领，包括提案征集平台创新、提案推进机制创新、社会力量体系创新和协商机制融合创新。具体如下：

提案征集平台创新。一是创新建立社区提案基层协商民主，建立居民自治议事机构——公共事务议事委员会（简称"公议会"）。二是搭建"互联网+"基层社区提案平台。三是筹建社区基金（会）作为补充的基层社区提案平台。

提案推进机制创新。一是建立基层社区提案分拣、信息公开机制。二是建立基层社区提案居民骨干常态化教育机制。三是建立基层社区提案院落评选机制。

社会力量体系创新。一是建立基层社区提案四级社会组织体系。二是培育扶持本土社区社会（自）组织。

协商机制融合创新。按照"协商于民、协商为民"的要求，调动多元力量参与，广泛收集基层提案，寻找、寻求、寻到群众意愿要求的最大公约数，促进社区协商、政协协商、政府协商的有效衔接和深度融合。

(2) "十大行动"加持

《方案》以"十大行动"加持，包括党建引领、组织创新、流程再造、社会培育、智慧提案、能力实训、社区基金、提案竞赛、机制融合、全程研究行动。

在党建引领行动中，充分发挥各级党组织在基层协商中的领导核心作用，统筹推进职能部门、街道编制社区协商清单，创新建立"两代表一委员"融入社区提案工作机制和党员参与社区公共事务常态机制。

在组织创新行动中，着力发挥汇集公共议题、审议和分拣社区提案、参与事务协商、落实社区提案、共建美好家园的作用。例如，金牛区黄忠街道欣民苑在组织创新行动中就进一步实践了党建引领的社区提案工作机制（见图 3）。

在流程再造行动中，着重从扩大社区提案来源、加强社区提案审议、

【第七讲】机制重设助推社区治理创新

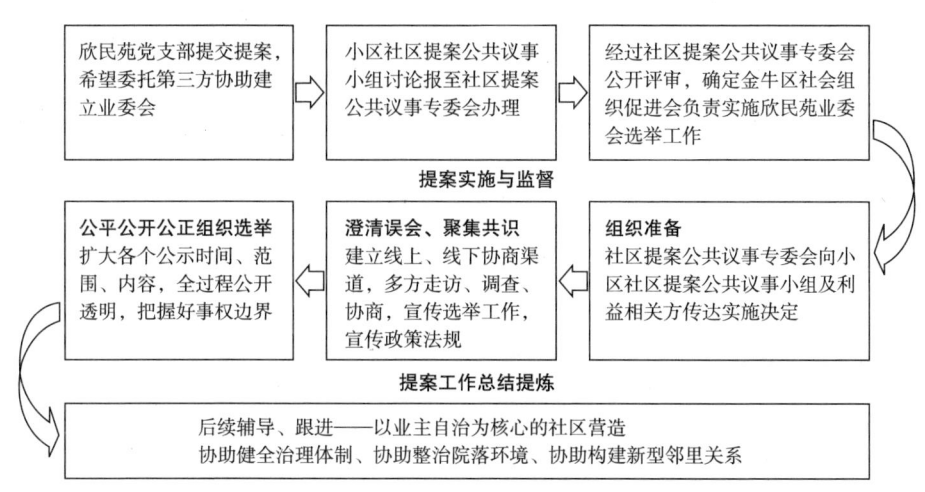

```
┌─────────────────┐    ┌─────────────────┐    ┌─────────────────┐
│ 欣民苑党支部提交提案,│ => │ 小区社区提案公共议事│    │ 经过社区提案公共议事专委会│
│ 希望委托第三方协助建│    │ 小组讨论报至社区提案│    │ 公开评审,确定金牛区社会组│
│ 立业委会        │    │ 公共议事专委会办理 │    │ 织促进会负责实施欣民苑业委│
│                 │    │                 │    │ 会选举工作        │
└─────────────────┘    └─────────────────┘    └─────────────────┘
```

提案实施与监督

```
┌─────────────────┐    ┌─────────────────┐    ┌─────────────────┐
│ 公平公开公正组织选举│    │ 澄清误会、聚集共识│    │ 组织准备        │
│ 扩大各个公示时间、范│ <= │ 建立线上、线下协商渠│ <= │ 社区提案公共议事专委会向小│
│ 围、内容,全过程公开│    │ 道,多方走访、调查、│    │ 区社区提案公共议事小组及利│
│ 透明,把握好事权边界│    │ 协商,宣传选举工作,│    │ 益相关方传达实施决定│
│                 │    │ 宣传政策法规    │    │                 │
└─────────────────┘    └─────────────────┘    └─────────────────┘
```

提案工作总结提炼

```
┌─────────────────────────────────────────────────────────────┐
│ 后续辅导、跟进——以业主自治为核心的社区营造                   │
│ 协助健全治理体制、协助整治院落环境、协助构建新型邻里关系     │
└─────────────────────────────────────────────────────────────┘
```

图 3 黄忠街道欣民苑党建引领的社区提案工作机制流程

细化社区提案类别、强化社区提案分拣、督促社区提案落实、增强社区提案反馈等方面全面优化社区提案流程（见图4）。

在社会培育行动中，建立社区提案四级社会组织体系，并将社工专业力量引入社区提案中。据金牛区社会组织联合会工作人员小谭介绍，在智慧提案行动中，金牛区已建立社区提案受理、分拣、办理为一体的线上平台（微信小程序），集成社区提案信息征集、发布、管理、反馈为一体的信息系统，提供方便、快捷、有效服务。

在能力实训行动中，通过专家讲授、互动沙龙等方式，开展系列主题培训，提升社区提案主体能力，培养一批"想干事、能干事、干成事"的社区提案骨干队伍，引导居民有序参与社区公共事务。

在社区基金行动中，试点街道、试点社区全面建立社区基金，其余街道、社区按照每个月建立5个社区基金的方式推进，用社区基金撬动更多社区资源和力量参与社区提案活动，进一步创新社区提案资源聚集方式。

在提案竞赛行动中，开展区、街道、社区三级社区提案大赛，形成一批社区提案示范案例，通过以评促建广泛调动全区各种力量参与社区提案工作的积极性，着力营造人人参与、人人尽力、人人共享的社会氛围。

在机制融合行动中，以社区提案为抓手，推进街道协商、社区协商、小区协商、院落协商、社会组织协商等有效衔接和融合，精准高效回应群众生活中的实际问题。

在全程研究行动中，联动高校、科研院所、专业社会力量开展创新实践，全程开展理论研究，形成更多可复制可推广的经验。

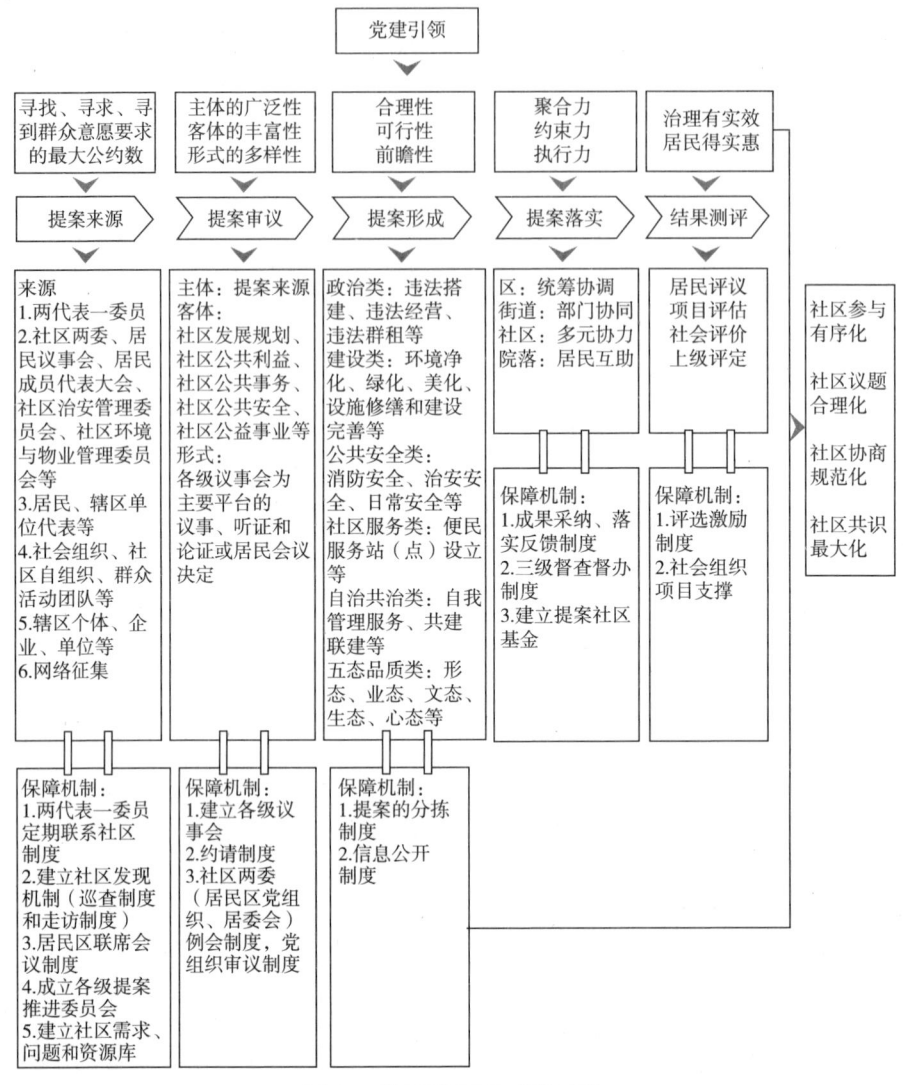

```
                              党建引领
                                 ↓
  寻找、寻求、寻   主体的广泛性   合理性      聚合力      治理有实效
  到群众意愿要求   客体的丰富性   可行性      约束力      居民得实惠
  的最大公约数     形式的多样性   前瞻性      执行力
        ↓              ↓              ↓              ↓              ↓
      提案来源       提案审议       提案形成      提案落实      结果测评
```

来源	主体：提案来源	政治类：违法搭	区：统筹协调	居民评议
1.两代表一委员	客体：社区发展规划、社区公共利益、社区公共事务、社区公共安全、社区公益事业等	建、违法经营、违法群租等	街道：部门协同	项目评估
2.社区两委、居民议事会、居民成员代表大会、社区治安管理委员会、社区环境与物业管理委员会等		建设类：环境净化、绿化、美化、设施修缮和建设完善等	院落：居民互助	社会评价 上级评定
3.居民、辖区单位代表等	形式：各级议事会为主要平台的议事、听证和论证或居民会议决定	公共安全类：消防安全、治安安全、日常安全等		
4.社会组织、社区自组织、群众活动团队等		社区服务类：便民服务站（点）设立等	保障机制：1.成果采纳、落实反馈制度 2.三级督查督办制度 3.建立提案社区基金	保障机制：1.评选激励制度 2.社会组织项目支撑
5.辖区个体、企业、单位等		自治共治类：自我管理服务、共建联建等		
6.网络征集		五态品质类：形态、业态、文态、生态、心态等		

→ 社区参与有序化

社区议题合理化

社区协商规范化

社区共识最大化

保障机制：	保障机制：	保障机制：
1.两代表一委员定期联系社区制度	1.建立各级议事会	1.提案的分拣制度
2.建立社区发现机制（巡查制度和走访制度）	2.约请制度	2.信息公开制度
3.居民区联席会议制度	3.社区两委（居民区党组织、居委会）例会制度，党组织审议制度	
4.成立各级提案推进委员会		
5.建立社区需求、问题和资源库		

图 4 "流程再造"行动实施

资料来源：金牛区政府提供的《党建引领的社区提案工作机制指导手册》。

总的来说，"十大行动"实力护航社区提案工作机制，不仅形成一个全周期管理闭环，助力提案不断升级，还能更加精准、高效地服务于群众，切实解决居民生活中的实际困难和问题（见图5）。

2. 正外部效应凸显

对于社区提案工作机制的试点，金牛区的居民表现出了较高的积极性，从居民中发掘出了有丰富工作经历、有组织带动能力、有公心、愿付出的小区自治管理主心骨。从各试点的实践情况来看，可谓"八仙过海，

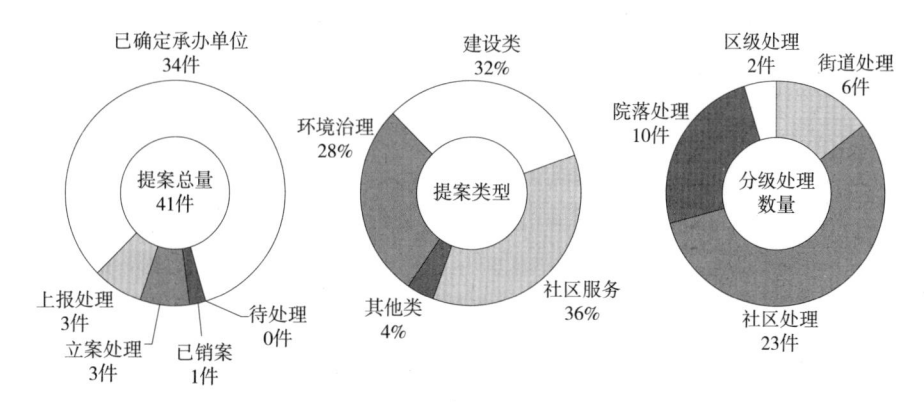

图 5　线上平台社区提案统计

资料来源：2019 年金牛区推进"全国社区治理和服务创新实验区"建设阶段性成果集锦，此处数据截至 2019 年 10 月线上平台提案统计数据。

各显其能"。社区提案工作机制不仅促成社区治理难题的解决，还催生了更多社区治理创新，使得正外部效应不断凸显。

（1）老大难的"噪声瀑布"

"噪声瀑布"发生在金牛区九里堤街道北路社区菁华园。因为地势高差，南堰河与府河交汇处形成了一个两米多高的瀑布。在 2003 年左右，南堰河进行过一次河道整治，当时为了解决水流落差，施工队在河道中修了一道堤坎，完工时堤坎并不高，水流量也小，并没有产生扰人的噪声问题。但经过十几年的冲刷，堤坝下面的河床已被冲坏，造成南堰河排洪渠接入府河出口处形成了一道近两米落差的"小瀑布"，形成了严重的噪声污染问题。全年 365 天，每天 24 小时不间断的噪声，严重影响了居民的工作、学习和休息，尤其在汛期，水量大、水声响。受影响最大的是菁华园 2 栋 5 单元、6 单元和 7 单元的居民。多年来，菁华园小区居民以不同形式向相关部门多次反映过该问题。然而，由于两条河分属市、区两级管辖，谁来消除瀑布又成了问题。

直到 2019 年 3 月，金牛区正式被民政部批复为"全国社区治理和服务创新实验区"，社区提案工作机制正式启动。在此契机下，2019 年 8 月 2～4 日，由九里堤街道北路社区菁华园小区居民徐某作为提案人，付某、曾某、周某、李某、江某等人作为社区提案附议人，向菁华园小区社区提案公共议事小组递交了"排除南堰河出口小瀑布噪声扰民事件"社区提案表。

院落、社区、街道三级提案平台——讨论，一致认为这是一件符合社区提案工作机制的公共事务，便将提案进一步提交到金牛区级平台。2019年10月，由金牛区、成都市两级河长办协调，成都市水利设计院踏勘设计，金牛区住建交局施工，瀑布变平流，这件棘手事得到圆满解决，居民也终于能安然入眠。

与此同时，"噪声瀑布"的顺利解决，激发了九里堤街道北路社区居民的积极性，云庭苑想运用社区基金打造"达人"公共文化空间，交桂巷14个小区想取缔占道经营10余年的农贸市场，一批解决居民生活、公共管理问题的社区提案相继提出。

（2）岌岌可危的"飞线"

居住着220余户居民的马鞍北路8号院是金牛区驷马桥街道恒德路社区选中的试点院落。在恒德路社区党委书记眼里，这个院落集合了社区治理最棘手的元素，不仅情况复杂，还是老旧小区的典型代表。马鞍北路8号院曾是各单位宿舍，转为社区后，居民自治意识较差，共同参与公共事务意愿不强，不管什么事都找社区。此外，老旧小区配套设施落后，居民服务设施不全，缺少活动场地，占道停车问题严重，楼道狭窄。最头疼的是从楼上"飞"下来许多电线和插板，接着一辆辆电动车充电，高峰时达到了16根。这成为院落最大的消防隐患。

居民李阿姨早就不堪"飞线"之扰，认为其既不安全也不美观。因此，当社区在院落宣传社区提案工作机制时，她第一个响应。当李阿姨联合众多居民将整治飞线的社区提案交到社区后，街道安监办、社区民警、党员志愿者等多方介入，开展了宣传动员、入户沟通、现场指导，最终由居民自己动手对院内"飞线"进行了拆除，并以院落筹资形式安装了充电装置，消除了安全隐患。此后，居民们不仅都认识到了"飞线"的隐患，还成为拆除"飞线"的主体，使得马鞍北路8号院"飞线"再也没有反弹。谈到开展社区提案的收获时，恒德路社区党委书记总结：社区提案改变了过去居民只管提问题、社区大包大揽不讨好的尴尬局面，最大的收获，便是提案人参与到问题解决的全过程中，他们对于社区治理有了新认识和新觉悟，更大地唤醒了自治意识。①

在此之前，恒德路社区在院落曾发起了一项大讨论——为社区事、院落事、家里事划线，厘清这三大事务界限，引导居民思考身边的事务处理

---

① 张红霞：《恼人的"飞线"从空中消失 "社区提案"来厘清边界唤起共鸣》，川观新闻，2019年10月31日，https://cbgc.scol.com.cn/news/190070。

原则。遵循"上下互动、民主协商、依法界定"的原则，邀请区级职能部门、街道办事处、社区、院落居民代表共同协商，拟定了"引导式三事分类指导清单"，以法治解决"社区事"、以德治协商"院落事"、以自治化解"家里事"，让以前过度依赖单位的居民学会自主解决问题，成为"会自主呼吸"的小区。可以说，恒德路社区的最大亮点，便是通过社区提案工作机制实践和促进了"三事分流+三治治理"机制的发展，撬动基层自治分层分级、协同处理。

3. 社区提案的触角延伸

2019 年，金牛区首批试点的 5 个街道 10 个社区 25 个小区（院落）联动实施社区提案 58 次，发动引导辖区党员全程参与公共议题协商。社区提案工作机制在试点街道和社区取得了巨大成功，一个个鲜活的社区提案不断解锁着居民的操心事、揪心事、烦心事。2020 年，已初尝甜头的金牛区决定，在全区加快推进党建引领的社区提案工作机制，随即印发《2020 年金牛区全国社区治理和服务创新实验区建设工作方案》（金社创办文〔2020〕1 号）。方案的出台，使得金牛区所辖的 15 个街道有了更好的支撑点，进一步落实党建引领下的社区提案工作机制。社区提案工作机制在金牛区所有社区中的落实，从时间维度来看，其从试点到推广，大致呈现"S"型政策扩散曲线，即初期缓慢增长—中期快速提升—后期趋缓饱和的三阶段渐进政策扩散模式（见图 6）。

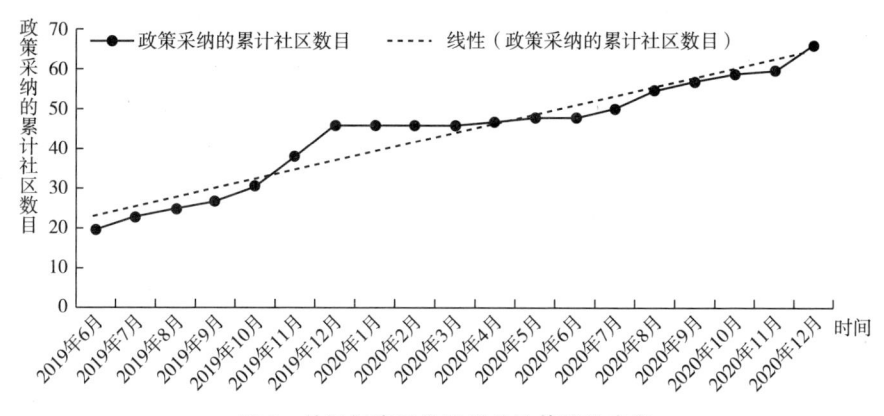

图 6 社区提案工作机制的政策扩散走势

2020 年 4 月 8 日至 10 日，为进一步推动金牛区 2020 年"全国社区治理和服务创新实验区"建设工作，强化对重点社区的指导，金牛区民政局联合成都市社会组织联合会、成都市和谐社区发展促进会和成都第四城文化传播有限责任公司对抚琴街道、茶店子街道、营门口街道等7个街道和抚琴街道西南街社区、茶店子街道金沙公园北社区、营门口街道长庆路社区等12个社区进行示范指导。通过示范指导和交流座谈，形成政策扩散效应，使得社区提案工作机制在金牛区全域进一步下沉，将社区提案的触角延伸到每一个院落，打通政策的"最后一厘米"。

不仅如此，为探索中小学生参与社区提案工作机制，增强学生参与社区公共事务意识，进一步鼓励社会多方参与社区协商，金牛区以社区劳动教育为支点，想方设法撬动学生参与社区治理。结合全国社区治理和服务创新实验区建设、全国中小学劳动教育试验区建设的重点工作，金牛区民政局、教育局在广泛调研基础上，提出了"在社区建立社区劳动教育实践基地，引导学生认识社区、了解社区、参与社区"的社区提案。按照区级、街道级、社区级、小区级社区提案的分类，该提案需要通过区级社区提案联席会讨论协商。2020年5月8日，金牛区区级社区提案联席会召开，金牛区首个区级社区提案——"创建社区劳动教育基地 探索学生参与社区治理"的民政、教育、社会组织、社区、学校等多方主体达成共识，学生社区"劳动护照"评比机制亦获得了通过。这标志着金牛区2020年首个区级社区提案进入了实施环节，也标志着全国首个学生社区"劳动护照"诞生。民政部全国基层政权建设和社区治理专家委员会成员刘建军对此认为：这项创新在于将最有活力的学生通过劳动教育方式与生活的社区产生强关联，是一种巧治理，一旦探索成功，将会深度撬动社区年轻人群深入参与到社区治理中。[①]

四 下篇：金牛自知征程远 不待扬鞭自奋蹄

（一）成效显著："小提案"撬动"大治理"

2019年末，经过半年的试点，金牛区党建引领下的社区提案工作机制在社区发展治理领域取得了丰硕的试点成果，创新性发展的"小院落大民生""深化场景营造精准民生服务"荣获全国"2019年民生示范工程"，"三事分流三治理"实现居民自治被评为全国"2019城乡社区发展治理创

[①] 《创新学生社区"劳动护照" 成都金牛区首个区级社区提案进入实施环节》，四川在线，2020年5月11日，https://sichuan.scol.com.cn/ggxw/202005/57802781.html。

新案例"，这些都标志着金牛区社区发展治理工作取得阶段性成果。截至2020年6月，金牛区通过社区提案工作机制，建立了1个区级社区提案联席会、5个街道社区提案议事委员会、6个社区提案公共议事专委会、12个小区（院落）提案公共议事小组、49支社区基金、580支院落微队伍，解决市民关注的重大社区提案33件。通过"小提案"撬动"大治理"，金牛区以扎根基层、以民为本的治理信念还原了社区治理持续创新的实践样态和动力所在，并通过理论、实践和制度建设的融合，进一步书写了社区治理的优秀答卷。换言之，金牛区充分调动社会各方参与社区协商的积极性和能动性，聚力实现"社区参与有序化、社区议题合理化、社区协商规范化、社区共识最大化"，通过社区提案工作机制，将多元共治的相关主体拧成一股绳，多方共建、多元共促，共同破解社区治理的难题。

（二）地区标杆：金牛经验全国分享

汇聚创新符号的社区治理金牛模式不仅在成都市发挥了良好的示范作用，还成为区域乃至全国学习的标杆，不断向外输送金牛能量和金牛经验。2020年10月30日至11月2日，民政部在四川省成都市举办全国社区治理和服务创新实验区示范培训班。金牛区作为第四批"全国社区治理和服务创新实验区"的典范，向全国实验区介绍了金牛区的典型经验做法：一是聚焦"实验初心"，党组织凝聚多方资源；二是聚焦"实验路径"，多形式满足现实需求；三是聚焦"实验愿景"，打造社区提案示范案例；四是聚焦"实验目标"，持续打造社区治理样板。未来，金牛区将通过经验总结、实践研究、精品塑造、全域实施等举措，逐步健全集社区提案来源、审议、形成、落实、评估于一体的闭合运行链条，充分发挥社区提案在社区治理中的积极作用，切实将实验区建设打造成解决居民问题、提升治理水平的民心工程。

（三）不忘初心：时刻准备整装待发

金牛自知征程远，不待扬鞭自奋蹄。社区是社会治理的最小单元。社区治理体系和治理能力的提升是国家治理体系与治理能力现代化的微观呈现。金牛区将继续不忘初心，时刻准备整装待发，以社区治理创新为着力点，不断破解社区治理难题，优化社区治理体系，提升社区治理能力。

金牛区，一直在路上。

五　结束语：社区治理持续创新永不落幕

国家治理的价值关怀与最终归宿都落脚于社区及其居民，社区治理的优劣直接影响居民的获得感。因此，社区成为国家治理最为基层的空间，社区治理成为国家治理的基层逻辑。金牛区通过引经验、搭平台、强自治，以社区提案为突破，造氛围、解难题。在持续推进治理创新的进程中，可以感受到金牛区政府与社会、学者、居民、社会组织、社会企业的频繁互动，通过持续交流构筑创新与实践之间的桥梁，主动牵头打造社区治理交流平台。通过理论、实践和制度"三管齐下"，金牛区探索的党建引领下的社区提案工作机制取得了巨大的成效。金牛区坚持党委政府、社会单位和居民共同参与，发动群众对身边公共问题、公共事项、公共服务等进行检视，促进社区协商扎实推进；以"居民提案"的社区自治为杠杆，撬动社区、社会组织和社工三社联动，共同发力，是实现基层社会治理从行政化迈向社会化、破除内卷化现象的重要举措，更是补齐城乡社区治理短板、提升社会治理水平的重要抓手。然而，社区提案工作机制并不是社区治理创新的终点，而是金牛区另一个社区治理创新的新起点。对金牛区政府而言，人民对美好生活的向往是社区治理工作的立足点和出发点，不断收集、反映和处理社区群众诉求，是加强和完善社区治理的重要方向。因此，只要人民对开启美好未来篇章充满期待，金牛区社区治理持续创新将永远不会落幕。

思考题

1. 金牛区是如何解决创新动力不足问题的？
2. 金牛区首创的社区提案工作机制的深层逻辑和具体机制是什么？
3. 结合案例内容，谈谈你对社区治理改革或创新未来发展前景的看法。

案例说明书

一　课前准备

（一）教师准备

教师在上课前应预习一下本案例会用到的相关学科的理论知识，并提前一周左右把案例材料发给学生，在课堂讨论本案例前，要求学生至少读两遍案例全文，并针对案例后的思考题进行思考。根据班级人数情况，将学生进行 5~10 人的随机分组，并启发学生围绕所给的案例进行相关的讨论和记录。

（二）学生准备

学生在熟读案例内容后，还应提前预习案例相关的理论知识、政策背景和拓展资料，如我国社区治理的政策变迁、社区治理创新特点、居民自治等方面的内容。在阅读的过程中，对照理论知识发现案例中的问题，并尝试对问题进行解答。

二 适用对象

（一）适用课程

本案例适用于公共政策分析、社区治理、公共管理等课程的案例教学。

（二）适合学生

本案例适用对象为公共管理类专业本科生、研究生和公共管理硕士（MPA）专业学位的学生，还可为从事公共管理工作的有关人员提供公共政策分析的培训。

三 教学目标

通过案例的研读、分析和讨论，培养学生了解事件、分析问题的能力。具体而言，本案例教学目标规划如下：

（一）知识点目标

（1）了解社区治理创新的发展历程，并作出评价；

（2）通过案例中金牛区社区提案工作机制的社区创新实践，分析社区治理发展的瓶颈，讨论社区治理创新中路径依赖和动力不足的原因，探究如何提升社区治理绩效；

（3）探析社区提案工作机制是如何引导居民自治，又是如何推动社区治理共治的实践逻辑；

（4）讨论金牛区在社区治理持续创新进程中理论、实践和制度三者之间的互动，并探寻社区治理的未来发展趋势。

(二) 能力目标

（1）通过案例阅读培养学生分析、思考和梳理问题的能力；

（2）通过案例讨论培养学生语言组织能力、逻辑思维能力和知识迁移能力；

（3）基于案例中金牛区社区提案工作机制的创新探索和对社区治理脉络的梳理，将学生迅速带入场景的模拟与分析讨论中，培养学生在复杂环境中独立思考、分析判断、应变的能力；

（4）通过案例教学培养学生运用公共管理知识解决实际问题的能力。

四　教学内容与要点分析

本案例以金牛区社区治理的创新历程为叙事明线，通过创新实践的梳理来探讨金牛区在理论、实践和制度三者之间的互动。本案例的暗线实则为案例最后的三道思考题。三道思考题遵循层层推进、不断深入的逻辑，按照由现实问题的概括，到本质原因的挖掘，再到对未来发展的思考的顺序进行设置。希望学生通过思考题的训练，锻炼自己的概括能力、分析能力和探索能力，掌握协同治理理论、网络化治理理论，并运用这些理论来解决社区治理及创新过程中遇到的问题。

1. 金牛区在社区治理领域创新不断，但也面临创新动力不足问题，是如何解决这一问题的？

理论知识点：协同治理理论

城市社区治理一方面不断获得多元共治所带来的"红利"，比如很多问题都能在社区中得到解决，强化了源头治理，做到了"小事不出社区"，实现了"矛盾不上交"；另一方面也依然面临诸多瓶颈，比如居委会的行政色彩更为强化，社会组织过于依赖政府，社区治理工作不断复杂化和精细化。社区治理创新是有多面性的。积极的方面是，社区治理更为制度化、程序化和形式化，治理过程变得更加理性、谨慎和精细；消极的方面则是，治理过程更为烦琐和僵化，治理效率却没有得到实质性的提升，甚至陷入低水平重复的恶性循环中去。因此，如何发挥治理创新带来的正向效应，降低乃至避免创新的负面后果，找到撬动关键主体即居民参与社区治理的重要支点，进而持续推进积极的创新行动。

协同治理的理论研究源于善治的探讨。协同治理是政府与非政府部门多元主体共同参与，逐步形成信息共享、风险共担、行动协调的协同治理机制，是一种以追求公共利益最大化为目标的社会管理行为。其中，政府部门因其具备的制度优势与资源优势，在协同治理体系中应发挥主导作用，运用灵活多样的治理方式与规则，建立和谐的多元主体治理体系，最终目标是形成有序可控的治理局面。金牛区在破解社区治理创新的动力危机时，便将社区治理的多元主体通过平台的搭建、制度的保障和实践的策略进行联合，充分促进政府、社区、居民、社会组织、社工、驻区单位的多元合作，推动社区共治。在治理资源上，资源关系到社区协同治理体系的正常运行。社区协同治理的基础就在于多元治理主体的资源能够实现共享。单个主体拥有的信息、资源、权力与社区治理的内容、要求之间不对称，导致治理水平低下。社区协同治理通过协商合作等方式，实现资源共享与整合，合理配置各个主体掌握的资源，真正发挥协同优势。从治理过程上看，协同性体现在两个方面：一是治理方式，在社区协同治理中，治理方式更倾向于遵循社区自身的特点与运行机制，完善治理平台，建立政府、社会力量、居民等主体之间的沟通机制，利用行政化、市场化、民主化等多种方式治理社区公共事务；二是治理规则，规则存在的目的在于维持与促进协同治理体系的高效运转。

2. 金牛区首创的社区提案工作机制的深层逻辑和具体机制是什么？

理论要点：网络化治理理论

具体分析：金牛区提出的社区提案工作机制充分将前端的居民参与撬动起来，通过其他相关治理主体的合作达成社区治理绩效的提升，实现公共利益和公共价值。网络化治理理论由美国学者斯蒂芬·戈德史密斯和威廉·埃格斯于 2004 年提出，在此基础上产生了"网络化治理"这一新型治理模式。网络化治理模式是公共管理新形态在理论与实践上的有益探索。这一治理模式为多元主体参与公共治理提供了一个结构性基础。在这种网状治理结构中，政府可以综合自身、社会、公众等众多主体的力量实现良好的治理。首先，网络化治理强调治理主体多元化。网络化治理的主体是在高水平的公私合作特性、协同的网络管理能力以及先进的网络信息技术基础上构建起来的扁平化的协同网络。网络化治理基于"治理网络"而运行。社区提案工作机制在运作过程中牵涉的政府、社区两委、社区居民、社会组织、网格员等主体都要依靠其构建的区—街道—社区—小区（院落）四级社区提案体系来发挥作用，并通过微信小程序、App 等网络信息技术进行治理效率的提升和优化，促进信息的共建共享。其次，网络化治理强调资源共享即应当坚持"资源、技能和策略网络化合作"的行动逻辑。这些治理资源体现在制度、权力、组织、资金、信息、人力资源等多个方面。最后，网络化治理是以实现公共利益为价值导向，网络化治理的对象是社会公共领域的事务，最终目标是实现公共利益和，践行公共价值。

3. 结合案例内容，谈谈你对社区治理改革或创新未来发展前景的看法。

理论要点：社区治理理论

具体分析：社区是人们对其具有归属感和认同感的区域社会，在社区中更需要自治力量的参与，来自社区内部的自治者比政府的行政力量更容易了解和重视社区的利益。从国家与社会关系的变迁来看，"治理"已成为一种发展趋势，它将逐渐代替传统的"统治"，最大限度地追求公共利益，通过由政府、非营利组织、私营部门等多元主体间建立合作、协商、伙伴关系来共同实现对公共事务的更有效率的管理。体现在微观社区中，将来社区的管理并不是政府一个权力中心，各种社区组织、社区自治组织以及其他独立的决策主体，以及社区居民，都应围绕社区中存在的公共问题，按照一定的法律、规则寻求解决途径。这实际就是社区治理。社区治理就是指社区范围内的政府组织、非政府组织，依据正式的法律、法规以及非正式社区规范、公约、约定等，通过协商谈判、协调互动、协同行动对涉及社区共同利益的公共事务进行有效管理，从而增强社区凝聚力，增进社区成员社会福利，推进社区发展进步。

五 课堂安排

本案例计划安排课堂讨论时间为 3 学时，建议课堂实践安排如下。

（一）课前计划

要求学生在课前对案例资料进行预习，并提前了解相关理论，如资源依赖理论、合作治理理论、嵌入理论、社区发展理论等，并查阅案例相关资料。

课前计划部分通过教学互动 App 实现教师与学生的实时在线沟通、反馈、监督和答疑。

（二）课中计划

（1）案例回顾（20 分钟）：对金牛区社区治理创新的发展过程进行案例回顾，并将教学内容与要点分析中的问题在教学投影中展示。

（2）教师提问与解答（35 分钟）：针对教学内容与要点分析中的三个问题，先让学生发散思维，将想到的答案要点一一写在黑板上，再着重对几个问题进行深入学习，并引导学生找到案例材料中的对应部分。

（3）分组讨论（总计45分钟），教师对学生进行分组，4~6人为宜，每组都将问题的讨论结果写在白纸上，由小组代表到台上发言，阐述本组观点，教师在黑板上做好记录。

（4）归纳总结（25分钟内），教师根据小组的讨论结果，总结每个问题的共性观点。随后，教师可以通过提问的方式启发学生思维，如：社区提案工作机制对社区治理发展的促进作用和可能面临的问题有哪些？会不会再次陷入内卷化的困境？如果会，如何避免？等等。之后再进行延伸学习。

（5）举一反三（20分钟），将案例中涉及的路径依赖理论、合作治理理论、协同治理理论、制度变迁理论等迁移运用到其他社区治理领域，例如社区治理主体的合作分析、社区治理动力机制分析、社区治理的政策执行分析等。

（三）课后计划

让学生结合课前、课堂讨论，进一步对所学的知识进行总结提炼和拓展。课后可让学生采用书面报告形式给出更加具体的课堂讨论分析结果，并让学生寻找类似的素材尝试性地运用案例思维进行梳理，加深印象。

六　其他教学支持

电脑、投影仪等多媒体设备。

参考文献

[1] 潘泽泉：《政党治理视域下中国共产党领导的基层社会治理》，《中南大学学报》（社会科学版）2021年第4期，第31~40页。

[2] 吴宗友、丁京：《从区隔到融合：空间视角下城市"混合社区"的多元治理》，《云南社会科学》2021年第4期，第131~138+187~188页。

[3] 文小勇：《协商民主与社区民主治理——罗伯特议事规则的引入》，《河南社会科学》2021年第7期，第106~115页。

[4] 徐勇：《推进对国家治理的深度研究》，《云南社会科学》2019年第6期，第1页。

[5] 夏建中：《从街居制到社区制：我国城市社区30年的变迁》，《黑龙江社会科学》2008年第5期，第14~19页。

[6] 宋道雷：《国家治理的基层逻辑：社区治理的理论、阶段与模式》，《行政论坛》2017年第5期，第88~93页。

【第八讲】 城市居民参与公共事务治理何以可能?
——成都市武侯区红牌楼街道社区营造实践*

摘 要：20世纪90年代以后，中国基层社会管理体制开始了重大的变革。传统"自上而下"的行政管理模式已无法适应时代的变化，政府对于基层社区内问题的解决也显得力不从心。因此，动员居民参与到社区公共事务集体治理中是解决所有问题最直接、最简单、成本最小的方式，是社区治理的新机制。社区营造近几年在我国兴起并快速发展，成为促进居民参与社区公共事务集体治理的有效途径。本案例以成都市武侯区红牌楼街道米多公益服务中心法人罗女士为故事主线，通过对红牌楼街道双丰和龙爪社区营造实践的回顾，展现出居民动员的完整过程，从社区改造的角度向读者展示了基层治理创新过程，引导读者就我国的社会治理、社区治理创新以及国家—社会关系等方面进行思考。

关键词：社区治理；社区公共事务；社区营造；居民动员

案例介绍

引言

城乡社区是社会治理的基本单元。从我国近几十年的社会管理实践来看，社区是社会治理的切入点，社区治理格局既是国家治理格局在社会层面的映射，又是推动国家治理格局转型的动力。从这个层面来说，社区治理有着举足轻重的作用。2017年6月，中共中央、国务院印发了《关于加强和完善城乡社区治理的意见》，这是新中国历史上第一个以党中央、国务院名义出台的关于城乡社区治理的纲领性文件，对加强和完善城乡社区治理作出了全面部署。

---

* 本案例由笔者经过数月调研和访谈完成。

以政府自上而下的行政管理模式作为社区治理的方式和手段已不适应时代的发展，在配置社会资源的过程中效率不高。动员居民参与社区公共事务集体治理可以作为传统管理模式的有效补充，成为社区治理的另一种机制。它依靠居民力量去解决社区内部事务，成本低、效果明显，可谓目前为止社区治理的最优选择。

成都市深入贯彻执行国家方针政策，加强和完善城乡社区治理，先后出台了《关于深化社区网格治理机制改革的实施意见（试行）》《关于深化完善城市社区治理机制的意见》《关于开展城乡社区可持续总体营造行动的通知》等相关政策文件。

在这种背景下，武侯区双丰和龙爪社区在米多公益服务中心的参与下成功地进行了社区营造实践，这是对社区公共事务治理集体行动机制的探索。这种动员居民参与社区治理新机制值得我们关注。

一 人物简介

从 2006 年到 2018 年，罗女士在这 12 年间见证了社区的点滴变化。从社区两委的大包大揽到社会组织的介入，从管理到治理，12 年间社区的治理方式发生重大转变。作为成都市第一批参与者和倡议者，罗女士投入武侯区红牌楼街道双丰和龙爪社区的社区营造计划中。她以居民自身需求为切入点，集结众人力量，开展双丰、龙爪社区及其居民的"换血"运动，坚信社区要改变，"人"的改变最为重要。她是成都市米多公益服务中心[①]法人，是居民口中"了不起的人"，同时，她也是龙爪社区一名普普通通的居民，是当地的社区工作者。

罗女士 1976 年出生于武侯区双楠村（后经拆迁更名为双丰社区），家里一共有三兄妹。村子拆迁前大部分家庭皆以务农为生，经济条件拮据，能支持孩子读书的家庭较少。罗女士的家庭条件在村里算中上水平，父亲是 20 世纪 50 年代的大学生，单位里的干部，母亲做一点小生意。因为较好的经济条件加上父母对教育的重视，罗女士以优异的成绩考上大学，学

---

① 成都市武侯区米多公益服务中心 2014 年 5 月由原社区综管站改制而成，是一家 5A 级社会组织。机构是一家专注于社区民生服务和社会治理的民办非营利性组织。现有的服务项目有社区民生服务项目、社区社会治理项目、社区居家特困养老项目、居民融合项目、重大疾病项目和青少年发展项目等。机构曾荣获武侯区最佳社会组织。

习计算机和财务专业知识。毕业后她先是进入小学从事教师职业,后经招聘进入外资企业,从事食品生产经营的工作。1999 年,罗女士与一名部队军官结婚。丈夫每年放假回家的时间短,长期不在身边,家里大大小小的事都压在她一个人身上,照顾父母、教育小孩的同时还要兼顾工作,压力颇大。为了有更多精力照顾刚上学的儿子,2006 年罗女士离开外资企业到自己所在社区从事劳动保障工作。朝九晚五、轻松无压的生活持续了 8 年。直到 2014 年,一次重大改革悄然来临,让原本悠闲自在的社区工作者乱了方寸……

二 背景介绍

2014 年 3 月 23 日,成都市武侯区颁布《关于深化社区网格治理机制改革的实施意见(试行)》,提出要充分发挥社会组织、驻区单位等社会资源在社区治理中的重要作用,逐步形成以社区党组织为核心、社区自治组织为主导、社区居民为主体,社区社会组织、志愿服务组织和驻区单位等共同参与的社区治理新机制。改革重点事项是将政府购买岗位转变成购买服务,即:建立社区网格治理"社会化"服务机制,大力发展和培育公益性、服务性、互助性的社区社会组织及志愿服务组织等,采取竞争性选择方式,通过政府购买服务,把适合的社区社会管理和公共服务事项交给各类社会主体承接。因此,武侯区 80 多个社区综管站变成了社会组织,承接起社区"139"工作①并承担社区公共服务项目。

在此改革背景下,罗女士此前所在的双丰社区惠民综合服务中心也变成了社会组织。因工作积极、踏实能干,并有着长达 8 年的社区工作经历,她被街道和社区推举为双丰社区社会组织法人。对罗女士来说,以社会组织为载体开展社区工作缺乏可借鉴的经验,新的岗位充满了挑战。罗女士犹豫了:"我能做好吗?"在种种担心下,她拒绝了。但街道和社区坚持她是最合适的人选,对其进行了近两个月的劝说。几经思考,罗女士最终同意担任社区社会组织法人,原来的双丰社区综合站也更名为米多公益组织。对从未接触过社会组织的罗女士来说,一切都是陌生的。为了更好地开展工作,她做了三件事。

第一件事:转变社会组织工作人员的观念,改变他们脑海中根深蒂固的社区工作随意、轻松、无压力的想法。这个过程是艰难而漫长的,比如

---

① 社区 139 项公共事务。

规范上班纪律，当时工作人员都不能接受，甚至出现矛盾、吵架、打架的现象。

第二件事：熟练掌握业务知识。以前由社区管理的大部分事务现要承接给社会组织，这其中就包括139项公共服务，因此需要社会组织掌握全部业务知识，并保质保量完成并及时向街道汇报。作为米多公益组织的领头人，罗女士不仅需要自己学习每一项业务，还要引导工作人员开展工作。整顿流动人口是米多接手"139"工作后的首要工作，于是罗女士经常在下班后带领工作人员挨家挨户地筛查符合标准的人员，晚上要将当天收集到的资料整理记录到电脑上。由于很多工作人员不会用电脑，整理录入的工作就主要落在了罗女士身上，因此她每天基本上加班到凌晨两点。这项工作持续两个月后，才算厘清理顺。其余的"139"工作也在接下来的半年时间里相继完成。

第三件事：外出参访学习。培训经常会持续几天，这对学员的理解力、学习力都是极大的考验。光有理论知识是不够的，重点是怎么做。由于缺乏具体的方法指引，罗女士多次到其他优秀社区参观学习，回来后再结合自己辖区的具体情况，具体分析，开展工作。

三 社区营造实践

（一）边过河边找石头

社区网络机制改革后，社区治理进入了一个新阶段。为了让社会组织尽快适应新型工作模式，武侯区政府组织了多次培训，邀请专家为社区工作者讲解分享相关知识和经验，以期能将课堂上学到的内容应用于实践，改变以往静态的社区治理机制，以动态的形式切实改变社区，提高居民生活质量。

培训结束后，罗女士一回到社区便开始对社区居民情况开展调查。她发现双丰社区重大疾病患者特别多，但由于社区资源整合力度不够，很多患者没能得到帮扶，生活十分艰难。据罗女士回忆，社区内有一名特殊居民蒋先生，是一位退伍军人，身上七个部位罹患癌症，经历了七次大手术，家底基本被掏空了。为了能切实帮助社区内的重大疾病患者，2015年6月，罗女士带领米多工作人员设立了一个项目——"小城大爱"。这个项目一经成立便得到政府的支持。红牌楼街道也因此出台了专门针对重大疾病患者的临界贫困人员救助措施。通过"健康彩虹伴你行分享会"，红牌楼卫生服务中心、企业、居民和鹭岛爱心人士，了解到癌症患者的情况以及他们面临的困难。社会上的其他人士也纷纷加入帮扶的队伍中。值得一提的是，在分享会上，一名鹭岛爱心人士饶女士现场捐款5000元，在社区内引起了较大反响。另外，罗女士还利用儿童跳蚤市场，将小朋友卖旧物换来的钱作为帮扶资金来源的一部分。为了让患者在家就能得到援助，米多还采取一系列措施为患者提供全方位的帮助，如成立家属支持小组，邀请医生给帮扶对象家属讲解保健知识；联系卫生服务中心，每个月上门问诊；联系爱心企业理发店上门理发……经过近三年的关心援助，社区内的重大疾病患者在不同程度上有了积极的改变，不光他们经济上的困难得到解决，精神上也得到了一定的帮扶。

以慈善、公益为敲门砖，罗女士带领米多公益服务中心打开了社区治理的新局面，即以全新的形式进入社区、深入居民，化静态为动态，化被动为主动，寻找发现社区现有问题矛盾，动员社区周边资源参与，通过多元主体、多条途径积极解决居民存在的困难，最终达到网格化社区治理的目标。

（二）远航的罗盘

为了深化社区治理机制改革，统筹发挥基层政府、社会力量、居民群众主体作用，提升基层社会治理水平，将城乡社区发展成为具有共同情感联结、共同社区意识、共同文化凝聚的社会生活共同体，2016年5月3日，成都市民政局发布了《关于开展城乡社区可持续总体营造行动的通知》，意味着社区治理改革步入下一个阶段。社区营造要求以居民需求为导向、社会组织为载体、社工人才为支撑，引导居民组织化参与社区公共事务。通过以居民为主体的集体行动，促进社区公共利益，解决社区问题，弘扬社区文化，培育社区社会资本，把社区建设成为出入相友、守望相助、疾病相扶、邻里相亲的社会生活共同体。民政局发布这一则通知后，整个成都大大小小的社区及社会组织都投入营造工作中。而罗女士在成都还未系统提出社区营造前，就已对其有所了解。

2016年1月，红牌楼街道书记上任第一天来到双丰社区调研，发现辖区内聚源院落外部环境卫生、社区公共事务存在较多问题，于是向米多提出了几个疑问："你们和专业社会组织有什么不同？""你们应该采取什么方式来解决社区停车问题、环境问题和物业费没办法收的问题？"带着困惑，罗女士去往上海参访培训，学习过程中有一个点触动了她：以改善环境的切入点来撬动居民参与社区公共事务。回到社区之后,在前期准备的基础上,同年9月,罗女士组织开展了第一个社区营造项目"共创美丽新家园,倡导聚源小区新环境",以改善公共环境为切入点,开展单元楼道的清理和美化以及"城市微田园"两项活动。在居民参与活动的同时,邻里之间关系和谐了,矛盾也减少了,居民的观念也有所改变。比如以前的老大难问题物管费征收变得轻松了,居民意识到交物管费是他的责任和义务,抵触情绪便逐渐减少。

第一次社区营造历经三个月的时间,在环境改善和居民观念的转变中落下帷幕。本是草根社会组织的米多公益服务中心在2017年取得长足进步,12月被武侯区评为5A社会组织。2018年4月8日,为统筹发挥基层政府、社会力量、居民群众主体作用,提升居民的幸福生活指数和基层社会治理水平,培育自尊自信、理性平和、积极向上的社会心态,形成"向上向善向美"的社区精神,建设高品质和谐宜居生活社区,成都市民政局、中共成都市委组织部、中共成都市委城乡社区发展治理委员会三部门联合出台了《关于进一步深入开展城乡社区可持续总体营造行动的实施意见》。对比2016年印发的成都市民政局《关于开展城乡社区可持续总体营造行动的通知》,该意见最突出的变化是提出健全促进城乡社区可持续总体营造的长效机制,即建立全市各级各部门协同推进机制,并从建立服务平台、保障资金支持等方面加强保障措施,保障城乡社区可持续总体营造持续有效推进。在政策的支持与自身的努力下,米多走出双丰社区,开始对外扩展项目,承接了龙爪社区的公共服务和社区营造以及望江街道临江东路社区的社区营造项目。

2018年是成都市社区营造深化和拓展的一年,米多在罗女士的带领下也深入开展了多个营造项目,切实改变了社区及居民,取得了较好的成效。在问及社区营造最重要的是什么,有哪些经验和方法时,罗女士回答道:"社区营造关键点在培育人,人是最重要的。首先人要抓骨干,看有没有爱心、奉献精神。我们从楼栋、单元挨家挨户走访中发现组织骨干,把他们动员起来,再由他们带动居民参与进来。"在社区营造过程中,罗女士始终坚持居民主体原则。在她看来,居民不仅是公共产品的消费者,更是社区公共事务能动的参与者、建设者,社区公共议题的提出、参与、实施应当以居民为主体,社会组织应作为协助者,推动居民主动自发解决公共议题、协调矛盾纠纷。而事实证明罗女士努力的方向是正确的。在双丰社区新瑞苑和龙爪社区龙禧苑开展的社区营造项目不论在社区两委,还是在社区居民看来都取得了重大成效，对社区及居民自身的发展具有重要意义。

1. 最大亮点——新瑞苑

2010年双丰社区兴致满满地开启了一项新的公共项目——道路硬化，可是这一做就做了八年。道路硬化所需硬件设施购买资金要求社区和居民共同筹集，可居民那一部分的钱总是凑不起来，于是这项目一拖就拖了整整八年。2018年6月，在成都市社区营造开展得如火如荼的情况下，罗女士带领米多走进了新瑞苑，开展"居民连心，共同营造美丽院落"营造项目。坚持以人为主体的罗女士首先以改善新瑞苑公共环境为切入点，希望在这过程中发现居民骨干。"我们第一次在院落里清理垃圾的时候，没有一个居民出来，他们就在旁边看，都指挥。"罗女士回忆道。没有发现一个能人，怎么办？米多采取的方法是自己挨家挨户走访，自己联系，成立社区院落环境治理自组织。通过组织参访、培训会、坝坝会等形式来培育自组织，提升他们院落治理等多项能力并转变其意识。在培育的同时，罗女士带领自组织在院落内开展了数次环境集中整治。"刚开始是我们做，居民站在旁边看。好，我们就把这些成果先分享到微信群上，第二次活动就大概有五个居民参与。第三次，就有十多个。"最让罗女士感到惊喜的是"婆婆花园"的建造。小区内的杨婆婆提出小区里没有可供老人家休闲聊天的地方。考虑到小区确实没有绿化，没有公共长椅板凳，米多决定在社区内建造一个可供老人休闲娱乐的花园，并召集大家商量讨论，最后取名为"婆婆花园"。建在哪儿，怎么建，经过大家的商议一一确定。可是谁来建呢？那天，陆陆续续来了30多个居民，这是最让罗女士感到惊喜的地方。他们有的搬土，有的栽花，还有的安置场地，齐心协力共同将"婆婆花园"打造了出来，不仅给老人提供了一个休闲娱乐的场所，还有效地降低了私家车停放在绿化带的可能性，成为小区内一处特殊的景观。看着居民们你一言我一语共同商议，一起动手建造花园，米多工作人员不禁感慨："一次次的活动过后，新瑞苑居民对社区营造活动的关注度和参与度都在一点点地提高，居民们的主人翁意识在不断增强，这样的状态让我们感到十分感动和欣慰。"

"居民连心，共同营造美丽院落"项目持续半年之后，社区再次提起小区道路硬化项目，希望居民能拿出一部分钱，配合社区公共服务资金，继续展开此项工作。让人高兴的是，居民在之前参与社区治理的过程中，意识发生了很大的转变，最终自筹了一万元。罗女士激动地说道："这就是一个突破！让居民主动拿钱出来是很难做到的，这应该是武侯区，至少在我们红牌楼是破天荒的。"2018年12月，双丰社区道路硬化项目在时隔八年后又提上了日程。

2. 最大改变——龙禧苑

素有"领导不敢进"之称的龙爪社区龙禧苑长期以来积聚了很多问题和矛盾，小区内环境脏乱差，垃圾随处扔，邻里关系冷漠，居民主人翁意识不强，小区缺乏生机与活力。为了改变龙禧苑及居民现状，通过实地调研走访和观察，了解居民需求，2018年9月，罗女士带着"最美阳台"社区营造项目走进了小区。针对小区内出现的公共环境脏乱差及缺乏休闲场所等问题，在龙爪社区两委的支持下，在米多公益服务中心的组织与协助下，在居民的广泛参与下，最终将小区内的一处垃圾废品站打造成了休闲室。此外，通过"旧物换鲜花"活动，征集居民家中的老物件，如秤、老式箱子等，对休闲室加以装饰和点缀，以期大家在休闲室娱乐闲聊时能共同追忆过去，情感上得以连接。居民将通过旧物换来的鲜花摆放、栽种在自家阳台，成为小区内一道道亮丽的风景线。"这个项目很成功，龙禧苑是改变最大的一个院落，不仅公共环境改变了，居民也有所改变。"罗女士继续说道，"但是刚开始我们遇到的阻力也是很大的。"

2018年11月6日，龙禧苑"最美阳台"志愿者表彰活动在龙禧苑休闲室举行。活动设置了一、二等奖两个奖项，以表扬和鼓励居民的积极参与并肯定他们为院落环境变化做出的贡献。一等奖获得者袁阿姨作为志愿者代表发言，她说道："其实我也不想说的，我的意思就是我们都要奉献自己的力量出来，要爱劳动。其他也没啥说的，就是我们要爱劳动，把小区环境变美变好。"其实获得表彰的袁阿姨之前可谓是项目开展抵制派的"中流砥柱"。袁阿姨退休后在家闲得无聊，在小区里帮兄弟养起了鸡，并且收了很多烂板凳烂椅子摆放在小区的公共区域。为了打造休闲室，必须要清理堆放在小区公共区域里杂乱无序的垃圾废品，而这其中就有袁阿姨的烂凳子和烂椅子。一次，工作人员将这些垃圾和破烂拉走处理，袁阿姨知道后追了好几条街，把凳子和椅子追了回来。"这些凳子给我弄走了，我怎么坐？""噢哟，弄啥子弄，你们又想爪子了？拿钱搞这个，不如给我们个人。"……刚开始，罗女士和米多工作人员都十分头疼，这可怎么办呢？后来，袁阿姨参与了几次项目活动，渐渐地发生了改变，自己收的垃圾也觉得没价值，就扔了；并且主动给自家兄弟做工作，鸡棚也撤了。在建立休闲室时，袁阿姨积极主动地参与到活动中，给出建议，动手劳动，每天浇花并维持秩序。"袁阿姨是让大家感动最深的一个人，从刚开始的抵制，到接受，再到最后的积极主动，担当起卫生委员的角色，每天主动去打扫休闲室的卫生，还监督别人，不准别人乱扔垃圾。"罗女士和工作人员一致认为："我们是真正感受到了居民的变化。他们的意识发生了转变，社区主人翁意识增强了，不再认为这个是社区的事，和自己没关系。"

四 荣耀越大，困难也越大

如罗女士所说，通过社区营造项目，社区和居民在不同程度上都有所改变。一方面居民参与社区治理使得公共环境更美好；另一方面在共同参与社区治理中居民观念发生转变，邻里关系更加和谐。社区营造成为社区治理的方向和趋势。可是没有一项改革在刚开始推行时就会受万人追捧，相反更多的是阻碍和抵制，社区营造也不例外。

"刚开始很难的！"在罗女士看来，社区营造过程中遇到的难题最开始主要来自社区两委和机构内部工作人员。推行社区营造前，社区两委是社区治理的主导者。一种自上而下的治理模式"生硬"地统领整个社区，没有深入群众，主动了解居民需求，传统的行政管制已无法适应社会与人民多样化的需求，因而治理效果不佳。而2016年成都市引入社区营造，意味着社会组织将以一股强大的力量参与到社区治理中。以前是双丰社区综管站的米多现已不归社区管辖，而是直接以多元主体身份参与进来。和以前社区的工作模式不同，社区营造自下而上的工作模式让居民参与到社区公共事务中，以前社区解决不了的事，现在社会组织解决了，久而久之居民对社会组织的认同度会较高。"我们最开始举办活动的时候，社区都会悄悄地让居民别去参加。"除了社区两委意识没转变过来，社区营造工作者本身社区营造工作意识不强也让罗女士头疼。成都市社区营造工作推行时间较短，发展还不够成熟，这就要求社区营造工作者不断外出参访学习，学习优秀社区的社区营造经验，并结合自身辖区情况，针对性地开展工作。这对社区营造工作者的学习力、理解力、应用力等都是考验，是一项较为辛苦的"差事"。她提到机构内有些工作人员对此具有抵触心理，不愿意主动学习相关知识，提高能力，结果人岗不匹配，只能自己疲于奔命。社区营造的三年里，由于过度劳累和压力过大，罗女士患上了慢性疾病。医生建议她"要么不工作，要么换工作"。2014年武侯区网格机制改革以来，80多个社会组织到现在只剩米多一家独立的机构，其他不是在发展过程中因能力不佳消亡了，就是被社区兼并了。虽然很难，但罗女士坚持下来了。

五 结束语

社区营造最终的目的是转变居民思想观念，实现居民自治。它要改变的是居民以前那种"我只用管好我自己的事，社区的事情不关我的事"的小我心态，走出自己那几十平米的房间，放眼整个社区，真正把社区当成家，把社区的事当成自己的事，社区内部的事务社区居民自己解决，努力建设好自己的社区。社区营造的顺利推动不是一方单独努力的结果，政府、社区两委以及社会组织在社区营造中发挥了不同的作用，为推动社区营造项目在社区内的开展贡献着力量。它们各自都发挥了什么作用？整个社区营造的路径是怎样的？对于其他社区的可借鉴性和参考性在哪里？这些都是值得我们深入挖掘和探索的事。

思考题

1. 社区营造的推动主体是谁？他们各自发挥的作用是什么？
2. 社区营造成功的关键是什么？
3. 在社区治理理论和居民参与理论的指导下，你认为社区营造的实现路径是什么？

案例说明书

一 课前准备

（一）教师准备

通过阅读案例正文和基层治理、社区治理及社区营造等相关资料，熟悉我国社区营造的制度、政策设计、执行情况以及基层治理相关理论实践。对思考题作初步回答。

（二）学生准备

学生应在课前仔细阅读案例正文；认真研读相关文件及媒体的报道，了解各方意见；阅读有关基层治理、社区营造等方面的论文和专著，对案例的背景、主题进行适当的了解。

二　适用对象

（一）适用课程

本案例主要适合公共管理学、公共政策分析学、社会学、社会组织管理等课程教学和研究使用。

（二）适合学生

本案例适合有一定工作经验的学员和管理者学习，如 MPA 学员；适合行政管理等专业本科高年级学生，公共管理类、社会学类和政治学类学术型研究生等。

三　教学目标

本案例从一个基层社会的角度向读者展示了社区治理创新过程，以及党和国家的重大政策在基层执行的创造性探索过程。希望丰富学员关于基层治理领域的相关知识，引导读者的理论思考并提升学员发现问题、分析问题、解决问题的能力。

（一）积累和深化专业知识

1. 丰富基层治理领域专业知识

通过对基层社区营造的制度设计、政策配套、基层实践过程以及取得的成效及不足等展开完整的分析，丰富学员有关基层治理领域的公共政策执行、公民参与、地方政府和多方协作治理等方面的专业理论知识，将专业知识库存量做大，并与时俱进地更新，不断巩固知识链的长度。

2. 提高基层治理领域理论水平

以案例为契机，深度拓展集体治理理论、公民参与理论、草根治理理论等专业理论知识；在丰富理论知识的同时，不断将理论知识向深处拓展，在用理论解释案例的基础上，用实践来丰富理论；将公共管理科学、政治学和社会学等学科融合起来，形成一定的交叉学科意识和素养；通过对社区营造实践的研习，将理论知识与前沿实践问题结合起来，全方位把握前沿问题，形塑出可将实践问题置于一定的学术理论框架中进行探讨的能力。

（二）培养问题意识和理论运用能力

1. 提出问题

通过对这个较为完整的案例进行阅读和思考，可训练学生对当前实践中的热点问题进行严肃且具有一定深度的学术思考。尝试在一定的理论、视角和框架的观照下，基于鲜活的场景和实践现实，提出具有较强代表性、前瞻性及预见性的学术命题或议题。

2. 分析问题

通过对案例的深度解剖、合作讨论和梳理关键知识点，将居民参与社区公共事务治理置于动态的框架中，开展阶段性分析，一方面可以给学生分析社会问题、公共问题提供一种新的思路，另一方面可以训练学生基于不同学科、不同方法、不同立场和不同视角而得出迥异观点、判断和结论。这有助于提高多层面、多维度、立体化分析问题的能力。启发学生辩证看待社会问题、政策问题，引导学生积极思考行政动员和群众路线、公共价值与效率价值、中央政府决策和地方政府执行等几组重要的关系命题。

3. 解决问题

通过对成都市武侯区红牌楼街道社区营造在基层社会实践中所遭遇困境的反思，从各个方面展开分析，提出针对性对策和建议，有助于学生形成一定的反思能力、批判能力及辩证思维能力，锻炼出多角度、全方位解决问题的能力，进而有利于提升深化改革、助推民生目标早日实现及促进地方治理创新等问题的解决。

四 教学内容与要点分析

（一）社区营造推动主体及其发挥的作用

1. 政府——为社区治理提供政策性支持

适应新时代治理难题，相关政策出台。2014 年 3 月 23 日，成都市武侯区正式颁布《关于深化社区网格治理机制改革的实施意见（试行）》。文件中提到，要充分发挥社会组织、驻区单位等社会资源在社区治理中的重要作用，逐步形成以社区党组织为核心、社区自治组织为主导、社区居民为主体，社区社会组织、志愿服务组织和驻区单位等共同参与的社区治理新机制。改革中一个重点事项是将政府购买岗位转变成购买服务，把适合的社区社会管理和公共服务事项交给各类社会主体承接。

社区治理新阶段，社区营造相关政策出台。2016年5月3日，成都市民政局发布了《关于开展城乡社区可持续总体营造行动的通知》，要求以居民需求为导向、社会组织为载体、社工人才为支撑，引导居民组织化参与社区公共事务。

深化成都市社区总体营造。2018年4月8日，成都市民政局等三部门出台《关于进一步深入开展城乡社区可持续总体营造行动的实施意见》。要求建立全市各级各部门协同推进机制，并从建立服务平台、保障资金支持等方面加强保障措施，保障城乡社区可持续总体营造持续有效推进。

2. 社区两委——主动增强服务

社区党支部委员会。党的引领是社区一切事务开展的核心，社区党支部委员会大力推进社区党建工作，为社区治理把握好方向，引导居民参与社区公共事务治理，为社区自治机制的形成奠定了坚实的基础。

社区居民委员会。作为连接政府和居民的桥梁，它负责协助、配合所属街道办事处或其他机关处理社区事务，根据政府对社区治理的要求和指导，办理社区公共服务和公益事项，组织居民在社区内开展自治工作。双丰和龙爪社区居民委员会在社区营造过程中发挥了重要作用，是社区营造推动主体之一。

3. 社会组织——发挥动员的关键作用

主动转变角色，为治理提供科学部署。全新的工作形式和治理机制，要求社区工作者转变思想和行为，这是政策要求下社区治理的关键成功要素。在成功的背后，这两大转变起了决定性作用：第一是思想转变，既然问题从群众中来，那就必须深入群众中去，主动了解居民需求；第二是行为转变，以前的社会组织只是简单承接一些社区事务性工作，但在社区治理新机制下，社区营造工作者每天扎根在一线基层，随时了解情况，随时解决问题。

承接社区营造项目，动员居民参与社区公共事务治理。社会组织作为第三方，在社区营造中发挥的作用是承接政府发布的营造项目，获取资金支持。之后在社区内和社区两委加强联系合作，采取多种行动策略动员居民参与到社区治理过程中。

（二）社区营造的内涵及其取得良好成效的关键所在

社区营造，指的是居住在同一地理范围内的居民，持续以集体的行动来处理其共同面对的社区生活议题，解决问题，同时也创造共同的生活福祉，逐渐地，居民彼此之间以及居民与社区环境之间建立起紧密的社会联系。我国大陆社区营造实践的开展主要是吸收了台湾地区的优秀社区营造经验。在政府"自上而下"治理无法满足社会发展要求的情况下，居民自治是社区治理的重要途径。而中国城市大部分社区居民缺乏甚至缺失参与社区公共事务的意识，因此以社区营造为手段，促进居民开展集体行动，把社区建设成一个和谐、自治、互助的美好家园。

成都市武侯区红牌楼街道龙爪和双丰社区营造之所以能成功，得益于对社区自组织的发展与培育。如果社区不能成功地建立一些社区自组织，就缺少了最主要的行动主体。龙爪和双丰社区注重自组织的发展，通过外出参观、实地调研、培训学习等方式转变自组织的思想，提高自组织治理能力，这是营造项目成功的关键。另外，善抓居民需求，并在此基础上动员居民参与，建立相关制度也是社区营造取得成功的重要原因。在社区公共事务治理中，仅有社区居民的共同需求、情感与理性很难自发地产生集体行动，核心行动者采取行动策略动员潜在参与者参与社区公共事务治理，集体行动才较易发生。而且，该集体行动是可循环的，前期集体行动产生的结果——制度，又反过来指导和形塑人们的行为，使集体行动持续有效地运行。

（三）社区营造的实现路径

在社区治理理论和公民参与理论的支持下，本案例借助"需求—动员—制度"三维分析框架[①]，解释社区营造推动居民参与社区公共事务治理的动态过程。研究发现：共同需求是参与行动产生的引擎；核心行动者通过恰当的策略，动员社区居民广泛参与社区公共事务治理、积累社会资本，是参与行动成功的关键；制度规范是参与行动长期持续的稳定器，成功的参与行动则是社区实现自治的现实途径。

1. 共同需求：龙爪和双丰社区居民参与行动产生的引擎

小区公共环境脏乱差。在居民参与治理行动前，因为双丰社区新瑞苑和龙爪社区龙禧苑是农迁小区，少数社区居民保持了以前在乡村的习惯，

---

① 陈天祥、叶彩永：《新型城市社区公共事务集体治理的逻辑——基于需求—动员—制度三维框架的分析》，《中山大学学报》（社会科学版）2013年第3期，第147~162页。

爱护环境和讲究卫生的意识不强,导致小区内公共环境卫生尤其差,垃圾破烂乱堆乱扔,杂乱无序。于是,大家产生了"改善公共环境,美化小区"的共同需求。

老人小孩多,呼唤"精神文化"。社区小孩多,家长对社区组织相关社区实践活动需求较高。另外,龙爪社区龙禧苑和双丰社区新瑞苑是农迁小区,建成时间较早,硬件设施较为匮乏,缺乏居民休闲聊天场所。小区内老人和小孩对精神文化的追求成为居民参与社区公共事务治理行动产生的重要引擎。

2. 核心行动者的推动:居民参与行动产生的催化剂

罗女士之所以成为集体行动的核心推动者,与其具备相应的角色资格、动机和能力是分不开的。首先,她具有推动居民参与治理的角色和身份。罗女士2006年进入成都市武侯区双丰社区惠民综合服务中心工作,2014年网格机制改革后成为米多公益服务中心的法人,承担起了引导居民自治的重任。2016年成都市民政局发布的《关于开展城乡社区可持续总体营造行动的通知》让罗女士成为双丰和龙爪社区营造项目的推动者。其次,她具有动员所需的知识和能力。罗女士有8年的社区工作经历,在2014年武侯区网格机制改革以及2016年成都首次提出社区营造后,她主动外出学习、参访、交流,吸取优秀社区营造经验,并结合自身辖区内的实际情况,引导居民参与社区治理,具备动员所需的知识和能力。最后,她具有推动居民集体行动的情怀和责任。罗女士怀抱着影响和改变人的初心,推动着龙爪和双丰社区营造的发展,虽然过程艰难,但她一直坚持着。

3. 社区营造:动员居民广泛参与公共事务的行动策略

对于核心行动者来说,必须通过必要的行动策略,促进居民参与到社区公共事务治理中。2016年开始,在成都出台开展社区总体营造文件后,罗女士带领米多公益服务中心通过多项策略动员居民参与到公共事务的治理中。

培育居民共同信念。社区公共事务集体治理的本质是社区居民的合作行为。共同信念作为社会资本的构成要素,能够将微观层面的个体行为与宏观层面的集体选择结合在一起,促进成员为共同的利益进行协调与合作。因此,对核心行动者来说,需要采取一定的策略,在居民当中形成一种广泛认可的共同信念。将民主与自身权益相结合,使民主从抽象的意识转变为看得见、摸得着的东西,就是一个行之有效的策略。罗女士以新瑞苑和龙禧苑公共环境问题为切入点，首先通过海报宣传和线上宣传的方式，引起居民的广泛关注。此后，召集居民开展坝坝会，使居民增强社区主人翁意识，强化民主意识和民主精神，参与到社区公共事务的集体治理中。

构建成员关系网络。帕特南（Putnam）认为，公民参与网络是社会资本的基本组成部分。在一个共同体中，这类网络越密，其公民就越有可能为了共同利益进行合作。构建这种网络的一个现实途径是组织形式多样的社区活动，并使其制度化和常态化，以此增强社区成员的归属感。[1] 2016年开始，新瑞苑和龙禧苑就通过各种活动构建成员关系网络。一是组织社区文化活动。通过举办"儿童跳蚤市场"活动、开展老年义诊活动、开展形式多样的体育文化活动，构建了一张大范围的关系网。二是充分发挥社区能人的"传帮带"作用，形成以"志愿服务"为取向的关系网络，增强了社区居民的归属感。

提高信任水平。在集体行动中，信任可以大大地节约成本。[2] 为了不断提高信任水平，吸引更多的居民参与社区公共事务治理，罗女士带领米多在日常工作中采取"从居民中来，到居民中去"的行动策略，赢得了社区居民的广泛认可，社区内形成了广泛的互信互惠关系。首先，始终站在居民的角度思考，尊重居民的想法。其次，带头示范，为业主谋福利。小区公共环境卫生差，缺乏一些必备的设施，需要发动居民进行集体治理。在每一项治理活动中，米多公益服务中心的成员都率先示范，带动其他居民参与。

扩大信息覆盖面，提高效益预期。集体行动的潜在参与者是否参与集体行动，在一定程度上受个体对集体行动的成本与回报的理性计算的影响。这种理性计算结果与其所获得的与该行动相关信息的多少有关，获取的信息量越大，理性计算的准确度越高，行动者越趋于完全理性。[3] 米多通过网上宣传和实际效果展示两种方式扩大集体行动的信息覆盖面，在告知集体行动成效的同时，广泛传播其他行动的信息，以此改变旁观者的理性计算结果，促其加入行动者行列。

---

[1] 〔美〕罗伯特·D. 帕特南：《使民主运转起来：现代意大利公民传统》，王列、赖海榕译，中国人民大学出版社，2015，第197页。

[2] 张康之：《论组织化社会中的信任》，《河南社会科学》2008年第4期，第157~159页。

[3] 曾鹏：《社区网络与集体行动》，社会科学文献出版社，2008，第135页。

4. 制度规范：参与行动长期持续的稳定器

如果说行动策略是为了动员社区居民加入集体行动中来，那么制度构建则是为了告诉居民如何通过集体行动治理社区公共事务，并将这种行为常规化。几年间，在核心行动者的动员与组织下，广大居民由冷漠的大多数转变为热心公共事务的积极分子，共同治理社区公共事务，逐渐构建起了"民主选举、民主决策、民主管理、民主监督"的制度规范，成为小区参与行动长期持续的关键原因。首先，建立决策民主化机制，表现为居民可以自由参与到社区公共事务治理的需求表达、议题讨论和投票表决的全过程，强调程序正义；其次，建立正式与非正式相结合的监督机制，包括社区两委和米多的工作人员公共监督和居民之间的相互监督。

五　课堂安排

本案例拟用 3 学时完成。由教师引导，针对不同学生情况，实施不同的教学计划。

A 方案：针对缺乏相关工作经验的本科生、全日制硕士研究生，可采取课前阅读和制作 PPT 演示文稿、课中分组讨论和 PPT 展示及课后巩固复习的模式。

B 方案：对于 MPA，由于学员在岗位、职业、行业、专业背景等方面的差异性较大，可灵活采取课前预习、课堂讨论、课后回顾的方式进行。

两种课堂教学安排，具体如下：

A 方案	B 方案
课前（6 小时）：阅读相关文献、查找资料（含相关的视频）（3 小时），小组讨论（2 小时），制作 PPT（1 小时）	课前（3 小时）：阅读相关文献（2 小时），查询资料（1 小时）
课中（180 分钟）：小组 PPT 演示（60 分钟）—分组讨论（60 分钟）—知识梳理（35 分钟）—问答和机动（25 分钟）	课中（180 分钟）：小组讨论（60 分钟）—观点分享（40 分钟）—小组辩论（50 分钟）—核心知识点梳理和理论提升（20 分钟）—问答和机动（10 分钟）
课后（120 分钟）：复习和巩固（20 分钟）—寻找课堂上未提及的新知识点或问题（40 分钟）—写出案例分析报告和发现的知识增长点（60 分钟）	课后（90 分钟）：复习和巩固（10 分钟）—结合自身工作经历，寻找新知识点（20 分钟）—写出案例分析报告和发现的知识增长点（60 分钟）

六 其他教学支持

教室需黑板、电脑、投影设备等,确保播放软件稳定运行。

参考文献

[1] 俞可平:《中国公民社会的制度环境》,北京大学出版社,2006。

[2] 吴晓林:《台湾学界如何研究城市社区治理》,《中国行政管理》2015年第8期,第100~105页。

[3] 罗家德、李智超:《乡村社区自组织治理的信任机制初探——以一个村民经济合作组织为例》,《管理世界》2012年第10期,第83~93页。

[4] 罗家德、孙瑜、谢朝霞、和珊珊:《自组织运作过程中的能人现象》,《中国社会科学》2013年第10期,第86~101页。

[5] 谢岳、党东升:《草根动员:国家治理模式的新探索》,《社会学研究》2015年第3期,第1~22+242页。

[6] 顾晓伟:《从我国台湾地区"社区总体营造"运动看我国旧城更新》,《现代城市研究》2007年第4期,第48~54页。

[7] 罗家德、梁肖月:《社区营造的理论、流程与案例》,社会科学文献出版社,2017。

[8] 王本壮等:《社区×营造——政策规划与理论实践》,社会科学文献出版社,2017。

[9] 俞可平:《推进国家治理体系和治理能力现代化》,《前线》2014年第1期,第5~8页。

[10] 刘伟:《国家治理视域下我国社会自组织状况再考察》,《学习与实践》2015年第4期,第74~81页。

[11] 谢康、刘意、肖静华等:《政府支持型自组织构建——基于深圳食品安全社会共治的案例研究》,《管理世界》2017年第8期,第64~80页。

[12] 陈天祥、叶彩永:《新型城市社区公共事务集体治理的逻辑——基于需求—动员—制度三维框架的分析》,《中山大学学报》(社会科学版)2013年第3期,第147~162页。

[13] [美]罗伯特·D.帕特南:《使民主运转起来:现代意大利公民传统》,王列、赖海榕译,中国人民大学出版社,2015,第197页。

[14] 张康之:《论组织化社会中的信任》,《河南社会科学》2008年第4期,第157~159页。

[15] 曾鹏:《社区网络与集体行动》,社会科学文献出版社,2008,第135页。

【第九讲】 社区应急科普服务的共同生产之路

——成都市国槐社区从拆迁安置社区到国家级
科普示范社区的华丽转身*

摘 要：本文采用观察和访谈等方法还原成都市锦江区成龙路街道国槐社区从拆迁安置社区转变为国家级科普示范社区的全过程，结合共同生产理论对国槐社区应急科普公共文化服务进行研究。研究发现：社区应急科普公共文化服务不仅要整合政府、社会、高校、社区居民和驻区单位等多方主体的资源及力量，而且要促进居民从需求表达者、服务消费者及评价者向服务创造者角色转变，共同为应急科普公共文化服务质量负责。

关键词：应急科普；公共文化服务；科普示范社区；共同生产

案例介绍

引言

2017年，科技部、中宣部联合制定发布《"十三五"国家科普与创新文化建设规划》，要求各级政府针对环境污染、重大灾害、气候变化、食品安全、传染病、重大公共安全等群众关注的社会热点问题和突发事件，及时解读，释疑解惑。2020年9月，中国科协、中央宣传部、科技部、国家卫生健康委、应急管理部五部门联合发布了《关于进一步加强突发事件

---

* 课题组2020年10月以来多次深入四川省成都市锦江区成龙路街道国槐社区进行实地调研，对社区工作人员、居民、附近社区的居民、社会组织的工作人员、驻区单位相关人员进行了访谈，获取了第一手资料。本案例还参阅了社区卷宗、网络信息平台（政府官方网站、微博）等资料。据社区居委会工作人员介绍，该社区2020年5月之前名为国槐路社区，之后更名为国槐社区。为表述统一起见，本文行文中用国槐社区。参见http://www.cdjinjiang.gov.cn/jjq/c133106/2020-04/22/content_11011b189bb64b0a8f2daea035b3cabb.shtml。

应急科普宣教工作的意见》，该意见要求坚持以人民为中心的发展思想，以提升公众科学素质为主线，倡导健康文明科学的生活方式，深入开展公共卫生、自然灾害、事故灾害等突发应急科普宣教工作。2021年1月7日召开的2021年全国应急管理工作会议提出要抓好"三个依靠"——依靠科技、依靠法治、依靠群众，创新方法手段，加强基层、夯实基础、大练基本功。可见，应急科普是应急管理的重要一环。应急科普不仅要回应群众的需求，还要紧紧依靠群众。此外，科技在应急科普工作中发挥着越来越重要的作用。

四川先后经历了"5·12"汶川大地震、"4·20"芦山大地震，惨痛的教训让四川省各级政府深刻认识到，对自然灾害的预防及学习已到了刻不容缓的地步。社区是当代社会生活的基本支点与社会成员的聚集点，在应急科普建设工作中大有可为。本案例中的成都市锦江区成龙路街道国槐社区居民来自成都市3个区失地安置的村民，文化水平低且老龄化严重，应急科学知识和能力匮乏。自成立以后，应急科普知识普及工作被作为社区的重点工作推进，通过为社区居民购买图书、订阅期刊、开展讲座和演练、建设应急科普园等方式，提高社区居民应急科学知识和能力，成效显著，于2015年获得国家级科普示范社区的荣誉称号。在政府的支持下，国槐社区不断摸索、实践、创新，总结出一套具有社区特色的"PDG"（Popularization，普及；Guide，引导；Practice，实践）工作理念，开创政府、社区、社会组织、高校、居民、驻区单位共同生产的社区应急科普公共文化服务新模式。应急科普园建设，实现对应急科普知识的分类供给，提升了科普建设水平，居民应急知识和能力得到了提高，居民满意度和幸福感大幅增加。

国槐社区应急科普建设无疑是成功的，取得如此成就的原因有哪些呢？社区科普公共文化服务的供给涉及哪些主体，它们的关系是怎样的呢？社区应急科普公共文化服务共同生产模式为何能够成功？其成功经验又该如何推广到其他地区？接下来让我们一起重温国槐社区从拆迁安置社区到国家级示范社区的华丽转身之路。

一　应急管理事紧急，"路在何方"求破题

（一）拆迁安置万人余，铸就超大新社群

2002年12月，中共成都市九届十一次全委会召开，在未来城市发展

规划中提出,坚持以扩大城市中心区辐射为依托,调整区域分工格局,扩散城市优势能力,构筑更大范围的经济协作体系,进一步巩固其作为西南地区"三中心,两枢纽"(科技中心、商贸中心、金融中心和通讯枢纽、交通枢纽)的地位。成都市政府认为,按照国务院批复的城市总体规划,要疏散城市中心区密度,启动城东城市副中心、城南城市副中心建设,促进中心城区由单一圈层式格局向多中心、组团式格局发展。①

国槐社区便是成都市城东副中心征地拆迁农民的大型集中安置区。该社区位于成都市东南部,紧邻高铁,属锦江区成龙路街道管辖,面积0.66平方公里,安置了3个区近40个村民小组的拆迁安置居民。现常住户数9680户,常住人口26388人,共有6个拆迁安置居民小区(大观苑一期、大观苑二期、东方丽景小区、海桐一期、海桐二期、海桐三期),是典型的拆迁安置社区。大观苑一期、东方丽景小区于2006年12月完成安置,大观苑二期于2007年10月完成安置,海桐一、二期于2010年完成安置,海桐三期于2013年3月完成安置。来自成都市多个区的村民在不同的时间被安置在国槐社区,造成了国槐社区复杂的社区背景和人员结构,也在一定程度上为国槐社区各项工作的开展增加了难度。

(二)村民变市民,科普知识贫乏

来自多个乡镇的失地农民被统一安置在国槐社区,村民们"摇身一变"成市民,住进了楼房,准备过上城里人的日子。但一切并不是那么顺利与美好。

在村庄里,各家基本都有着独立的院落,住进小区后就变成了对门、楼上楼下的关系,家家户户距离很近,用电、用气安全显得愈发重要。与村庄交通线路不同,城市交通复杂,还有众多交通标志,这也成了"新市民"的难题。此外,国槐社区周围也存在很多的安全隐患:社区旁有农贸市场、商城、茶庄,消防设施不完善,存在火灾隐患;社区后面有一个还未开发利用的小山坡,下雨天容易产生滑塌;社区对面有一条河,又是一个溺水风险点;小区因楼层不高,未安装电梯,爬楼梯容易发生跌撞事件。以上种种都严重威胁着周围居民的安全。2020年10月,居民朱阿姨

---

① 肖龙联:《成都城市副中心建设启动 疏散城市中心区密度》,新浪网,2002年12月28日,http://news.sina.com.cn/c/2002-12-28/083923248s.shtml?from=wap。

在接受笔者访谈时介绍:"我们以前都是村子里的,一下子变成了城里人,我们高兴得很,城市里环境比我们在村里面时好太多了。但是也挺不适应的,也不习惯,家里的天然气和一些电器啥的都不会用,还要麻烦孩子。以前在村里我们都会串门,现在大家的门都关得紧紧的,也没啥活动,只能在家看电视,平时太无聊了。"

对于在社区任职的李书记而言,最令其担心的便是老人和小孩的安全问题。"我们社区是一个拆迁安置社区,居民的文化水平都比较低,老人很多。年轻人白天都去上班,小孩子留给家里的老人带。小孩子一般都很活泼,老人有时候会看不住小孩。我们社区周围的安全隐患又比较多,居民的相关应急科学知识和应急能力又极度匮乏,有时候就会发生一些很危险的情况。社区希望采取一些措施或举办一些活动来提高居民的应急能力。居民安全了,我们这些社区干部才能安心。"

那么,为了向社区居民普及应急科学知识,提高居民的应急能力,国槐社区做了哪些努力与探索呢?

(三) 社区干部殚精竭虑,主动学习

中央和四川省相继出台了关于推进防灾减灾救灾体制机制改革的意见,四川先后经历了"5·12"汶川大地震、"4·20"芦山大地震,加之社区独特的地理位置和居民缺乏应急科普知识与应急能力的现实情况,使社区干部深刻地认识到,对自然灾害的预防及学习已到了刻不容缓的地步。

为积极推动社区应急科普活动,社区成立了专门的科普工作小组:国槐社区党委书记李书记为组长,居委会主任为副组长,全体两委工作人员、网格工作人员为组员,另设有科普专员与志愿者。

社区科普工作小组成员到同属于成龙路街道的其他几个社区参观考察,了解到其他社区通过开展阅读活动宣传科学常识,提高居民的应急科学知识。因此国槐社区也划拨资金建设文化活动室,购买各类科普图书上千册,并订阅多种科技报刊,社区居民可在活动中心借阅;在公共场所设置固定的科普宣传画廊,设有科普宣传栏,并定期更换宣传内容;邀请专家进社区开展科普讲座,内容涉及青少年法制、科普环保、健康科普、非法集资、消防安全等。通过对社区开展活动的类型和参与者年龄进行分析(见表1)可以看出,活动多是老年人为领取活动礼品而参与,对青年人和儿童的吸引力不高。但是值得关注的是,青年人和儿童对于体验式和参与式的活动更感兴趣。

表 1　国槐社区科普活动类型、方式、参与度汇总

活动类型	方式	参与度
普法宣传	发放法律资料 法制讲座 法律咨询	青年人和儿童参与度不高
环保科普	讲座 手工制品 自由骑行	吸引到青年人和儿童的参加
卫生医疗	讲座 体检和义诊	多为老年人参与 有礼品可领取
消防安全	放置安全警示图展 开办安全讲座 消防演练	老年人为领礼品而参加 青年人和儿童参与度不高

社区干部为推进社区科普，进行了很多的尝试与努力，但由于社区居民本身文化水平不高且老龄化程度较高、青年人和儿童参与性不高、活动形式单一等原因，科普活动效果不显著。社区应急科普公共文化服务建设的迫切需求与缺乏提供应急科普公共服务的相关经验之间的矛盾，迫使社区干部决定向科普示范基地学习。

（四）多方寻经，思路渐开

2014年，社区陆续组织干部和社区居民集体外出考察，学习其他科普示范基地建设的先进经验。他们借此机会看到了外面的世界，这也让他们深深感受到了国槐社区和其他科普示范社区的差距。他们代表国槐社区多次到白鹭湾环保科普基地（四川省科普示范基地）、沙河街道五福桥社区（国家级科普示范社区）等先进科普示范基地进行考察学习。那时他们还不敢想，国槐社区也可以作为国家级科普示范社区成为其他社区的学习对象。

社区干部实地考察后，召开会议分享所见所闻，总结经验。随着考察的深入，他们渐渐达成了一个共识：应急科普公共文化服务的提供要整合社会资源，以居民喜闻乐见的方式进行传播。在考察的过程中，李书记发现VR技术和先进设备可以让参观者获得更生动形象的体验，进而取得很好的宣传效果。社区计划引进先进设施，但是建设的费用从何而来这个问题困扰着社区干部们，他们积极地向街道和上级政府申请建设基金。

至此，国槐社区应急科普走向何处，似乎有了一个逐渐清晰的答案。

二 政策春风解疑难，自主创新是妙计

（一）天时地利人和，奠定科普创新底色

"天时"：2014年上半年，新一批次的科普示范社区申报开始。科普示范社区不仅代表一种荣誉，更可以获得资金支持。据介绍：区和市级科普示范社区会得到5万元的资金支持，省级10万元，国家级20万。国槐社区前期有着科普基础，更具有"得天独厚"的区位优势。

"地利"：国槐社区文化活动广场面积约10000平方米（15亩），地处三环内侧中心城区，紧邻成都市高铁东客站，成渝高铁从东北侧俯瞰园区，空间展示度良好；园区同时承载应急避难场所功能，避难容量2000人，有应急示范社区建设基础；国槐社区覆盖6个居民小区，辐射众多学校，周边要素可支撑"社区应急科普"主题特色园区、中心安全教室运营和社区商业发展。

"人和"：国槐社区重视组织建设，加强科普领导，把科普工作纳入社区议事日程。社区多次开展科普专题工作研讨会，把科普工作列入社区居委会"社区精神文明建设规划"。成立"科普示范社区申报小组"，以社区书记为组长，定期开展科普工作培训会，对社区工作人员进行培训，为申报科普示范社区做好充足的准备。

国槐社区有着建设科普活动的阵地和人流量，非常有利于科普知识的宣传和普及，可以很好地营造良好的科学文化氛围，提高全民科技素质，推进辖区社会文明与进步，得到区科协的高度支持与认可。2014年，国槐社区顺利被评为区科普示范社区。成为科普示范社区不是目的，传播应急科学文化知识，提高居民的应急能力才是重中之重。那么国槐社区是怎样做的呢？

（二）扎根社区，摸着石头过河

从国槐社区以往的经验来看，没有群众参与就是失败，如何调动居民的参与积极性是国槐社区科普工作中要思考的问题之一。为此，国槐社区利用社区科普工作人员、宣传员、志愿者等力量在广大居民群众中进行广泛的科普知识宣传活动。

在街道党工委、办事处的领导和广大社区干部群众的大力支持下，国槐社区紧密围绕社区党委和居委会的中心工作，以"市科普示范社区"为目标，提高社区居民的科学文化素质。社区结合不同人群的需求，普及科学

知识，努力营造良好的科普氛围，大力倡导科学、文明、健康的生活方式和思维方式，提升居民群众的科学文化素养。国槐社区做出了以下努力：

一是完善科普硬件设备。为保证科普工作有场所、有阵地，确保社区科普活动阵地更好地发挥作用，社区利用各种渠道，通过自筹经费和上级扶持，来完善社区科普宣传设施建设。2014年10月底，社区花费7万元，在社区广场打造了50多米长的社区科普长廊，展示内容有疾病防治知识、计生知识、科普知识集锦等。这个长廊将生活中的科学常识栩栩如生、图文并茂地展现在社区居民面前，是普及科学技术知识、倡导科学方法、传播科学思想、弘扬科学精神的重要阵地。社区还购置了电视机、DVD、各类科普书籍等科教必需用品，并专人负责全天候向社区居民开放，让社区居民经常自我"充电"。

二是开展丰富的科普活动。科普设施是硬件，那科普活动便是软件。社区组织开展贴近居民生活、弘扬时代精神、形式多样的"创建科普示范社区"系列活动。如"科普大课堂"，让科普走进社区每一个家庭，每一个角落；开展"走进消防中队，远离火灾隐患"消防知识活动；开展"遵章守纪是根本，确保安全靠个人"安全知识讲座；等等。

三是丰富科普活动形式。在小区楼道里制作科普宣传版面，以"生活小窍门""卫生知识""健康园地"等科普内容点缀楼道；设计富有趣味的、居民们喜闻乐见的、形式多样的科普活动，如游园会、有奖问答、手工制作等。

为推动社区科普工作，服务群众生活，国槐社区把普及科普知识、弘扬科学精神、传播科学思想及科学方法作为一项重点工作来抓，积极推进科普工作群众化、社会化、经常化，开创了社区科普工作的新局面。

（三）功夫不负，斩获省级科普示范社区

取得区科普示范基地后的国槐社区向市级和省级科普示范基地发起了"冲击"。成都市科学技术协会对科普示范社区的评选有着具体的标准和评分细则，满分为100分，包括组织领导（15分）、组织网络建设（20分）、科普专项经费（20分）、科普阵地建设（20分）、科普活动开展（15分）、开展科普宣传（10分）。

为获得成都市科普示范社区，国槐社区在原有基础上继续发展完善。成立以社区书记为组长的科普工作小组；健全社区科普机构，有专兼职科普工作人员和科普志愿者；社区广场为社区科普提供了广大的阵地；开展形式多样、内容丰富的科普活动；科普长廊以生动形象的方式向社区居民

传播科普知识。国槐社区的社区科普工作获得了很高的分数，受到了成都市科学技术协会领导的高度赞扬。国槐社区于 2014 年 11 月顺利获得成都市科普示范社区，并被成都市科学技术协会择优推荐为四川省科普示范社区。至此，国槐社区离国家级科普示范社区只有一步之遥。国槐社区继续向更高的奖项发起了冲刺，又做出了哪些探索？结果如何呢？

三　先天优势"显神通"，国家"牌照"握手中

（一）厚积薄发，荣获高级政策资助

为贯彻党的十八大和十八届三中全会精神，落实《全民科学素质行动计划纲要（2006—2010—2020 年）》，充分调动全社会深入基层、贴近实际、贴近群众开展科普工作的积极性和主动性，引领激发广大群众学科学、用科学的积极性和创造性，助力农业现代化建设及新型城镇化建设，2015 年 3 月 30 日，中国科协、财政部组织实施 2015 年"基层科普行动计划"，计划在全国评选 500 个科普示范社区。

国槐社区在"四川省科普示范社区"的基础上，进一步建立健全社区科普组织网络，完善社区科普工作领导小组，继续实行以社区领导牵头总负责、社区其他成员共同参与实施的科普工作机制；充实壮大了科普志愿宣传服务队伍，以科普志愿者带动周边社区群众树立崇尚科学、破除迷信的决心与信心；依托辖区内共建单位，由社区牵头组织邀请卫生、文化、教育、科技等相关方面的专家和学者，深入社区及社区居民家中开展形式多样、生动活泼的科普文化宣传及文娱活动。

功夫不负有心人，国槐社区最终在全国众多社区中脱颖而出，被评为国家级科普示范社区。这一批次中，被评为"国家级科普示范社区"的成都市社区还有化工路社区、驷马桥街道一环路北四段社区、瑞云社区、团结社区等。以上国家级社区都具备完善的组织领导和组织网络建设、配备科普专项工作经费、建有科普阵地、开展科普活动和科普宣传等要素。相比较而言，国槐社区整合社会资源的力度更大，整合社会组织、高校、共建共享单位、志愿者、居民等主体的力量共同生产社区应急科普公共文化服务，这成了国槐社区的一大优势。

"基层科普行动计划"由中央财政安排专项资金，按照以奖代补和奖补结合的原则给予奖励支持。其中科普示范社区的奖补标准为 20 万元。得到国家财政支持的国槐社区开始着手于科普场地建设与升级、科普设施完

善工作，让我们接着往下看。

（二）变"废"为"宝"，"废塔"再用

得到国家财政资助的国槐社区，联合科技公司、社会组织、高校等社会力量建设完善科普基地，根据社区安全隐患排查和阵地条件，打造以应急科普为主题的科普文创中心、科技生活体验馆。

2018年，承载"社区记忆"的高压电塔，随着城市化和社区发展而被废弃，社区将园内高压变电塔残留部分整体改造为一件后现代大型户外雕塑作品，内部搭建一层玻璃房，外立面以和谐号Harmony的英文首字母H为简约造型。它不仅成为老一代社区居民记忆时空中的独特地标，而且使新一代社区居民见证了社区应急科普园的建设，分享有新地标的新时代社区生活。

废弃铁塔被改建为安全生活体验馆，进一步扩大了科普阵地。安全生活体验馆主要分类展示用火安全、用气安全、消防器械使用等方面的内容，分为以下四个展区。

消防器材使用及展览：此区域主要科普如何扑灭电器火灾，在展项上设置多个互动模块，参观者可在互动中了解到更多的电器火灾知识。设置小型展台，配合造型展板，让参观者在互动中探索更多的安全用火知识；右侧设置常见消防器材，文字说明配合实物，对消防器材进行现场科普；同时放置安全知识抢答器，可以两个参观者同时参与安全知识问答。

家庭安全用气知识：此区域主要科普用气安全相关知识，左侧墙面设置推拉式互动展板，参观者可通过推拉选择不同展板观看不同内容；右侧墙面设置安全VR互动体验装置，参观者可在此体验家里隐患排查、知识问答及VR逃生。

交通知识安全相关知识：参观者可选择感兴趣的板块，触摸标志灯箱后，屏幕显示标志的详细知识。

设置虚拟报警装置：参观者可以在此学习不同场景下该拨打哪一类应急电话，以及接通电话后应该如何及时说明现场情况。

（三）寓教于乐，分类提供

如何将科学知识以通俗易懂的方式传播给居民，国槐社区给出了令人满意的答卷。社区整合社会资源搭建动手参与、激发创新的实践平台，举办了"想象""设计""制作""探究""体验""交流"等一系列动手、动脑、交流活动。

2015年，社区修建国槐社区科技生活体验馆，占地面积220平方米。2017年完善科技生活体验馆设施设备，确定以互联网科普为重点，打造了信息化、数字化、虚拟化的社区科普场馆。

馆内以区域设置和设施配套为重点，划分为VR体验馆、互联网健身区、体感影像区、科技体验区、科技智能展品展具区、智慧健康小屋等区域，配套科技生活体验馆标示标牌、场馆设施设备等科普用品及一指通科普一体机、健康检查一体机等自助式服务设施，满足基地教学、实践课堂和居民自主学习服务需求。

考虑到社区老年病患多，国槐社区专门建立了智慧小屋，采用AI技术为老人免费问诊，为社区老人提供方便的同时，也缓解了医院资源紧张，一举两得。智慧小屋还包括以心肺复苏、社区康复为主要内容的急救康复馆，极大地为社区居民提供了方便。社区的王奶奶对我们说："这些技术我们之前也没见过，用了之后觉得很方便。像我们这些老人呀，高血压啥的很正常，以前我们想测一下血压，还需要跑到诊所里去，麻烦得很，现在在社区里就能做检查，是真好嘞！"

2018年，在科技生活体验馆外，国槐社区利用公服资金实施广场改造项目，请专业艺术团队对社区广场上的石墩进行了美化，并在哆啦A梦后背上彩绘应急标志，融入科普元素，形成科普宣传氛围。家住国槐社区的李女士说："一开始大家都还不明白，等打造出来之后，各年龄段的居民们都喜欢得很，你看嘛，这些蓝胖子多有意思！"

与安全生活体验馆相邻的自然灾害馆，运用VR技术和投影互动等方式，生动形象地向参观者展示地震、泥石流、洪水等相关方面的应急知识（见图1）。

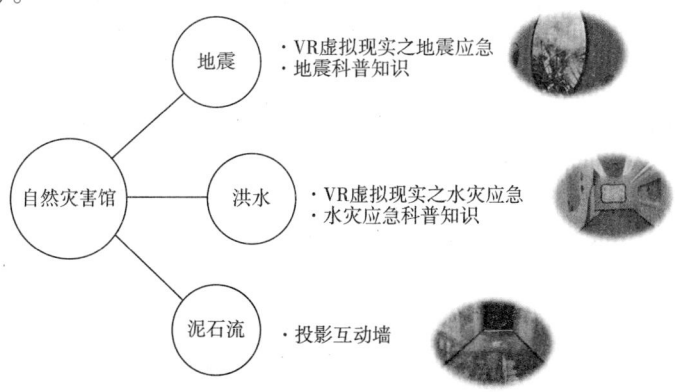

图1 自然灾害馆展示内容与展品设施

自然灾害馆在色调上以活泼欢乐的黄色调为主，给参观者带来视觉上的冲击，同时也放松了参观者的观展情绪，参观者可以在充满趣味的简洁性背后看到隐藏的复杂内容。

投影互动墙是自然灾害馆的一大特色。参观者通过手指触碰墙面上的贴图或投影环面，便会有相应的动画展示，让原本静止的动画"活"了过来。

社区充分发挥阵地优势，利用社区科普生活体验馆、综合文化活动室以及阅览室等场地，对老、中、青不同年龄段人群的不同科普文化需求分类提供。因心社会工作服务中心将前期收集的居民意见整理后与社区一起分析研究，决定开展"槐里"项目。

"槐里-成长"是针对幼儿、青少年开展的系列活动，把青少年社区教育与学校教育有机结合，让社区成为孩子锻炼和成长的乐园。招募青少年科普讲解员，开设防灾减灾、绿色环保、垃圾分类等各种讲座；在"科技之春""全国科普日""科技周"重要科普宣传时间节点，开展创新智能站、科普趣味迷宫等大型活动。

"槐里-绽放"是充分调动辖区内青壮年积极性的系列活动。2018年5月起，针对全职妈妈和上班族的"M"健身室成立，为青年人群提供科学健身知识，还为孕妇提供科学饮食、科学作息等相关科普知识。

"槐里-乐活"是提高老年人生活质量、丰富老年人精神生活、满足老年人休闲娱乐的重要途径。充分利用文体活动广场、老年活动中心为老年人提供健身娱乐、卫生保健、休闲文化等活动，并开展安全用电、防止诈骗等各类教育活动。

国槐社区通过彩绘、沉浸式体验活动等方式，创新了科学知识的传播途径，提高了公众参与科技创新的积极性，促进了应急科学知识及时准确传播，取得了良好的效果，获得了居民的赞赏。表2是国槐社区科普园各展馆的展示类型及服务内容。

表2 国槐社区科普园各展馆具体情况

	场馆	提供方式	服务内容	开放人群
科普园	科技生活体验馆	互联网 VR技术	互联网健身 科技体验 科技智能展示	社区各年龄段居民 驻区单位 对外开放
			智慧小屋	主要针对老年人

续表

场馆		提供方式	服务内容	开放人群
科普园	社区广场	彩绘	应急标识科普	社区内外人员
		科普长廊	应急科学知识科普	社区内外人员
	安全生活体验馆	展台、展板、知识抢答	用火安全知识科普	社区各年龄段居民 驻区单位 接待外来参观人员
		展板 VR技术	用电安全知识科普	
		标志灯箱 知识大屏	交通安全知识科普	
		场景模拟	虚拟报警模拟	
	自然灾害馆	VR技术 投影互动墙	地震、洪水、泥石流等自然灾害的场景模拟与应急知识科普	
	"槐里"项目	"硬文化"与"软文化"	"槐里-成长"	辖区内幼儿和青少年
			"槐里-绽放"	辖区内青壮年
			"槐里-乐活"	辖区内老年人

（四）名实相符，其路也难

国槐社区科普园完善的基础设施、浓厚的科普氛围、独特的科普方式、多元主体的良好结合等元素相互映衬，构成了社区应急科普公共文化服务的"最佳典范"。在从拆迁安置社区到国家级示范社区的蜕变之路上，国槐社区也曾面临众多难题，如活动经费从何而来？怎样才能更好整合社会资源？社会力量可以参与到何种程度？下一步该走向何处？这些问题一直困扰着社区干部们。

四 多元伙伴手牵手，科普服务不用"愁"

在社区应急科普公共文化供给上，国槐社区并不是单打独斗。在上级政府的支持下，国槐社区引进多家社会组织策划和开展应急科普活动；整合工会、科协、红十字会、应急管理局等多方资源，共同参与科普活动，让群团力量助力社区建设；与四川大学-香港理工大学灾后重建与管理学院等高校组织开展科普活动；与辖区内单位签订共建共享责任书，促进应急科普建设;形成了独具特色的应急科普公共文化服务共同生产模式(见图2)。

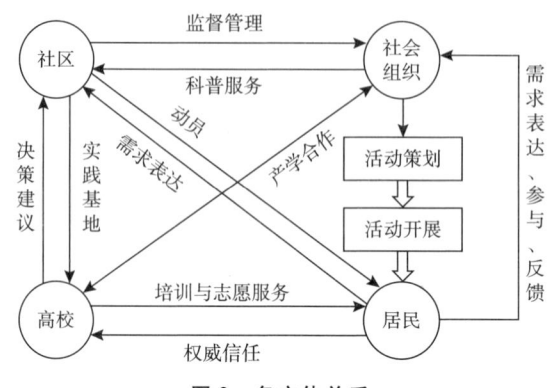

图 2　各主体关系

(一) 常规生产者:政府和社区

1. 关键提供者:支持、领导和监督的政府

在理论上,社区作为国家治理的基本单元,确实具有成为社区科普建设主导者的潜力。但是在实践中,由于社区居委会各方面条件还比较欠缺,工作的开展主要依赖街道办事处和上级机构提供的各种资源,依然依赖上级政府的支持和协调。在国槐社区应急科普公共文化服务中,街道办事处和上级政府作为关键提供者,发挥着以下重要作用。

一是资金支持。2015年,街道办事处、国槐社区共同出资70余万元打造社区科普馆,投入建设经费25万元,于7月竣工。社区计划再投入资金45万元完善科技馆软硬件设施,提升社区科普建设的整体水平。国槐社区争取到国家科普示范社区以奖代偿经费20万元,四川省科普示范社区以奖代偿经费10万元后,仍有15万元左右的资金缺口。国槐社区所属的街道办事处向区科协申请经费补助支持,并顺利获得批准。

二是组织引领。每年科协和街道办会组织开展各类科普活动,比如"科技活动月""科普活动月""全国科普日"等集中性科普活动,"科普进校园"系列活动,城市社区科普文艺汇演,社区科普知识电视大奖赛等。

三是验收监督。科普示范社区需要定期接受市科协、省科协专家组的检查验收。由市科协择优推荐的社区,经两年创建工作,达到创建标准,由市科协提出书面验收申请,四川省科协组织专家组检查验收，根据各创建社区的材料和实地抽查进行查审、评分，并提出评审意见报省科协科普中心审查，合格者颁发证书。四川省科普示范社区实行动态管理，创建活动有效期为5年。届满考核合格者，将重新命名认定。

2. 直接提供者：提供、组织与动员的社区

社区是应急科普公共文化服务的直接提供者。获得经费支持后，社区不仅着手社区应急科普园基础设施建设和活动开展，而且充分利用微信公众号、社区微信群、基层公开平台等现代化信息传播媒介，向居民发布社区活动信息、科普知识等。

社区以科普园为载体，根据不同人群的需求，开展了各类讲座和沙龙。截至2019年12月，社区已开设绿色环保、低碳生活、防灾减灾等科普知识讲座及沙龙共计60余次，参与居民达3000余人次；开展大型科普宣传活动20余次，累计发放各类宣传资料、手册10000余份。

（二）特殊生产者："落实家"和"智囊团"

由于缺乏应急科普建设的经验和知识，社区引进了多家社会组织和高校，坚持多元参与，致力于增强科普园"内动力"。

1. "落实家"：策划与开展活动的社会组织

拥有一定技术能力的社会组织的参与是应急科普公共文化服务能够建成的重要因素。在我国社区营造、智慧社区等社区治理案例中不乏大量技术公司的身影。国槐社区孵化培育社会组织5家，分别负责科普馆、"槐里"项目、5G研发中心、音乐馆、青少年教育中心，采取"财政资金少量补贴+提供有偿服务"的方式，有效提高社会组织的"自我造血功能"。

国槐社区应急科普园项目由"锦城春晓"团队负责。项目组建项目团队，划分为领导小组、策划小组、执行小组。由领导小组负责界定项目方向和范围、对外对内联络、监督和管理项目实施等，策划小组负责项目任务设计、项目组织管理、板块工作设计、协助成果导入等，执行小组负责项目运营与筹建、建设与维护等。

科普园项目建成后，团队派工作人员长期入驻社区，活动的开展也由社会组织来落实。社会组织拟订活动方案，经社区同意后开始筹备，组织科普活动的开展，带领居民参观科技生活体验馆、自然灾害馆、安全生活馆，为参观者讲解科普知识，展示科学技术。社会组织为社区提供服务项

目 30 多个，服务居民 2 万余人次。

2. "智囊团"：提供权威科学知识的高校

高校是高端人才的汇集地。国槐社区加强与区内外科研院所、高等院校的联系，组织专家开展调查研究活动，对社区应急科普园的建设建言献策。

国槐社区联合四川大学－香港理工大学灾后重建与管理学院，以高校专家的专业知识助力科普园建设。四川大学－香港理工大学灾后重建与管理学院经调研论证，提出并实施社区应急科普园的建设方案。社区联合高校开展"未来已来""安全移动营"等各类科普活动 10 余次，向辖区居民展示人工智能、互联网、防震减灾、环境保护等前沿科技知识和日常生活科普、消防演练等活动，参与居民达 5000 人次。

（三）消费生产者：居民和驻区单位

1. 主要消费者：需求表达、参与和反馈的居民

居民是社区应急科普最终的受众之一，公共文化服务的好坏他们说了算。老百姓的喜与怨是评价公共服务的标准，也是各级各地做好工作的指引。因此，如何确保政府提供的公共文化服务就是公民所需就显得极为重要。为此，国槐社区通过入户走访、问卷调查、坝坝会等形式收集居民关于科普知识的需求意见，根据不同需求人群开展针对性的应急科普教育活动，充分调动社区居民参与热情，提升辖区居民的整体文化水平。活动后居民之间相互交流，分享自己学习到的科学知识并广泛宣传，活动中存在的不足和有待改进的地方也可以向社区工作人员反映。

2. 其他消费者：共建共享的驻区单位

国槐社区本着"围绕中心、服务大局、统筹兼顾、整体推进、资源共享、优势互补、注重实效"的原则，开展共建共享工作，实现基层组织与驻区单位之间的良性互动，推进社区资源整合，提升社区服务能力。国槐社区先后与贝佳乐幼儿园、奕通社区文化发展中心、大观医院、实验学校签订共建共享责任书。社区与共建共享单位互相为对方免费提供场地、器材设备、科普活动等。表 3 展示了社区与驻区单位共建共享的资源类别和内容。

表3 国槐社区与驻区单位共建共享资源动态管理清单

单位名称	单位类型	共建共享资源类别	共建共享资源内容	开放要求
国槐社区	社区	场地资源	社区党群服务中心、综合文化活动室、科技馆、文体活动广场等	依照与单位共同制定的活动计划及临时协商无偿开放
		器具资源	社区会议桌椅、书籍、活动器材	
		文化活动	党群文化活动、志愿服务活动、寒暑假社会实践、周末公益课堂等	
大观医院	医院	场地资源	医院会议室	依照与社区共同制定的活动计划及临时协商无偿开放
		器具资源	培训用配套医疗器械	
		专业服务	医疗咨询、健康指导、专业培训及讲座	
实验学校	小学	场地资源	学校教室、会议室、操场等教学活动场地	依照与社区共同制定的活动计划及临时协商无偿开放，学校活动场地向持"锦江区学校体育场馆对外开放健身卡"的社区居民免费开放
		器具资源	学校教学用具、活动器材	
		专业服务	教育咨询、培训及讲座	
贝佳乐幼儿园	幼儿园	器具资源	教学使用的多媒体，如投影仪、一体机	在不影响幼儿园教育活动安排的前提下，幼儿园教育资源原则上无偿向社区开放
		专业服务	保健知识、育儿知识、幼儿习惯养成等方面的培训、讲座	
奕通社区文化发展中心	社会组织	场地资源	教室、家长休息室、办公室	在不影响组织工作及活动安排的前提下，无偿向社区及居民开放
		器具资源	教学用具、活动器材	
		专业服务	公益作业托管、公益家长课堂、青少年教育讲座	

3. 产消合一：居民和驻区单位的双重身份

社区居民通过坝坝会表达自己的公共文化需求，参与到他们所需的应急科普公共文化服务的生产过程中，改变"顾客"或"消费者"的姿态，积极参与到公共文化服务的生产和提供，并且为改善质量负责。

驻区单位为国槐社区应急科普活动的开展提供设备支持，同时驻区单位也可以借用国槐社区的科普场地和设施，参加科普活动。

社区居民和驻区单位有着生产者和消费者的双重身份，在互动的过程中与社区一起完成应急科普公共文化服务的供给，同时又消费应急科普公共文化服务，实现了产消合一。

五 社区行动成典范，声名远扬暖民心

（一）习得新知识，居民乐开怀

国槐社区根据不同人群的需求，开展了各类讲座和沙龙。截至2019年12月，社区已开设绿色环保、低碳生活、防灾减灾、未来已来等科普知识讲座及沙龙共计60余次，参与居民达3000余人次；开展大型科普宣传活动20余次，累计发放各类宣传资料、手册10000余份。通过参与活动，居民学习到了科学知识，见识到先进的科学技术，不仅扩大了自己的眼界，更提高了自己的应急知识和能力，居民们纷纷表示支持，下次还会参加活动。现在，居民看到社区广场上搭起台子，都会主动从家里出来，积极地参与活动。

（二）创科普服务的共同生产新模式

国槐社区整合社会资源，引进多元主体参与应急科普公共服务的生产，推行"1+5+N"工作模式（1个阵地，党建引领、群团支持、高校协同、立足社区、群众参与5步走，成立N个科宣志愿队），创新了科普服务的共同生产模式。区市省级领导肯定了国槐社区应急科普服务的做法和实施情况，在其他市参观交流会上，国槐社区应急科普工作的经验和做法被作为典型向参观交流团分享。作为2015年"基层科普行动计划"受奖补的单位，国家通过此项表彰，希望进一步发挥国家级示范社区的辐射带动作用，引导和帮助更多的社区居民建立起科学、文明、健康的生产和生活方式，激发广大公众创新创造热情，提高群众科学文化素质，让科普公共服务惠及广大基层群众。

（三）成绩优异当标杆，优秀经验广流传

曾经到异地"求经"的国槐社区，因其打造科普园的优秀经验和显著

成效，现如今已成为其他市学习的标杆。自2015年国槐社区成为国家级科普示范社区以来，崇州市、绵阳市等市科协纷纷到国槐社区参观学习，考察社区科普展板、科技生活体验馆、科普长廊等硬件设施。上级政府也召开科普工作交流会，从机构建立、经费保障、活动开展、监督考评等方面介绍国槐社区科普工作的实施情况和方法。

六　应急科普路漫漫，吾将上下而求索

（一）"优等生"也有苦恼

近年来，国槐社区先后取得"市科普示范社区""省级科普示范社区""国家级示范社区""区科普基地""蓉城社区创新屋"等荣誉称号，得到了各方好评。市领导和省领导多次到国槐社区参观指导科普园建设，指出以社区形式修建的科普园区对辖区居民和青少年科普知识的普及意义，充分肯定了建设科普园的必要性。国槐社区的成功吸引了成都市、绵阳市、崇州市等考察团到社区参观学习，成为其他社区学习的典范。虽然国槐社区应急科普交出了一份满意的答卷，但仍然有一些问题始终困扰着社区干部们，比如如何进一步提升园区的科普氛围？如何进一步扩大科普园区的影响力？如何最大限度地普及知识，让社区真正接受，并具有应对危急情况的能力？

（二）如何化科学思维为科学行为？

应急科普的基本情境是应急，在应急状态下，科普是政府应急管理的重要手段之一。应急科普的目的不仅是在思维意识层次上起作用，让民众了解应对突发事件科学知识，提升民众应急能力；更为重要的是，能够使民众从科学的"应急知识"转化为科学的"应急行动"。因此面向重大突发事件，应急科普不仅是一种知识、观念的教育宣传，更是引导公众自觉科学的行动。国槐社区通过打造应急科普的"硬实力"和"软文化"，向辖区居民和驻区单位传播应急科普知识，营造了讲科学、爱科学、学科学、用科学的浓厚氛围，居民的科学素质得到提升。但是科学思维并不等同于科学行为，当灾难真正来临的时候居民能够有效应对吗？科学思维转化为科学行为是社区居民需要重点培养的能力。

（三）智慧科普何以可能？

当前，中国的基层治理领域正在发生着令人瞩目的变革，这些变革也

深刻地影响着基层社会治理的运行模式和结构。其中一个显著的特点便是新技术的广泛应用，引发了新一轮的"政府再造"运动，互联网＋政务、智慧城市、智慧社区等已经不再是一种新理念和概念，而是上升到了国家战略的高度。在此背景下，智慧科普呼声越来越高。智慧科普时代也为国槐社区带来了挑战。

国槐社区通过 VR 技术、互联网和先进设备让参观者可以更生动真实地体验灾难发生的场景，并习得应急科普知识。但是社区老人居多且文化水平不高，并不太会使用互联网并操作一些先进机器，智慧科普建设过程中如何满足这部分人的需求？此外，信息化系统虽然为社区应急科普提供了快捷、便利的手段，但要发挥作用还是要靠应急科普知识的广而告之，提高人们对应急科普的兴趣，这才能使更多的居民从智慧科普中受益。

七　结语

加强国家应急管理体系和能力建设，既是一项紧迫任务，也是一项长期工作。新冠肺炎疫情的突袭而至，不仅凸显了加强我国应急管理建设的必要性和紧迫性，也让我们看到了基层社区在应急管理建设方面大有可为。

本案例研究的国槐社区与社会组织、四川大学－香港理工大学灾后重建与管理学院、省市区科协、居民等多方联动，产学研政合力，着力打造"五有"（科普有阵地、应急有文化、群众有参与、运维有机制、执行有团队）特色园区，建设了成都市首个以应急减灾为专业定位的社区科普馆，夯实社区应急能力构建。国槐社区的应急文化服务彰显出共同供给的特征，即党的引领在激活社区自治的同时，也将党的领导优势转化为基层应急效能。公众驱动在进行内部激活的同时，还对党政形成较大压力，将群众优势转化为应急行动力。在中国语境中，党建引领作为统合多元力量的最核心要素，既具有较强的纵向渗透力，又具有较好的横向聚合力。一方面，党建引领通过政治引领、组织引领等方式起到权威统合的作用，规避了碎片化应急治理；另一方面，党建引领整合多元整体性力量形成应急合力，形塑出应急服务共同体，避免了多元格局的离心力。公共文化服务的共同生产模式对于解决供需平衡、提高服务质量、提升公众获得感具有重要的作用。国槐社区的成功做法为全国各地树立了社区应急科普公共文化服务共同生产的成功典范。

思考题

1. 国槐社区应急科普公共文化服务供给中涉及哪些行动者？他们之间的关系如何？

2. 国槐社区应急科普公共文化服务共同生产模式何以可能？

3. 结合其他地方社区应急科普公共文化服务供给路径，评价国槐社区的共同生产模式，并谈谈进一步创新的建议。

案例说明书

一 课前准备

（一）教师准备

（1）教师在上课前应预习本案例会用到的相关学科的理论知识以及相关的政策文件，准备相关的图片和文字资料。

（2）在上课前一个月左右开始安排学生了解相关的事件、知识、资料，明确学生关注的重点。

（3）建议教师提前将本案例文本发放给学生，安排学生提前熟悉案例。

（二）学生准备

（1）提前阅读和熟悉教师发放的案例，并记录自己的疑惑及相关问题。

（2）自主查找相关的事件、知识、政策文本等内容。

二 适用对象

（一）适用课程

本案例适用于公共管理、应急管理、公共服务等相关课程。

（二）适合学生

本案例适合 MPA 学员、行政管理和应急管理等相关专业学术研究生以及从事这方面工作的人员，同时也适合公共管理专业其他方向的研究生和本科生学习使用。本案例还适用于具备一定公共管理基本知识并对公共管理有兴趣的非专业人士及学生。

三 教学目标

（一）关键问题

本案例应用于课程教学中，着重要讨论的问题有：
（1）什么是应急科普？
（2）公共文化服务的供给主体有哪些？各主体之间的关系如何？
（3）公共文化服务供给模式有哪些？本案例所讲的共同生产模式有哪些优点？
（4）该案例带给了我们怎样的启示？

（二）具体教学目标

（1）学生通过案例分析，能够加深对公共管理等领域相关理论的学习，提升发现问题、分析问题、解决问题的能力。本案例通过对国槐社区应急科普建设过程、各主体作用及关系、公共文化服务共同生产模式的描述与分析，能够使学生运用所学的理论知识分析现实的问题，提高理论与实践相结合的能力。

（2）学生了解在社区应急科普公共文化服务的共同生产模式中，政府需要承担哪些职能，履行职能的方式有哪些，社区、社会组织、高校、居民、驻区单位又各自发挥着怎样的作用，他们之间的关系是什么。本案例通过对国槐社区应急科普公共文化服务案例进行分析，充分展示了社区应急科普公共文化服务共同生产模式的基层实践。

（3）学生总结国槐社区共同生产模式成功的原因有哪些，并讨论这些经验如何借鉴到其他社区。使学生了解，通过共同生产模式能够促进公共文化服务供给与需求的平衡，使公共文化服务的供给符合民众的文化需求，提高民众的积极性、获得感、幸福感。

四 教学内容与要点分析

（一）理论基础：奥斯特罗姆的共同生产理论

共同生产又称合作生产、联合生产、参与主义。20世纪70年代，诺贝尔经济学奖获得者埃莉诺·奥斯特罗姆在美国印第安纳大学政治理论和政策分析工作坊的学术研讨会上提出了共同生产的概念，认为公众与公共部门可以一同参与到公共服务的供给与生产中，这是整合公私部门资源，实现国家与社会通力合作提供公共服务的重要模式。① 奥斯特罗姆团队在城市治理研究中，将合作生产解释为提供服务的常规生产者与希望改善生活的公民之间的潜在联系，促进政府与公民之间协同增值。② 奥斯本等人对于共同生产的定义相对具有概括性，认为共同生产是"公共服务用户在服务设计、管理、提供或评价中志愿性或非志愿性地参与"。③

共同生产模式意味着政府与公民在公共服务的供给中是同等重要的，政府与公民共同生产出满意的公共政策结果。④ 公共服务的"常规生产者"政府是服务生产的专业人士，公民被称为"消费生产者"，公民个人或者团体都是积极的，并且具有参与性，他们的合作生产活动或消费者生产行为是为提高服务质量和数量做出志愿的努力。⑤ 常规生产者和消费生产者在共同生产过程中投入资源、技术、劳动、时间，促成某种公共产品或服务的制造与生产。⑥ 共同生产与传统主流的政府主导、消费者反馈的模式不同，强调的并非是政府为公民服务，并承担服务提升的全部责任，而是将服务交付视作一个涵盖公民和政府代理的联合体。⑦ 在合作生产模式下，政府的角色不仅仅是对需求的回应，更重要的是将公民发展成为共同生产

---

① Ostrom, E., "Crossing the Great Divide: Coproduction, Synergy, and Development," *World Development*, 1996, 24 (6): 1073 – 1087.

② Ostrom, E., "Metropolitan Reform: Propostions Derived from Two Traditions," *Social Science Quarterly*, 1972 (53): 474 – 493; Alford, J., "A Public Management Road Less Travelled: Clients as Co-producers of Public Services," *Australian Journal of Public Administration*, 1998, 57 (4): 128 – 137.

③ Osborne, S. P., Z. Radnor, and K. Strokosch, "Co-productionand the Co-creation of Value in Public Services: A Suitable Case for Treatment," *Public Management Review*, 2016, 18 (5): 639 – 653.

④ 朱春奎、易雯：《公共服务合作生产研究进展与展望》，《公共行政评论》2017年第5期，第188~201+220页。

⑤ Whitaker, G. P., "Co-production: Citizen Participation in Service Delivery," *Public Administration Review*, 1980, 40 (3): 240 – 246.

⑥ Brudney, J. L. and R. E. England, "Toward a Definition of the Co-production Concept," *Public Administration Review*, 1983, 43 (1): 59 – 65.

⑦ 朱春奎、易雯：《公共服务合作生产研究进展与展望》，《公共行政评论》2017年第5期，第188~201+220页。

者；公民的角色也不再是简单的需求表达者、服务的消费者以及评价者，更是公共服务的共同提供者和创造者。①

（二）共同生产理论下的案例分析

政府作为常规生产者，统筹全局，领导着社区公共文化服务生产的全过程，并向社区投入资金、技术、人员等资源支持，并给予建议、指导和监督。社区是居民活动的主要场所，是最接近居民的基本单元，扮演着直接提供者的角色，联合高校和社会组织共同参与打造应急科普园，生产公共文化产品和服务，同时组织动员居民参与公共文化服务的生产，使居民对服务内容和服务质量的提升做出贡献。作为特殊生产者的社会组织和高校都具有自身的独特优势，高校的权威专家提供项目设计方案、指导建议并为社区提供志愿服务，社会组织利用其专业优势策划活动并组织开展活动。居民作为公共文化服务的重要一环，在本案例中不只是政府和社区的顾客，更重要的是公共文化服务的共同提供者，也要为公共文化服务的质量负责。他们向社区提出自己的文化需求，积极参与到公共文化活动中，学习应急科学知识并向他人宣传科普知识。居民也可以向社区反馈意见，提升社区公共文化服务的质量和效率。驻区单位在消费社区提供的公共文化产品和服务的同时，也向社区提供设施、科普讲座、志愿服务等支持和服务。社区居民和驻区单位不仅是公共文化服务的消费者，更参与到公共文化服务的生产过程中，实现了生产者和消费者双重身份的合一。

五 课堂安排

本案例可用于专门的讨论课堂，整个课堂时间控制在 90~120 分钟，以下是可供参考的课堂教学计划。

（一）课前计划

分发案例文本，提出启发思考题，让学生在课前完成初步的案例阅读、资料收集并独立思考，以便于在课堂深入探讨和学习。

---

① Sharp, E., "Toward a New Understanding of Urban Services and Citizen Participation: The Coproduction Concept," *Midwest Review of Public Administration*, 1980, 14 (2): 105–118.

（二）课中计划

首先，简洁明了地导入主题，对案例进行总的介绍。（10分钟）

其次，组织学生根据自己的观点分组讨论，并陈述自己的观点，如有意见不一致，可组织学生进行对辩。（60~90分钟）

本案例引导学生课堂讨论的问题可参考但不限于以下问题：

（1）学生自己所在的社区或者村庄提供的公共文化服务有哪些？有应急科普吗？觉得效果如何？是否满意？

（2）国槐社区应急科普公共文化服务供给中涉及哪些行动者，他们之间的关系如何？

（3）国槐社区应急科普公共文化服务共同生产模式何以可能？成功的因素有哪些？

（4）结合其他地方社区应急科普公共文化服务供给路径，评价国槐社区的共同生产模式，并谈谈进一步创新的建议。

最后，教师和学生代表点评，并进行归纳总结。（20分钟）

（三）课后计划

学生根据课前阅读、资料收集、课堂讨论、教师引导和归纳总结的内容，进一步进行回顾与总结，并撰写完整的研究分析报告。

六　其他教学支持

本案例教学课程需要在专业的案例教学教室进行，要有讨论圆桌，便于学生的交流与讨论。教学工具主要有电脑、投影设备、白板、笔、纸、话筒等。

参考文献

[1]〔美〕埃莉诺·奥斯特罗姆：《公共事物的治理之道》，余逊达、陈旭东译，上海译文出版社，2012。

[2]〔美〕埃莉诺·奥斯特罗姆等：《规则、博弈与公共池塘资源》，王巧玲、任睿译，陕西人民出版社，2011。

[3]〔美〕埃莉诺·奥斯特罗姆等：《公共服务的制度建构——都市城市警察服务的制度结构》，宋全喜、任睿译，上海三联书店，2000。

[4]〔美〕珍尼特·V. 登哈特、〔美〕罗伯特·B. 登哈特：《新公共服务：服务，而不是掌舵》，丁煌译，中国人民大学出版社，2010。

[5] 王亚华:《增进公共事物治理:奥斯特罗姆学术探微与应用》,清华大学出版社,2017。

[6] 朱春奎、易雯:《公共服务合作生产研究进展与展望》,《公共行政评论》2017年第5期,第188~201+220页。

[7] Ostrom, E., "Crossing the Great Divide: Coproduction, Synergy, and Development," *World Development*, 1996, 24 (6): 1073-1087.

[8] Ostrom, E., "Metropolitan Reform: Propostions Derived from Two Traditions," *Social Science Quarterly*, 1972 (53): 474-493.

[9] Alford, J., "A Public Management Road Less Travelled: Clients as Co-producers of Public Services," *Australian Journal of Public Administration*, 1998, 57 (4): 128-137.

[10] Osborne, S. P., Z. Radnor, and K. Strokosch, "Co-productionand the Co-creation of Value in Public Services: A Suitable Case for Treatment," *Public Management Review*, 2016, 18 (5): 639-653.

[11] Whitaker, G. P., "Co-production: Citizen Participation in Service Delivery," *Public Administration Review*, 1980, 40 (3): 240-246.

[12] Brudney, J. L. and R. E. England, "Toward a Definition of the Co-production Concept," *Public Administration Review*, 1983, 43 (1): 59-65.

[13] Sharp, E., "Toward a New Understanding of Urban Services and Citizen Participation: The Coproduction Concept," *Midwest Review of Public Administration*, 1980, 14 (2): 105-118.

【第十讲】 失地农民安置社区的情理共治路径

——基于兰州新区彩虹城社区的实地调研*

摘　要：作为在整村拆迁基础上建设的新城区，兰州新区的人口绝大部分为失地农民，其日常生活秩序、行为模式等均带有乡土"根"性，由此带来的安置社区治理和建设问题也十分凸显。本案例基于兰州新区彩虹城社区的实地调研，从情理结合的复合视角深入挖掘安置社区居民上楼后的情感表达，基于社会"情感"因素和政策"理性"因素审视彩虹城社区的治理路径，探索社区在社会空间重构背景下采取哪些举措去回应安置居民的情感诉求并化解治理难题，最终形成了何种治理格局。本案例关注失地农民上楼后的情感变迁和由此引发的治理难题，探索社区治理新路径，分析社区治理的具体成效。彩虹城社区将中国社会特有的人情、关系等情感因素和基层共建共治的政策要求巧妙结合起来，形成了以治理现代化为核心取向的情理共治的复合型治理机制。

关键词：协同治理；情感治理；情理共治；失地农民安置社区

案例介绍

引言

目前，我国正处于新型城镇化快速发展的时期，兰州新区正是这一进程的产物。兰州新区自 2011 年规划以来，所需建设用地不断增多，城市空间快速扩张，在此过程中，产生了大量的失地农民，同时也催生了失地农民安置社区这一新的社区形态。作为城市化进程中与失地农民相伴而生的一种新型社区，安

---

* 本案例基于 2020 年 8 月在兰州新区彩虹城社区进行的实地调研。课题组对社区居民、社区工作人员、社会工作服务机构的工作人员进行了访谈，同时收集了中国社区网以及兰州新区彩虹街道办事处、兰州彩虹社会工作服务中心的微信公众号等公开发布的资料。

置社区在乡土社会瓦解后为这一群体提供了新的生活空间。然而，拆迁过程中失地农民与传统村落的剥离及生活空间的转变也引发了更深层次的情感不适，人们难以割舍的乡土情感无处安放，而这种感性因素也为安置社区治理带来了艰巨的挑战。

在 2013 年 12 月召开的中央城镇化工作会议上，习近平总书记高度重视城镇化进程中的农业转移人口，并对城市建设作出重要指示。会议强调：要依托现有山水脉络等独特风光，让城市融入大自然，让居民望得见山、看得见水、记得住乡愁；要融入现代元素，更要保护和弘扬传统优秀文化，延续城市历史文脉；要融入让群众生活更舒适的理念，体现在每一个细节中。①

新型城镇化建设强调以促进人的城镇化为核心，衡量城镇化水平的标准，不再是简单的城市面积和人口比例，而是强调以人为中心，全面实现人的城镇化。因此，我们必须关注情感这一内心因素带来的更深层的治理困境，为失地农民提供新的情感和心灵归属，为乡愁、村落文化等传统血脉找到新的寄托。社区是社会的基本单元和政策落实的前沿阵地，情感治理理念在社区中有着丰富的应用资源和强大的适应能力，构建融入情感的治理体系有其内在必要性和独特价值。

彩虹城社区地处兰州新区行政文化中心，作为建设最早、规模最大的失地农民安置社区，其治理举措紧跟党的政策号召，积极探索新时代社区治理新模式，具有典型特征。安置居民进入城市后，哪些问题是他们最关心、最需要解决的？与传统乡村剥离后带来的情感波动引发了哪些治理困境？基于安置居民的乡土"根情结"，社区出台了哪些举措，以回应居民的情感需要，化解治理难题？在治理过程中，社区各项举措的实施情况及其带来的治理效果如何？有哪些可推广的经验？

一 案例背景

（一）发展中的兰州新区

兰州新区是 2012 年 8 月国务院批复设立的全国第五个、西北第一个国家级新区，被赋予"西北地区重要的经济增长极、国家重要的产业基地、

---

① 《中央城镇化工作会议在北京举行　习近平李克强作重要讲话》，中国共产党新闻网，2013 年 12 月 15 日，http://cpc.people.com.cn/n/2013/1215/c64094-23842466.html。

向西开放的重要战略平台和承接产业转移示范区"的战略使命，总面积1744平方公里，现托管3镇，常住人口50万人。① 作为一座拔地而起的新城，兰州新区的开发建设涉及大规模的征地和拆迁工作，征地范围涉及永登、皋兰两县中川镇、秦川镇、上川镇、树屏镇、西岔镇和水阜乡6个乡镇、73个行政村。

（二）兰州新区彩虹城社区简介

彩虹城社区位于兰州新区行政文化中心，东起兴隆山路（经十路），西至祁连山大道（经七路），南临黄河大道（纬一路），北至汾河街（纬二路），占地面积约977亩，2013年由中川、秦川、西岔三镇共14个村的居民搬迁组成。社区下辖A、B两个小区，辖区内共有住宅楼82栋，住房8636套，人口2万余人，其中常住人口15336人，流动人口4000余人。②

社区党群服务中心位于彩虹城B小区14号楼裙楼，采用一站式低柜台的服务模式，在服务大厅集中了综合服务、市场管理、综治信访、便民代理、生存认证、安全监管、社会事务、甘肃广电等8个便民服务窗口。社区党群服务中心还设有老年人日间照料中心、志愿服务和社会工作站、社区学校、民情议事厅、四点半学校、综合文体活动室等各类便民服务功能室。

二 "共同体"缺失：安置社区治理困境

目前，我国社区建设中面临的最大困境之一便是居民对社区的归属感和认同感较弱，参与不足，社区治理在实践过程中演变成了政府的单一行为，产生了"共同体困境"。③ 这一情况在安置社区中尤为明显。安置居民乡土"根情结"的延续和传统社会熟人体系的断裂使社区缺乏真正的共同体含义，在很大程度上只是一个地理空间性概念，大部分居民只是把社区作为一个落脚的地点，而非心之所属的家园。此外，安置社区的规划建设

---

① 《兰州新区概况》，兰州新区门户网站，2022年4月26日，http://www.lzxq.gov.cn/system/2018/10/25/030000231.shtml。

② 《甘肃省兰州新区彩虹街道彩虹城社区简介》，中国社区网，http://gs.cncn.org.cn/lanzhou/caihongcheng/。

③ 郑杭生、黄家亮：《论我国社区治理的双重困境与创新之维——基于北京市社区管理体制改革实践的分析》，《东岳论丛》2012年第1期，第23~29页。

和治理也表现为自上而下的政府推动，新的集体互动模式尚未形成，被安置的居民参与感不足、社区意识淡薄、生活与制度冲突、社区与居民断裂等问题频发。

（一）居民社区意识薄弱

中国人自古以来就强调"落叶归根"，拆迁安置居民对传统农村有着深厚的乡土"根情结"，城市化进程并没有打破这一传统情愫。土地、老屋等要件作为乡土中国的根本特征，蕴含着失地农民群体难以割舍的故土情怀。费孝通先生在《乡土中国》中就曾写道："以农为生的人，世代定居是常态，迁移是变态。"[①] 相比于以往的农村岁月，尚且短暂的城市生活经历还无法使新社区变成安置居民心中的家园和扎根的地方。他们暂时无法从原有的村庄意识中剥离出来，可能无法很快产生"社区是我家"的归属意识，对社区的归属、认同、主体责任和积极参与等社区意识仍较为薄弱。当问到他们内心对社区和农村分别是一种什么样的情感时，他们不约而同给出了近乎一致的回答。M阿姨说："虽然在这儿住了也有几年了，但说实话，心里还是差一截。以前总跟别人说我们村咋了咋了，现在一跟别人提我们小区，就觉得怪得很，总感觉自己不像是这里的人。"M爷爷说："虽然现在条件好了，但是心里急，人在楼上住着，心底里还是想着以前的日子，在我们老一辈人心里，土房子宽宽的住着到底好。"Z阿姨说："我就觉着我是个地道的农民，不是啥城里人，不管搬到这里多久，也抵不过在村里从小长到大的感情。实际上这两个根本就没法放到一起比，我们农村人肯定更喜欢农村。"

在安置社区居民的心里，原来的村庄和新社区在情感层面上不是一个量级的。一方水土养育了一方人，培育他们、滋养他们的深厚乡土情感已经占据了他们内心的大部分空间，乡村才是他们心灵的归属，承载着他们深深的认同。这是一种超越时间和物质的精神沉淀，远非短短几年的社区生活可以相比。此外，安置社区作为城市化的产物，其规划和建设都是政府主导的，带有一定的模式化和同质化色彩，很难与以前亲自设计、参与建设的农家院落相提并论，因此，其外在方面也不具备激发认同的要素。

彩虹城社区搬迁进来最早的失地农民住户也不过在这里住了短短七载，他们对社区的认识和了解还不够深入，社区的主体意识尚未完全树立

[①] 费孝通：《乡土中国》，商务印书馆，2018，第7页。

起来，居民难以真正在内心对社区建立起足够的责任感和认同感。对于绝大多数拆迁安置的居民来说，新社区更像是一个居住的地方和生活的场所，而非传统意义上的家园和情感的寄托，他们亲密熟络的关系更多是基于以往的血缘和亲缘，但血缘和亲缘在社区中存在感并不强，扮演了一种隐性的角色。而封闭私密的居住空间也使得住在同一楼层的居民远不如以前亲近，邻里之间的陌生与淡漠也进一步延缓了归属、认同等社区意识的产生。

（二）居民参与程度不高

公民参与是政府实现有效治理的重要路径，更是社会治理的核心内涵和社区共同体本质的体现。因此，安置社区治理的理想状态理应包含社区居民对公共事务的广泛参与，实现充分的自我管理和服务，进行有效的自治这一过程。但是在对彩虹城社区的居民访谈时，可以明显感觉到部分居民主人翁意识的缺失和对现代治理的不解。同时，因受到一系列主观因素和客观条件的制约，居民的社区参与程度并不高。W叔叔说："你要说管社区的事情，我觉得难。主要是我们一辈子就会种地，也不懂那些条条框框的东西，就算想参与，咱也没有那个能力，所以我感觉说参与就是太空了。"Z阿姨说："我没关心过这个事。以前在村里，大事小事就听村主任的呗，现在到社区来了还是老样子，听政府的。再说我们这儿女人家也没念过几天书，基本上没想过啥参与不参与的。"Y叔叔说："我们就是庄稼人一个，不懂社区的事，也不操心这些。社区的领导干部能干好就干，干不好那也是上面的事情，这是他们的工作，和我们下面的人没啥关系。"

安置社区居民参与意识不强是由多种因素共同作用的结果。在拆迁安置过程中，人们处于新旧社会角色过渡的中间状态，还未完全实现身份的真正转型。以往长期的村民身份带来的经验性认知和传统的村委会模式使他们习惯了政府及其干部对公共事务的包办和管理，人们普遍认为治理是属于有行政权力的政府干部的权责之事，作为百姓的他们主要任务就是配合和服从，这种根深蒂固的观念在短时间内难以转变。在这种对治理的刻板印象和老旧思想的禁锢下，安置居民尚未形成社区自治的意识，他们的自我管理和服务意识都很薄弱。

还有个别居民给出了另外的看法："让我们参与，说白了也就是做个样子，搞形式的，到底还是上面说了算，大家心里都清楚，也就没人想掺和了，没啥意思。"

这部分居民基于以往的经历道出了对参与效果的顾虑，认为居民参与社区治理实则是一种形式主义和面子工程。考虑到自己的意见和诉求得不到有效的表达和重视，他们自然觉得没有参与的必要。

（三）制度与生活的矛盾

拆迁安置社区是中国特色城镇化进程中衍生出的一种特殊社区形态，介于农村与城市之间，正处于过渡阶段。它在物理空间及结构方面与城市社区高度一致，但仍保留着部分农村社区的特性。① 也正是因为其自身的特殊性，安置社区治理中城乡二元性的冲突尤为明显。

在征地拆迁之前，安置居民生活在世代居住的乡村里，秉承着传统的村落治理模式，整个村庄的秩序处于一种均衡、有序的状态。然而，在城镇化进程中，这一治理平衡被打破，村民与乡村被强制剥离，住到了社区中。生活空间和治理模式的转变，也带来了诸多新制度体系与旧有生活习惯的冲突及调适：一方面是原有的生活方式无法延续，另一方面是要了解并适应全新的规则。M 阿姨说："要说不习惯的，那就多得很，不说别的，单是过年过节不让放（鞭）炮我就感觉不合适。我们刚搬进来暖房的时候，都是偷着放，反正大家都放，也管不过来。" W 叔叔说："这城里的有些规定和我们老百姓就是不搭调。我们在村里住惯了，当然还是按照以前的老办法来。现在上面说不许这不许那的，反而没以前过得那么自在了。" M 爷爷说："搬到楼上以后，到处都得花钱，物业费、暖气费乱七八糟的收费以前听都没听过，你不花还不行。" Z 阿姨说："前一阵子我们小区有人缓哈（去世）了，社区还专门有人来守着，不让大操大办，最后就随便了事了。这要是在我们村里，该有的仪式还是得有，就感觉这城里规定太死板了，一点也不通人情。"

由此可见，安置社区居民虽然离开了农村这一大环境，但是他们的生活方式和日常习惯并未从乡土社会中完全脱离出来，在很大程度上还保持着旧有的思想观念，生活场域的急剧转变让许多安土重迁的失地农民难以适从。在以往的生活经历中，村里的每家每户都有宽敞的院落和所属土地，足以便利日常各项事务的开展；在以血缘和亲缘为纽带的村落中，更

---

① 蒋慧、吴新星：《"过渡型社区"治理问题的政治社会学解析——基于社会资本的视角》，《大连理工大学学报》（社会科学版）2012 年第 1 期，第 101～105 页。

多以威望和关系实现治理,规章制度作用较少;此外,村民长期秉承自给自足的服务模式,并不涉及交暖气费、物业费等与第三方的经济关联,他们已然在长期的生活实践中形成了一套适用于农村社会的生活体系。

布迪厄创造性地提出了"惯习"这一概念,他指出,"惯习是一整套深层次内化的主导性倾向,它导致了特定社会条件下产生的一系列行为"。[①] 而对于本文的安置居民来说,在传统乡村这一生活场域中,他们经过一系列长期的生产生活实践,再加上悠久村落文化的影响和熏陶,逐渐形成了布迪厄所说的"惯习"。这是一种深刻在他们身体和精神中的固化而又坚韧的记忆,即使搬入新社区之后,这股强大的力量仍然在城市化的浪潮中保持着对人们的影响,从而引发了上述旧有生活模式与城市制度的矛盾。

(四) 社区与个体的断裂

当前,基层社会治理格局日益迈向专业化,治理手段也实现了现代化转型。不同于以往村委会的一揽子包办,社区的工作更加依赖网络平台和智能设施,分工也愈发细致,这无疑给安置社区居民办事带来了一定的难度,出现了部分安置居民的"数字鸿沟"。鉴于此,社区居民在与不同治理主体的互动过程中,十分容易产生主客体间分割、衔接中断和沟通不畅等问题。从村委会到社区党群服务中心的转变,不仅仅是治理组织名称的改变,同时也意味着治理模式的变迁,即从乡村治理模式转变为城市社区治理模式。在这一过程中,人们的办事体验也发生了巨大的改变。在公共事务和服务实践中,彩虹城社区的政府组织与群众个体间也曾出现过一定的"断裂"。M阿姨说:"说句实在话,我连这小区管事的人是谁都不知道。以前大事小事都是直接找村主任,现在有个事都不知道找谁说去。"W叔叔说:"前段时间通知要认证身份,发养老金,微信群一发就完事了,也不管我们会不会弄。现在动不动就让你下软件,注册啥的,还真是把人难住了,最后还是找邻居家的小姑娘给解决的。"Z阿姨说:"之前上社区盖个公章,我想着挺简单一个事嘛,结果跑了几个办公室才算问清楚在哪儿盖。到底是不像以前找村里就行了,熟门熟路的,现在办事就得靠自己去问。"

---

① 周晶晶、朱力:《惯习与城乡结合部失地农民社区管理》,《湖南社会科学》2016年第4期,第103~106页。

由此可见，在传统乡土社会中，村委会是国家在基层的有效代理人，是上级政府和个体沟通的桥梁和纽带。作为有效联结国家和基层社会的中介和平台，上级政府的一些公共管理事务和公共服务项目一般由村委会具体负责，并直接与村民进行对接和执行。在村落这一传统治理场合中，基层村委会在很大程度上承办了整村的各类事务，其拥有上级授予的行政权力，治理的主体十分明确，涉及的范围也非常广泛。因此，对于村民来说，他们在长期的日常实践中已经形成了遇事找村委的习惯。

随着城市化进程中社会结构和治理模式的调整变迁，进入城市社区以后，村委会和村民之间业已熟悉的稳定的管理和服务关系被割裂开来，它们被另一套治理主体所代替，不再介入人们的生产生活。而在相对陌生的社区环境中，新的干群联结一时又难以形成，从而导致了居民们办事无门、沟通不畅的不良体验。此外，社区治理中严格的分工和现代化设施的使用也使得文化程度不高的失地农民群体陷入了前所未有的办事困境中。因此，原有联结纽带的割裂和新干群关系的式微共同导致了社区与安置居民在治理实践中的互动不畅和中断，而社区居民在办事过程中的受挫体验和失败尝试也进一步加深了个人与社区组织之间的裂痕。

三 安土重迁：社区治理困境之成因

在城市化进程中，传统乡村逐渐没落、消失，但是对于失地农民安置社区的居民来说，即便他们已经离开故土，居住在城市社区多年，乡村、土地以及过去数年的经历始终埋藏在他们内心深处。他们的心始终扎根于乡村，是与那片养育自己的土地紧密联系在一起的。面对新的居住环境，人们的生活方式和行为模式都发生了极大的转变，尤其是一些典型村落生活特征在新的居住形态下被改变甚至消逝。由村到城的居住形态改变引发的一系列精神生活层面的变化成为社区治理困境背后的原因。

（一）传统交往模式的中断

人是具有社会性的，人们始终处于不断的社会交往中。对于征地拆迁的安置社区居民来说，生活空间的转变同时也导致了人际交往秩序的变迁，传统的亲缘、地缘关系遭到了一定程度的割裂，主要表现为居住形式由开放的院落转变为封闭的楼房而带来的旧有社交方式"浪门"的逐渐消失。作为农村特有的一种社会交往方式，"浪门"不仅仅是闲暇时刻的沟通和交流，它更拉近了村民之间心的距离，是一种亲密、熟络的人际关系表现形式。几乎每一名受访者在言谈中均表现出了对这种传统村落交往方式以及乡亲间亲密人际关系的渴望和怀念。这种随走随停，走到哪家门口逛到哪家的"浪门"承载了人们对乡村生活深深的依恋。Z爷爷说："以前在村里的时候，进谁家的门都方便，说进去就进去喧哈（聊天）了。现在和邻居都不咋深交，总感觉没村里浪门那么方便，不自在。"W叔叔说："住楼上到底心里不畅快，别的人也认不得（不认识），和他们不熟。再没浪过门了，害怕别人说闲话哩，城里喧个关也不方便，怕把人家的地踏脏了。还是村里好啊，说浪就浪去了，再不想那么多。"Z阿姨说："平时不到别人家去，现在基本上是关起门过自己的日子。同一楼层的大家互相都不咋认识，感情也淡淡的，也就坐电梯遇见了打个招呼这种。现在的邻里关系总是比不上村里人，也就不去人家浪门了。"

由此可见，与以往的农村生活相比，安置社区居民在上楼之后，邻里之间的互相交往明显减少，人与人之间的关系也变得陌生而疏远。由居住空间转移带来的距离感和个体心理层面的不自在共同制约了"浪门"这一行为。征地拆迁使得传统熟人社会迅速瓦解，面对陌生的社区新环境，人们开始变得敏感而客气。在这种情境下，安置居民很难再有以前那种熟络、随意的情感体验。M阿姨说："现在出去浪个门太不方便了，一个是你没地方浪去，再一个就是下楼费事。以前在农村住的时候，脚一伸就出去了，地方也宽敞，走到哪就浪到哪。现在还要下楼，虽然有电梯吧，总感觉没那么得劲，也就懒得出去了。"M爷爷说："岁数大了，心里想着出去转一圈，一想还要下楼，就又不想去了，还是屋里蹲着吧。我们这楼靠边上，从楼底下到社区广场还远着呢，我今天是实在急得不行了才下来的。现在想浪个门不容易啊，也就这个广场上人多些，能喧一会关，到底是不像以前好了。"

由此可见，楼房居住带来的上下楼出行不方便，在一定程度上使得部分中老年居民产生畏难心理，不愿走出家门。而城市社区中家庭居住空间的私人化和公共闲聊场所的减少，也导致安置社区居民"浪门"主观意愿的减弱和客观条件限制的加强。在城市化进程中，生活空间由乡到城的转移使得不同住户的地理空间划分明显、私密性加强，人们的生活和交往方式也发生了相应转变。这种出门的不方便和"浪门"场合的难觅与农村生活相去甚远，但恰恰是社区生活的典型特征。

综上，与城市生活中人际的疏远、邻里间的陌生以及空间高度私人化、交往场合单一化相比，农村"浪门"的地点多样化、进出随意性及邻里交往的亲密、熟络感是离开乡村入住于城市安置社区的居民的一种深刻怀念。他们对这种传统社会交往方式的渴望与不舍也恰恰体现了其对现有社区生活的不满。在这场大变迁中，旧有的熟人共同体系被割裂，而新关系的建立又遭遇了中断，他们对社区充满了陌生和疏离。

（二）农事生产实践的远离

土地是农民最重要的情感寄托之一，是他们生产和生活的地方。老一辈农民往往对土地十分珍视，甚至把它当作"命根子"。他们与土地有着天然的联系，几乎从出生的那一刻起，就扎根于那片熟悉的大地上。在每一处田间地头，都曾有他们辛勤的汗水和收获的喜悦。土地之于他们不单单是物质层面的生活生产资料，更为他们提供了情感寄托和精神慰藉。根据本文的调查，在每一个访谈对象心里，有关农事活动的记忆总是那么鲜活而生动。他们印象最深刻、最欢乐的记忆大部分都来源于此，农事经历让他们的生活踏实又充实。Z爷爷说："以前我们就是靠种地生活的，地就像我们的命根子一样的。虽然种地人费事，苦也没少吃，但是现在不种了，心里反而觉得不踏实、不得劲。"W叔叔说："我们祖祖辈辈都是种地的，现在把地占了，心里还是过不去这个坎。我认为自己心底里还是个农民，怎么说呢，就是要有了地、种着地，下地干活忙起来心里才舒坦。"M爷爷说："种地有30多年了吧，地就是我们的靠手（依靠）。那时候稍微大一点就下地干活了，算是在地里长起来的。农民嘛，就是要种地才行，吃喝拉撒都靠地养活，以前总觉得受苦没个尽头，现在反而想了。"Y叔叔说："我们农民说实话，就是离不开地，从一生下来就在地里跑哩，这一辈子除了种地还是种地，要不是这次把地占了，肯定是一直种田的。"

正是由于长期生产实践形成的土地对农民生活的重要意义和根基性地位，人们自然而然对下地耕作产生了一种难以言喻的情感。在本文的访谈对象看来，他们以往的人生都是扎根于土地的，他们依赖于土地而生存，就连农民身份也因种地而来。也正是有赖于土地，他们才获得了生存资源和自我身份认同。如果不是因为征地拆迁，他们的未来也必将与土地紧密相连。我们可以发现，这种乡土的"根性"在失地农民上楼之后并未消失。相反，正是由于离开乡村，不再下地耕作，他们对以前朝夕相处的田地和辛苦的农耕生活有了更加深刻、切实的情感体验。Z爷爷说："以前都是在大队里挣工分，不管干活多少最后还是分那点东西，人心里肯定没奔头。后来队里把地分给我们老百姓了，当时那个高兴啊，有自己的地了，可不得了。"M爷爷说:"当时地分下来我就想着一定要好好干一把,这日子也过得有盼头了。有自己家的地了感觉到底不一样,心里也高兴。"

在访谈中,部分居民还提到了对土地政策变革的记忆,从最初的合作社到包产到户、包干到户的推行,他们的前半生与土地密不可分。而每一次的政策改变都牵动着老一辈农民的心,给他们带来更多的喜悦和安全感,他们对土地也逐步形成了深厚的感情。Z 爷爷说:"以前都是赶着驴车去种地、翻地,哪里有现在的各种机器。图个凉快,四五点约上邻居就下地去了,现在想起来就跟昨天似的。到了秋天,每家门前面都是收来的庄稼,那一个个庄稼垛垛,看着就心里高兴。"M 爷爷说:"那时候村里都是几家子人合在一起收庄稼、一起打场,如果忙不过来,邻居、亲戚也就帮忙来了。大家都是互相帮衬,今天我帮你割麦子,明天你帮我收豆子,一来一往干活热闹,也有意思。"Y 叔叔说:"到现在种地有几十年了吧,虽然说这辈子受了不少苦,但你说对种地没一点感情那是假的,实际上是已经习惯了这种忙碌的生活。种地的日子才像过日子,看着那地里的庄稼才有踏实感。"Z 阿姨说:"以前种田、打药除草、收庄稼都是靠一身力气,不知不觉一年也就这么忙过去了。夏天累了就在地边上的树底下砸个西瓜一起吃,在地头上喧关啊,当时不怎么觉得,现在一想还挺好的日子。"

在过往耕作机器落后和现代化农具严重匮乏的纯人力时代,农民下地皆凝聚着辛苦的付出,种地时没少吃苦受累,而这些难忘又辛苦的农事活动经历正是构筑其对乡村和土地情感的核心所在。我们可以看到,土地赋予这些失地农民更多的是获得土地时的安全感、耕作时的归属感、收获时的喜悦感,这种发自内心的依恋是掩盖不住、无法代替的。

布迪厄认为,惯习表达了一种近似习惯的状态,获得之后便会以性情倾向的形式持续留存于个人的身体之中。[①] 对于本文的安置社区居民来说,在乡村的一系列农事活动经历已然在他们身体上留下了深刻印记,成为一种惯习的记忆。这是基于他们长期的生产生活习惯和身体行为而形成的持久性记忆,也是一种文化性的记忆,是潜移默化的、深刻的,这种社会记忆的保持将更为有效和持久。[②] 因此,上述有关农事活动的美好记忆对安

[①] 崔思凝:《惯习、资本与场域:布迪厄实践理论及其对中国公共政策过程研究的启示》,《湖北社会科学》2017 年第 9 期,第 22~27 页。

[②] 孟易:《场域理论视角下拆迁安置社区治理体系研究》,硕士学位论文,西南大学,2019 年。

置社区居民有着深远的影响,使得他们对土地及乡村的感情浓厚而持久,很难从传统中抽离出来快速适应新的生活。他们是深嵌在"土"的情怀中的一代,种地是他们前半生的重要依靠,更代表了长久的生活习惯。因此,农民身份和生活模式的急剧转变给他们带来了极大的情感失落,而这种"旧惯习"与新社会环境的碰撞也推动了安置社区内共同体困境的出现,这并不是一种临时性表现,而是"旧惯习"下的积累性反应。①

(三)仪式人情互动的消失

在传统村落中,婚丧是人生中最重要的礼仪场合,无论办喜事还是丧事都是一整个村子的热闹事,家族和村落的人际关系也在此类事件中体现得淋漓尽致。亲缘关系较近的总会提前一两天去东家帮忙筹备各项事务。在每一场活动中,都会邀请村里德高望重、组织能力较强的人负责操持整个事情的前前后后,即所谓的大东,再由大东安排管理库房、端盘、提饼、招待的人若干。村里人互相协助,践行着一种人情性互动。这种婚丧仪式不仅发挥着重要的参与融入和村庄社会关系协调功能,同时还构筑了精神领域的情感体验,进一步提升了群体归属感和社会认同感。②由此可见,乡村的婚丧活动是集传统习俗、人情、社交在内的一场社会性活动,是一种特别的仪式,传递着共同体情感,促进了村落的整合。

在城市化进程中,居住到楼上的安置社区居民在婚丧礼俗方面已然发生了巨大转变,以前的大部分传统习俗和行为模式由于生活空间的转变而逐渐消失。但是在他们内心深处,那种在村落的院子里搭台子、全村聚在一起热热闹闹的高度仪式化的办事方式才具有举办宴席的灵魂,这也是他们始终向往和放不下的独有记忆。M阿姨说:"在农村办事就得热闹,人越多越好。都是在自己家里办,帐篷一搭,再请上大厨来操办就行。一个村的肯定都会提前去帮忙,互相给涨精神,像我们就是提前去和面蒸馍馍,聚在一起喧关也红火。"Z爷爷说:"办场喜事的话,基本上提前两天就开始忙了,村里有个啥事大家都就知道了,不用专门通知。到了事跟前,人陆陆续续自己就来了,开始张罗去抬东西、扎帐篷,这就是人情。"

---

① 周晶晶、朱力:《惯习与城乡结合部失地农民社区管理》,《湖南社会科学》2016年第4期,第103~106页。

② 邓志强:《"仪式"的多维学科诠释》,《青年学报》2019年第2期,第18~26页。

W叔叔说:"村里办事才算真正把一番事过红火了,有那种过事的感觉,吵吵嚷嚷的特别有人气,像个样子。就我们俗话说的给人涨精神呢,你来的人越多、越热闹,东家才觉得这事过得好。再一个就是互相帮忙,这次你家办事我去,下次我家办事你也来,一来一往感情也就亲热了。"

从以上表述可以看出,在农村办事的过程中,人们最崇尚彼此间的亲近、互助合作及热闹的人情体验。村民们享受这一互动过程,认同这一人情交往方式,并把人多热闹当作衡量办事成功与否的标准。而居住到楼上以后,由于空间和规则的限制,第三方酒店普遍介入传统婚丧活动,使得办事过程中的人际互动感消失,人情交流断裂。当前,办事流程简单化、操作容易化的背后也暗含着婚丧仪式中情感交流、共同体凝聚功能的消失。M爷爷说:"岁数大了,现在人家办酒席我都没去过。像我们这个岁数,去馆子里还让人家看到笑话哩,想着这个人专门跑着吃来了。坐席都是年轻人的事情,与我们不沾边了。在村里吧去就去了,本来也就是图个热闹,也去给东家添添人气,帮人家看一下茶水呀,也算有个事干。我们几个老家伙还能掀掀牛九,下下象棋,碰到别的老哥们还能喧几句、喝两杯,不像酒店里,一点都没意思。"

这名受访者说出了绝大多数老年人共同的心理感受。他们去酒店参加宴席害怕被笑话、被误解,觉得没意思,归根结底还是因为空间转换下办事观念和互动方式的变化。正如他所说,坐席与他们不沾边了,以往办事的热闹、交流和参与感早已不再。除了他,还有部分老年群体也已经被城市酒店紧凑、程式化的办事流程所边缘化了。Z阿姨说:"现在我们小区办事都是订饭店,一家子去一个人代表一下,搭个礼意思到了就行。你也不好意思多去,去多了多不合适。村里办酒席的话就不一样了,虽然安排几桌也是提前算好的,但是没这么紧,加个板凳挤一挤也就坐下了。现在条件好了,也不是真去吃的,就是大家坐在一起聊一聊,热闹嘛。"M阿姨说:"现在都是直接上酒店,也不去别人家里了。当天上午去搭个礼,吃了酒席最多中午也就散了,就像赶场子一样的。不像在村里还能坐一起喧关,互相问候一下。反正我觉得整个就弄得没意思了。"Z爷爷说:"以前在村里办事一直能闹到半夜,下午事情忙完大家都是不走的,大概九十点还得上菜呢。吃罢以后就打开音响开始唱歌、跳舞,一起热闹热闹,也是少不了要打牌喝酒的。现在馆子里是吃一顿就完事了,总觉得缺点啥。"

在城市,酒席已经失去了农村办事原有的仪式感和互动功能,演变为一种形式化的过场和高度规范化的实践。而酒店有限空间带来的拘束感和吃酒席的时限性，也使得人们觉得失落、没有意思，却又无能为力。这些话语中既体现了人们对以往办事习俗和行为方式的怀念，同时也透露出了些许对现状的无奈和妥协。

从以上讲述可以看出，热闹的现场气氛、熟络的人际关系、个体的亲身参与及人情礼节互动是安置社区居民对传统办事方式最为深刻的记忆。这种在自家院子里搭帐篷办事的方式具有浓厚的乡土气息和独有的办事氛围，这正是他们所喜欢和追求的。在小小的院落里，婚丧仪式将传统乡村的习俗、人情交往、行为方式、乡村文化都编织在了一起，而其中人与人之间的亲近感、互动感和整体融入感，是在城市酒店里完全体会不到的感觉，是一种农村独有的、特别的情感体验。

仪式蕴含着情感功能和精神价值，具备心灵慰藉和社会凝聚功能。[①] 仪式是维持社会团结、增强成员凝聚力的一种手段和媒介，是人们表达情感和交流情感的工具，具有很强的感召力和精神文化力量。[②] 兰德尔·柯林斯在互动仪式链理论中提出了"情感能量"，强调在一定社会时空中互动仪式的情感功能和内驱作用。[③] 重要的婚丧仪式是乡亲们和亲属聚集、互动的场合，是一种感性化的情感活动，他们在仪式中不断增强彼此的人情关系和互动交流，社会秩序得以构建，个体认同得以产生，共同体得以建立。然而，在安置社区中，传统婚丧仪式的变形和部分遗失意味着失去了传统的情感连接和文化资源，导致社区居民认同感差和共同体的缺失。

（四）节日集体欢腾的沉寂

在各大传统节日，甘肃农村都有着丰富独特的乡俗活动。拿春节期间来说，就有拜大年、社火表演、秦腔戏曲演出、元宵灯会、跨火堆等特色活动，十分热闹。这些活动凝聚着村民共同的记忆，起到了"集体欢腾"[④]的作用。其中，极具地方特色的太平鼓表演可谓是春节不可或缺的隆重活

[①] 谌颖：《政治仪式与情感动员：以1954年春节工农联欢考察为例》，《上海党史与党建》2019年第6期，第35~38页。

[②] 邓志强：《"仪式"的多维学科诠释》，《青年学报》2019年第2期，第18~26页。

[③] 邓昕：《被遮蔽的情感之维：兰德尔·柯林斯互动仪式链理论诠释》，《新闻界》2020年第8期，第40~47页。

[④] 王树生：《关于集体欢腾：与涂尔干理论遗产的对话维度》，《青年研究》2015年第3期，第76~84页。

动，每一个生活在农村的人都对太平鼓有着深厚的情感，它既代表了节日的喜庆和团聚，更代表了人们对平安顺遂的美好期盼，是一种极富象征意义的年节活动。M阿姨说："前几年我还报名扭秧歌了，村里也支持，基本上每天晚上吃罢饭都去跳一会。除了秧歌也练了好些个节目，过年的时候跳，从来没在人前露过脸，能上台还挺高兴的。我儿子是打鼓的，我是跳舞的，一家人就是凑个热闹，过年一起玩一下。"Z爷爷说："我们村以前是有锣鼓队的，快过年的时候社长就把人都召集起来了，到大队里开始练鼓。大年三十下午、初一、十五就开始闹社火了，有响动了过年也热闹嘛。锣鼓一响人们就都出门看去了，还有扭秧歌、舞龙耍狮子的，红火得很，都是人，一起热热闹闹过年。"Y叔叔说："我原来也是队里打鼓的，农村里收了庄稼冬天就闲哈了，我爱好这个，年年都去哩，图个红火。过年得有讲究，有的村没锣鼓队也得请了其他村的锣鼓去闹一闹，这就是我们村里过年的一种风俗。"

可以看到，社火表演作为当地的一种特色习俗对于安置社区的居民来说是有独特意义的，他们或参与其中亲身表演或通过观赏进行互动。几乎每一个村子都曾有自己的锣鼓队伍，集体的节日表演，既为村民们营造了热闹的节日氛围，留下了深刻的回忆，同时也进一步强化了人们的身份认同和集体归属感。因此，在传统农村，闹社火本身不仅仅是一种年节活动，它更代表了一地的乡俗文化，传递着独特的乡土情感，联结着一方的社会关系，其所承载的点滴回忆是根深蒂固且意义深远的。Z阿姨说："以前大年三十晚上都讲究给家里的老人们拜年，人多特别热闹。现在和平常没啥两样，在楼上地方小，亲戚们也不方便来。我是觉得年越过越没意思了，和以前没办法比。"Z阿姨说："现在住楼上，毕竟是城里了，过年（鞭）炮都不敢放，要罚钱的。小区静悄悄的，根本感觉不到像是过年。以前村里到了晚上一片炮声就响起来了，那个气氛到底不一样，不像现在就只能干巴巴坐着看电视。"

由此可见，生活空间的转变和城市规章制度的约束在一定程度上影响了传统"年味"的保留和传递。以往在村里十分常见的三十晚上拜大年由于居住形式的封闭性逐渐没落，最有仪式感的放鞭炮活动也被明令禁止。居住在楼房里的安置居民们离乡村的传统年节活动越来越远，过年过节"没意思"已经成为一种常态化的体验。这种变化让安置居民们向城里人靠近的同时也丢失了原有的集体欢腾感，逐步走向个体化的孤独。

综上，春节期间的社火表演、拜年活动、放鞭炮是安置社区居民对传统村社活动深刻的共同记忆,这是一种基于乡土空间的集体性情感记忆。①他们的言谈中无一不是对这种热闹的、红火的春节的怀念和向往。以太平鼓为代表的社火表演是他们对以往村落民俗最为深厚的文化记忆,而在与现实的对比中,他们无不感到现在过节的无趣和冷清,同时一次又一次强化了对以往过节方式的不舍和向往,而这种对比产生的内心失落也使得人们对社区认同感和归属感十分淡薄,他们并没有把社区当作真正的家园,甚至对自己的身份定位依旧模糊不清,从而成为一个个孤立的个体。

四 情感治理:社区治理的柔性力量

究其根源,社区的形成是由于人们的聚合,而社区这一共同体的本质则在于共同的情感。② 对于安置社区而言,滕尼斯所谓的"共同体"严格意义上并不存在,社区内部邻里关系淡漠,居民彼此陌生,呈现帕特南书中提到的"独自打保龄球"的现象,这些生活在同一时空下看似联系密切的居民却成为社区中"最熟悉的陌生人"。③ 因此,失地农民安置社区治理的要义在于对征地拆迁后空间变迁引发的情感空白和失落进行回应和治理,以重建共同体并凝聚集体情感,让人们找回以往的归属和依恋感,使情感这一感性因素成为联结社区多元主体的"黏合剂"④,形成干群之间的积极情感联系,促进基层治理能力的提升。而这也正是情感因素运用在安置社区治理中的独特性所在,它不仅指以情感为治理的手段,更注重将情感作为治理的对象,重点关注共同体情感的再生产进程,通过对安置居民情感共鸣的激发,增进人们的社区认同和归属感,强化人们内心对基层治理合法性的认可和支持,形成社区共同体。

中国社会自古以来就是一个人情社会,社会治理中体现的情感因素也可以下沉到具体的社区中。本小节主要从感性角度对失地农民安置社区的治理举措进行详细分析,探讨在基层治理体系中,社区治理主体是如何通

---

① 罗远玲:《乡土情感:传统节庆现代转型的文化血脉——以粤西茂名年例为例》,《广西师范大学学报》(哲学社会科学版) 2016 年第 5 期,第 1~7 页。

② 朱志伟、孙菲:《空间、结构与网络:社区情感治理的三重论域与实践路径》,《贵州社会科学》2020 年第 5 期,第 36~41 页。

③ 曾莉、周慧慧、龚政:《情感治理视角下的城市社区公共文化空间再造——基于上海市天平社区的实地调查》,《中国行政管理》2020 年第 1 期,第 46~52 页。

④ 〔美〕乔纳森·特纳、〔美〕简·斯戴兹:《情感社会学》,孙俊才、文军译,上海人民出版社,2007,第 185 页。

过对居民情感的回应和巧妙运用来实现最终治理目标的。基于前文的分析可知，搬迁上楼的安置居民对原乡村有着深厚感情和独特记忆，这种乡土"根情结"在生活空间转换后并未消失，反而愈加明显。面对全新的社会环境，他们的内心产生了种种不适感，离开故土也引发了一系列新的情感需要。本节主要基于情感治理的微观和中观层面，从个体情绪和群体心理两个维度介绍案例社区是如何以"情"治"情"，回应社区居民特别是困难群体在情绪抚慰、情感修复、整体融入等方面的多样化情感诉求，实现共同体情感再生产及和谐社区建设。

（一）纾解个体负面情绪

相比于其他人群，社区中的弱势群体在生活空间变迁后更容易遭遇困境，产生消极情感，表现为孤独、不自信、对人际交往抵触等。考虑到上述情况的出现，彩虹城社区重点关注特殊个体，为他们送去温暖和关爱，使其感受到辖区政府的重视和照顾，及时纾解负面情绪。同时也在日常互动中营造良好的情感氛围，进一步推进社区治理的深入。

针对特殊个体，社区通过开展各项"暖民心"活动，引导居民走出家庭、走向社区，以互动加强情感交流，以关心回应情感需要，形成了人性化的治理氛围。社区于 2019 年 9 月 6 日举行了彩虹妈妈增能计划见面会，正式启动了该项目。增能计划为辖区内 35～50 岁赋闲在家、生活单调的全职妈妈搭建了学习交流的平台，以支持性环境充实其日常生活，消除其长久居家的烦闷；退伍军人家庭赋能行动邀请退伍老兵一起回忆军旅岁月，以共同经历建立新的友谊，使日常交往不再陌生和遥远，提升其自我价值感和自信心；疫情期间，社区还为辖区的 92 名残障人士免费送去了医药箱，包括十几种日常医用品，这一暖心实践也将社区的关心传递到居民身边，落在实处，打通了服务弱势群体的"最后一公里"，化解了其心灵的孤独和自卑。

对于辖区内的部分困境儿童，社区重点关注孩子们的内心世界和成长需求，通过五防课程、户外体验、社工游戏等一系列活动和服务切实送上关心，使其打开心扉，健康成长，并对 5 名困境儿童开展了个案服务以进行情感支持。在专业社会组织的运作下，彩虹城社区联合各界爱心力量，于 2019 年建立了兰州新区首家壹基金—彩虹城社区儿童服务站，秉承"从生活上关心、学习上关注、情感上关爱"理念，通过手工制作、绘本领读、学业支持等常规活动以及安全卫生教育和社会心理支持服务，使每一位身处逆境的孩子都能得到呵护。此外，社区主动作为，联合CH社会工作服务中心、四点半学校、社区儿童服务站于2020年4月29日成立了"彩虹妈妈"先锋服务队，构建了"社会工作者+家长志愿者+家长社区社会组织"服务模式，更加全面地提供专业性支持。

对于老年群体，社区积极探索老年友好型社区建设，以上门慰问、常态化互动等方式走入居民家中，通过共话家常、耐心倾听、谈心交流深入个体心理，化解老一辈人搬迁上楼后内心的不适和孤独。考虑到部分老人生活确有困难，2016年社区正式启动"夕阳乐餐桌"特色服务，为7户家庭免费送去中、晚餐，切实解决了那些无人照料、无做饭能力、行动不便的高龄老人及残疾老人等困境老人吃饭难的问题，使他们感受到了来自社区的温暖和关爱。通过这种免费的送餐服务，社区工作者不仅拉近了与老人之间的距离，建立了信任、亲密的干群关系，也进一步化解了老人在独居生活中产生的郁结、烦闷等消极情绪，增强了其对社区的认同和融入。此外，为保障健康体魄，积极迎接新生活，社区与新区中川人民医院、中川镇卫生院开展了走进社区义诊活动，累计服务居民百余人次，使人们一出家门就能得到便利的医疗服务，极大地提升了社区老人的幸福指数和社区归属感。而由社区和社工联合举办的集体生日会及春节走访送温暖活动，不仅让老人感受到了满满的仪式感，为其送上生活物资，也进一步打开了人们的心扉，化解了其内心的孤独和失落，进一步增强了"自己人"的情感认同。

（二）重构群体人际关系

情感联结的形成来源于人们之间的互动。在本案例中，社区通过对安置居民情感再生产过程的促进和干预，进一步协调了辖区内不同主体间的互动网络，实现了对人际关系的重构。社区主要通过搭建互动平台和催化邻里情谊这两个举措实现了人际关系的逐步升温和熟人社会体系的重新构建，以此激活居民的正向积极情感，调节人们因征地拆迁离开故土、熟人体系断裂而引发的不良情绪。

在搭建互动平台方面，社区致力于打造全新空间，为居民提供情感寄托和依赖场所，进而推动人们深入交流交往。以平民化、大众化为定位，设立社区文化客厅，以集体活动的形式将辖区居民请进来话家常，共叙友谊。通过共看一场秦腔、上一堂微课，来聚集社区人群，使人们有表达自我的平台，在分享和倾听中获得以往的熟络体验，以化解安置前期的不适。此外，充分发挥社区党群服务中心的平台效应，通过设施完善、功能齐全的各类活动室、娱乐室吸引社区居民前来，在锻炼、下棋、打球等运动中无形增进互动交流、拉近距离，使原本陌生的居民彼此熟悉起来，逐步建立良好的人际交往体系，实现日常生活的嵌入和集体感情的建立。

在催化邻里情谊方面，社区通过开展特色活动和各类趣味运动进一步加深居民间的相互了解，并以此整合松散的人际关联，促进邻里关系温暖升级，满足安置社区居民对"熟人社会"的回归，实现对群体心理的有效调节，唤醒人们对社区的情感依赖。为推动居民打开心扉，化解心结，社区集众人之力，举办了2019年春节"百家宴"，共有70多个家庭参与其中。这次盛宴不仅让居民们品尝到了传统的小吃佳肴，也使那些埋藏在记忆里的热闹场景再次重现，极大拉近了邻里之间、社区与居民之间的感情，满满的共同回忆使"邻里温情"在社区内不断升温，和谐的群体氛围得以建立。此外，社区举办的一些趣味运动会也搭建起了以球会友、以兴趣聚友的广阔平台，使兴趣爱好成为邻里交流的催化剂。由社区社会组织负责筹备的乒羽比赛共吸引了100余名选手报名参加，居民在展现个人良好风采的同时也收获了新的友谊，传递了真情、友爱，形成了良好的邻里关系。

（三）增进干群情感联结

在本案例中，增进干群情感联结是安置社区情感治理的第三项具体措施。社区通过丰富文化生活、重温集体记忆的方式实现了安置群体心理的凝聚和向好，培育了和谐、融洽的整体氛围，建构了社区干部与居民间的有效联结，提高了治理的关系资本，使社区治理建立起扎实的群众基础。

为丰富社区居民的枯燥安置生活，更好地照顾和调节安置居民的情感波动和精神需求，社区联合专业社会工作服务中心，以社区老年大学为平台，开设了丰富多彩的传统文化课程，如悦动彩虹音乐班、翰墨彩虹书法课、旗袍礼仪班、太极班、银龄韶韵朗诵课、电影欣赏课等，切实回应了社区居民的文化生活需求，给予了他们文化上的滋养和精神上的熏陶。同时，形式多样的课堂也吸引了更多的居民走出家门，参与到社区文化生活中，在充实生活、陶冶情操的基础上进一步加强了干群间的互动和交流，实现了安置群体良好情绪的培育和增进，为社区建设积累情感能量。

在充分考虑安置社区居民精神需求和生活特点的基础上，社区还开展了具有地方特色的传统民俗活动，如在西北地区广泛流传的掀牛九比赛、秦腔戏曲展演和具有中国传统特色的象棋比赛，以唤起共同记忆，凝聚集体情感力量。由社工及社区老年协会共同举办的2019年度象棋、掀牛九比赛共历时三天，于7月23日圆满落幕，有71名居民参与其中；由秦腔协会协助社区举办的秦腔戏曲展演，共有60多名戏曲爱好者登台演出，通过一出出经典传统剧目和改编创新剧目为社区居民提供了一场文化盛宴，使他们充分感受到了社区丰富多彩的新生活，增进了内心的情感认同。这些活动的开展不仅发扬了经典的村落文化，在一定程度上回应了安置社区居民的乡土情怀，同时也有效丰富了居民的精神文化生活，使他们参与社区活动的主动性得到了很大的提升，引领了积极向上的群体情绪，进一步加深了干群间的情感联结。

（四）深化居民归属认同

在本案例中，深化居民归属认同是安置社区情感治理的第四项关键措施，也是群体心理变迁的最后阶段。为重拾旧日美好时光，推动熟人体系构建，回应安置群体的情感需要，社区通过开展特色活动积极还原农村传统节日的民风民俗，再辅以热闹的系列文艺演出，唤起了人们内心的温情，营造了社区热闹和谐、居民幸福美满的良好节日氛围，实现了新社区共同记忆的累积和重塑。而这种因需求得到满足所产生的积极情感体验累积，也将在不断的社区治理实践中转化为情感能量，进一步提高安置居民的认同感和归属感，有助于社区的和谐稳定。

作为中国共产党长久以来情感工作的重要方式之一，各类文艺表演活动早在革命时期就展现出了其在动员群众参与、唤醒集体情感中的独特作用。① 为构建新的共同记忆，社区以丰富多彩的文艺演出活动作为烘托节日气氛的有效载体，联合社工和社区社会组织开展了社火民俗表演、歌舞表演、经典诵读等文艺展演活动，有160余名居民演员登台表演，有效激发了辖区民众的参与和融入。气势磅礴的太平鼓，热烈欢快的舞蹈，红红火火的社火，闹红了大街小巷。形式多样的演出不仅使社区居民感受到了节日的欢乐气氛，重拾以往热闹的节日体验，凝聚了集体记忆，同时也充分展现了社区居民和谐向上、睦邻友爱的新生活面貌。人们在这种充满温情的互动仪式中收获了喜悦和融洽的人际关系，同时也在亲身参与和实践

---

① 向德平、向凯：《情感治理：驻村帮扶如何连接国家与社会》，《南开学报》（哲学社会科学版）2020年第6期，第84~93页。

中强化了对社区的归属。

为进一步推动社区共同体记忆的建构，社区紧紧依托地域文化特色，深入把握安置居民的心理诉求，积极搭建群众乐于参与、便于参与的节日活动平台和有效载体，通过开展内容丰富、特色鲜明、极富乡土气息的民俗活动，吸引居民走出家庭、融入社区，以集体行动化解搬迁上楼后内心的疏离感和群体间的陌生感，进一步深化群体心理。截至 2020 年 12 月，社区举行了端午节巧手做香包、包粽子大赛，中秋节月饼 DIY，冬至包饺子以及元宵猜灯谜等主题活动，累计参与千余人次，共完成粽子 600 多个、香包 300 多个，送出灯谜奖品 800 多份。在推动居民积极传承优秀传统文化、重塑民间节日习俗的过程中，也进一步营造了浓厚的节日氛围，使人们关系更加亲密，加深了居民对社区的认同和依赖，进一步推动社区共同体情感的积累。

五　协同治理：社区治理的理性政策体系

在有关国家与社会关系的研究中，治国理政始终离不开社会力量的参与，基层治理实践中同样如此。自党的十八大以来，党中央多次提到要完善治理体制，逐步走向治理现代化。党的十九届四中全会更是提出要打造由党和政府领导负责，社会各种力量广泛参与的治理体系。多元主体参与是新形势下社区治理改革和发展的重要前进方向，而实现"自上而下"和"自下而上"治理路径的有效结合，更是社区治理的核心要义和制度理性的体现。本部分聚焦现代化的治理取向，从理性政策角度对失地农民安置社区的各项治理举措进行详细分析，探讨社区在治理模式和公共设施服务方面做了哪些积极探索和创新，如何在回应安置居民内心情感变迁、着力构建社区共同体的同时，进一步从制度体系和设施服务方面着手，实现与多元主体的有效联结，为社区治理积攒社会资本和群众力量，形成共同参与、互联互通的强大治理合力，以推动社区治理目标的实现。

（一）组织联管共建

为推动社区治理工作新格局的形成，充分发挥基层党组织在安置社区治理中的核心领导作用，社区通过构建基层党组引领、辖区单位协同的治理体系，有效推动社区党组织与辖区各单位联合，形成了社区与企业齐抓共管、共驻共建的强大工作合力。

在基层党组引领方面，社区所属街道党工委顺应发展形势率先垂范，积极探索和创新区域化党建工作新格局，于 2020 年 5 月 9 日成立了彩虹街道"大工委",进一步加强了党在基层治理中的组织领导作用。街道"大工委"启动以来,联合行动并建立了党的完善建设、公共福利、服务和创造类共驻和共建项目共四类,涉及九个项目;总结并整理出了党的建设及组织联盟、基层公共服务、公益事业、基层治理、宣传和推介共五个类别,涉及二十二个项目;在硬件支持、人力资源、平台建设、文化互通、居民服务资源清单中,共有六类中的十二项得到改善。在"大工委"的领导下,社区将各项资源有效联结起来,使干部群众、驻地单位积极行动起来以凝聚工作力量,充分发挥了"大工委"的组织优势、联系群众优势,进一步助力社区建设。同时,彩虹城社区也积极贯彻城市基层党建工作精神,于2020年6月30日成立了社区"大党委",有力推动基层党组织互联互通,充分展现各自的优势,妥善解决了社区内一些常见的共有问题,如绿色植被覆盖较少、车辆随意出入、停放和社区整体卫生环境较差等,进一步扩大党建工作覆盖面,形成了以党委为中心的安置社区建设强大力量。

在辖区单位协同方面,由街道"大工委"统一领导并部署工作,社区党组织与辖区单位签订共驻共建协议,并选举若干名兼职委员以协助工作的顺利开展。在明确各项任务指标和时间期限的前提下,社区从实际出发带动各驻地单位积极根据清单所列示的条目和内容开展日常工作,进行一对一的有效对接,并且在规定的时间内保质保量实现工作任务的达成,辖区内部呈现一派和谐互助、彼此依靠、共享优质资源的和谐景象。在"大工委"的集中领导下,辖区内各单位联合社区力量共同促进城市基层治理有序发展,实现治理效率的提升,形成基层政府、驻地单位、居民群众双赢的社区良好发展格局。

(二)社会力量共治

在打造社会治理共同体的过程中,社会组织的加入必不可少。为推动社区多元治理格局的形成,吸纳社会力量参与社区发展建设,实现政府权力与社会力量的良性互动,在甘肃省民政厅及兰州新区民政司法和社会保障局的有关政策指引下,社区积极开展三社联动试点项目、微公益创投项目,通过"三社联动"机制引入兰州CH社会工作服务中心助力社区建设,于2019年5月与兰州CH社会工作服务中心正式签约,项目周期为2019年5月至2020年5月。该机构2020年有专业项目督导2名,均为西北师范大学社会工作系专职教师,持证社工4名,核心志愿者15名。依托专业的社会组织,社区进一步扩大服务供给并完善服务方式,以社工力量助力社区建设，以政社共治的治理模式助推和谐社区建设。

社区"三社联动"试点项目坚持把社区居民的需要作为行动的方向，把打造和谐社区作为工作的目标，将社会组织及其工作者视为开展任务的载体和依托。经过一年的摸索，逐步形成了具有地方特色的"社区＋社会组织＋社会工作者＋社区志愿者"共同参与的服务性社区治理方式。在项目期间，CH以团队形式入驻社区开展工作，团队模式为1名专业督导＋4名驻点社工＋2名社会工作专业硕士实习生。通过CH的专业性协助，社区顺利完成了社区社会组织的培育工作，在为期一年的项目周期内，共孵化了青年志愿者协会、医缕阳光协会等10个社区社会组织，为社区治理注入了新鲜血液。

近年来，社区社会组织已然成为社区治理中不可或缺的重要力量，因此，培育和增能社区社会组织也成为社工的一项重要任务。借助"三社联动"试点项目平台，CH社工开展了微公益创投项目，以有效激发社区内部力量，通过外在赋能助力社区社会组织各项能力的提升。2020年4月16日，社区和CH社工共同举办了首届社区微公益创投项目见面会，10家社区社会组织的共20余位成员参与此次会议。社工以项目化的运作方式将微公益创投引入了社区内部，由社工、社会组织成员及志愿者共同完成微公益创投项目的前期设计、执行落地及总结。经过社工专业指导和实际项目锻炼，各组织的整合能力、组织动员能力得到极大提升，社区原有的5家娱乐类社区社会组织成功转型为专业型志愿服务类组织。此外，社工还通过资金支持、技能培训等方式激发社区各协会组织的内生性和创造力，使社区社会组织更有效地参与到社区治理的各个环节中。微公益创投项目的开展，不仅提升了社区社会组织的自我管理和服务群众能力，使其逐步走向专业化，成为创新基层社会治理的有力支撑，同时也有效展现了社区建设中专业社工的重要作用。

（三）社区居民共商

为进一步"关注民生、倾听民意、汇聚民智、解决民忧"，更好发挥安置社区的公共服务功能，及时回应居民问题，切实满足不同需求，社区通过搭建协商平台、创新沟通渠道建立了社区问题共商机制，积极带动居民参与社区事务，开展自我服务，从而更好地把握问题关键，破解治理难题，有效回应安置居民的生活诉求，增强其参与感，提高其满意度。

社区设立了民情议事厅并以此为平台开展了"居民说"系列活动，以加强社区与居民之间的协商沟通及居民与居民间的意见交流。通过这种面对面的形式深入了解社区治理的不完善之处，更好地听民声、察民情，并联合群众之力解民忧。截至 2020 年 12 月，社区已累计开展"居民说"活动三期，累计参与 60 人次，共解决社区卫生清理时间与居民出行冲突、社区内停车难行车快、绿化不足及公共设施维护意识差、为老服务匮乏等 5 类问题。协商议事平台的搭建，不仅为广大居民提供了问题倾诉和建言献策的渠道，也使社区走近服务对象，了解居民的所思所想，及时发现治理中的不足，进一步完善未来服务计划。此外，这种自下而上的民主参与，也加强了广大居民对社区的认同和融入，塑造了居民的责任意识和主人翁精神，形成了凝聚智慧达共识、美好家园大家建的良好格局。

顺应政策潮流，把握方式变化，社区积极创新沟通渠道，打造了人民调解委员会、领导留言板、居民需求焦点座谈会等反映居民生活诉求的新路径、新方法。人民调解委员会这一群众组织及时发现问题予以调解，使邻里生活矛盾、日常纠纷等发生在居民身边的"小事"得以圆满解决，并以委员会成员为依托向外辐射，带动居民群众反映不足，提出建议。领导留言板紧跟时代发展，依托网络平台技术，为居民提供了便捷的一站式线上沟通渠道，使问题反映更加及时有效，大大提高了社区治理效率和居民参与度，目前已有效回应并解决了居民投诉的宠物噪声扰民、停车位管理混乱、电梯关门异常、物业不接电话不作为等问题。此外，社区还开展了座谈会，共有 20 名居民参与其中，通过问卷调查和半结构式访谈方式了解到居民当前的主要服务需求有完善社区医疗服务、急救措施、丧葬服务以及解决社区停车难等。在会议上，居民们也为完善社区建设提出了相关建议，明确了下一步行动方向。上述沟通渠道的多样和创新也进一步推动社区实现了居民自治和政府管理的互补，打造了居民积极融入社区生活，主动承担主体责任，主人翁意识高涨的和谐局面。

（四）多元主体共筑

为实现社区治理的增能，切实增强安置居民的融入感和归属感，彩虹城社区以家园为取向，探索多元化、全方位的服务供给模式，通过建立七彩便民服务体系和公益性社区老年大学，联合社会组织、社工、志愿者等力量多方面、多层次满足居民生活需求，提升其获得感和幸福感，积极打造安置居民的"第二个家"，通过不同主体间的有效协同合作，实现社区治理"1 + 1 > 2"的整合之力。

社区以"红色党建引领，七彩便民服务"为工作出发点和落脚点，通过便民服务大厅、老年人日间照料中心、"四点半"学校等特色项目的开展切实回应了不同群体的诉求，着力完善公共配套设施建设，强化社区服务，以不同主体之力有效联结资源，使居民见证社区发展成效，共享发展效益。根据基层工作部署和居民需要，社区在党群服务中心内设立了便民服务大厅，采用一站式低柜台的服务模式，集综合服务、市场管理、综治信访、便民代理、生存认证等8个便民服务窗口为一体，极大便捷了居民生活，简化了事务办理流程。此外，为丰富老年人的生活，社区打造了以党群服务中心为平台的老年人日间照料中心，并配备了颈椎仪、足浴盆、按摩槌、按摩椅等保健设施，集下棋、书法等文化活动和日常照顾、养生保健为一体，社工及志愿者一起为老人们塑造了新的生活空间。

针对辖区内双职工"分身乏术"难以接管孩子、孩子放学后无人辅导作业等困难，社区想职工之所需，联合社工及社区社会组织于2015年9月成立了社区"四点半"学校，教室可容纳100名学生同时进行学习，教师由志愿者、在职优秀教师、社区专职辅导老师和社工组成。截至2019年7月，"四点半"学校已运行11期，累计服务社区1~6年级学生近千人次，并成功获评中华总工会"首批全国工会爱心托管班"，成为甘肃省仅有的三家获评单位之一。做好居民"关键小事"大文章，充分体现了社区竭诚为群众服务的治理理念和追求。

在社区建设过程中，居民的精神文化需求也日益增多。为丰富居民的日常生活，优化治理成效，在街道的支持及专业社会工作机构的协助下，彩虹城社区于2019年9月成立了兰州新区首家社区老年大学。这一公益性学习机构的成立不仅为中老年群体提供了交流的平台，并为老人们搭建了互助支持网络，也培养了居民的兴趣爱好，使他们生活更加充实。彩虹城社区老年大学聘请了近10名社会保障、社会工作和书法专家担任客座教师，开设的课程涉及传统文化、新媒介使用、安全防范、健康教育等四个方面，累计服务1365人次。文化传承类课程包括电影欣赏课、悦动彩虹音乐班、翰墨彩虹书法课、银龄韶韵朗诵课、太极班、旗袍礼仪班等内容，新媒介使用类课程包括智能手机及App应用介绍，安全防范类课程包括居家安全技能提升及预防网络金融诈骗，健康教育类课程包括预防高血压、糖尿病、消化系统疾病、心脑血管病各项讲座。每一场活动都吸引了众多居民的热情参与。老年大学平台让居民成为社区建设的"主力军"，不少居民开始主动与他人沟通交流，也积极在社区中贡献自己的力量。社区老年大学的成立不仅体现了兰州新区管委会对安置社区文化建设及居民生活诉求的重视，同时也使社区治理的多元主体协同得到了有力实践，进一步展现了治理的整合效应。

六 结束语

失地农民安置社区是城镇化进程中形成的特色产物，村落终结过程中的裂变、新生，往往充满着文化碰撞和利益冲突，也伴随着巨变失落和超越艰难。[①] 由于安置社区形成的特殊性和社区居民乡土情怀的根植，其治理难度和重要性皆不言而喻。安置社区治理，不仅包括城市社区普遍面临的公共设施和服务体系优化完善，最核心的还在于把握征地拆迁农民在上楼后的内心变化，及时进行情感回应，从文化等深层次角度重塑熟人共同体，进而从根本上实现治理效能。此外，面对特殊的治理情境，传统以单一行政力量为手段的治理模式已经不能满足社区发展建设的需要，近年来，党中央也在不断强调治理共同体的建设以及对治理体系和治理能力现代化的追求。因此，社区治理亟须构建以基层党组织为中心，一核多元的共治网络体系。

本案例在社区治理层面，形成了"情感治理"和"协同治理"两大核心范畴及八项具体的治理举措：第一，纾解个体负面情绪，通过重点关注社区的特殊人群，将治理触角向更深层次延伸，通过开展送温暖上门等活动温暖民心，纾解民意；第二，重构群体人际关系，以搭建沟通平台为抓手，通过开展集体活动调节群体心理，推动邻里关系和谐升级，进一步助力熟人体系打造；第三，增进干群情感联结，借助文化艺术课堂和民俗活动陶冶居民情操，充实居民精神世界，在深入交流与互动中进一步增进群体心理，加强治理主体与客体间关系的建立；第四，深化居民归属认同，以系列文艺展演为助推，积极开展节日特色活动，重现热闹红火的节日氛围，实现社区内部群体共同记忆的积累和塑造，深化群体心理；第五，组织联管共建，充分发挥社区党组织的引领作用，联合辖区单位共同助力社区建设；第六，社会力量共治，以"三社联动"试点项目为契机，引入专业社会工作机构、社会工作者等社会力量开展微公益创投项目、社区社会组织孵化等活动，助力社区建设；第七，社区居民共商，积极搭建协商平台、创新沟通渠道，以进一步听取民意、聚集民智，将社区居民纳入治理实践中；第八，多元主体共筑，通过打造七彩便民服务和公益性社区老年大学，

---

① 李培林：《村落的终结：羊城村的故事》，生活·读书·新知三联书店，2019，第2页。

整合社区、社工、社会组织、志愿者、居民骨干等力量，释放社区治理合力效应，推动居民共享社区资源和发展效益，增强其社区归属感和认同感。

如图1所示，彩虹城社区治理有两大核心举措。第一个核心举措是情感治理，即从感性角度出发，以情感为治理的目标和对象，通过各种方式的情感动员和塑造，回应安置居民在征地拆迁过程中因从故土剥离而产生的内心情感波动，培育居民对社区的情感依赖，重建共同体情感，营造和谐的治理氛围。此外，社区通过情感因素在治理中的运用，用我国社会特有的"人情""关系""送温暖"等柔性治理手段来调解社区与安置居民之间、居民与居民之间的关系，拉近彼此的心理距离，培养良好的干群情谊，这有利于社区各项公共事务的开展，也有助于最终治理目标的实现。值得注意的是，作为一类特殊的社区，安置社区的情感治理不只是以情感为手段，通过对情感资源的利用以达到治理目的，而是更加强调把情感作为治理的对象，对被安置居民搬离故土产生的内心波动进行抚慰，重塑丢失的家园感，构建新的社区共同体。

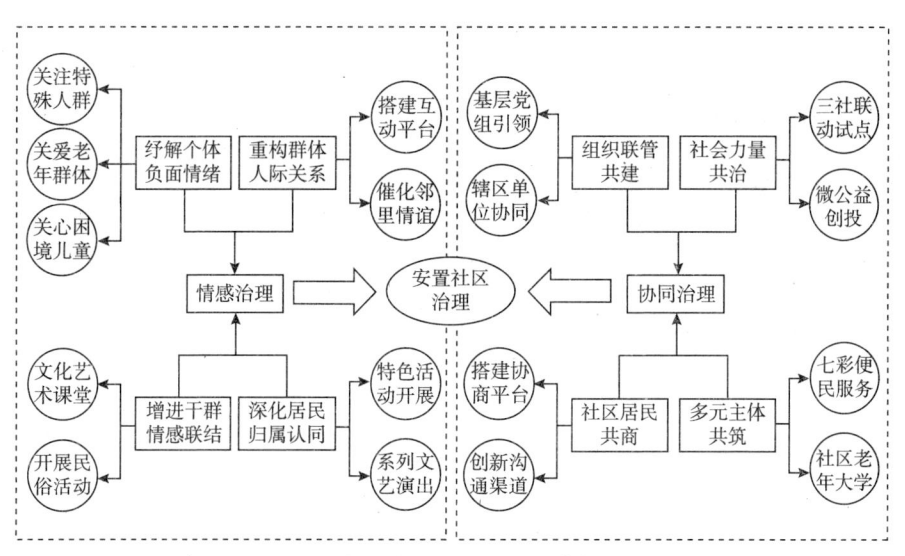

图1 拆迁安置社区治理总体框架

第二个核心举措是协同治理，即从政策理性角度出发，秉承党中央关于建设人人有责、人人尽责、人人享有的社会治理共同体理念，在社区党委的核心领导下，积极响应政策号召，深入开展三社联动试点项目。社区通过整合各方资源，带动辖区企业、居民、社会组织、社工等多元主体共同参与到疑难问题商讨、公共事务处理中来，并在此基础上进一步聚焦群众个性化需求，为居民提供更好的设施和服务，使居民共享优质社区资源。对安置社区来说，协同治理不仅可以增强治理民主，调动各类主体参与的积极性，使其为社区建设建言献策，凝聚集体智慧；也与中央关于共建、共治、共享的政策制度一拍即合，而这种协作还可以增强居民对社区的认同感和归属感，有效联结治理主体和客体，培育积极情感，促使他们更好更快地融入社区生活。

综上，这两项举措分别从感性和理性两个方面回应了安置社区居民的精神需要和社会治理共同体在基层社区的实践，二者互为补充。情感治理为协同治理提供精神力量，使其更加灵活、富有人情味；协同治理为情感治理提供制度保障和力量支撑，使其保持初心，不至于变味。情理共治的社区治理格局也是基层治理走向现代化的应有之义。这种复合型的治理模式一方面使安置居民在城市社会中获得了良好的生活体验，有效消除因社会结构和身份转变带来的消极情感，助力社区情感共同体的形成；另一方面，也使得社区治理的强大合力逐步形成，进一步推动了各项工作的更好开展以及社区治理的民主、有效，社区治理共同体也得以建立。

思考题

1. 新型城镇化过程中的核心问题是什么？

2. 安置农民离开乡村进入城市集中居住后，情感会发生什么变化？在基层社区治理中如何回应这些情感变化？

3. 结合其他地区的实践，说说在基层社区治理中如何重塑"共同体意识"。

案例说明书

一　课前准备

（一）教师准备

通过阅读案例正文、拆迁农民安置社区的相关资料，熟悉我国拆迁农民安置治理的基本情况以及社区治理相关理论实践。为了深入分析该案例，开展具有启发性和开放性的讨论，建议阅读相关学术文献，了解拆迁农民安置社区、"三社联动"、情感治理、社区治理等方面的研究成果。

（二）学生准备

学生应在课前阅读和熟悉教师发放的案例，并记录自己的疑惑及相关问题，查找相关的事件、知识、政策文本等内容。

二 适用对象

（一）适用课程

本案例主要适合公共管理学、公共政策分析学、社会学、社会组织管理等课程教学和研究使用。

（二）适合学生

本案例适合有一定工作经验的学员和管理者学习，如 MPA 学员；适合行政管理等专业本科高年级学生，公共管理类、社会学类和政治学类学术型研究生，以及社会工作类专业硕士等学习。

三 教学目标

本案例着重讨论的问题是基层社区治理的创新举措，尤其是失地农民安置社区在治理过程中，对中国社会传统的"情感"这一非正式的、柔性治理因素的运用。本案例在具体的教学过程中要实现的教学目标有：

（一）积累和深化专业知识

1. 丰富专业知识

通过对失地农民安置社区的制度设计、政策配套、基层实践过程以及取得的成效及不足等展开完整的分析，增加基层社区治理、情感治理、"三社联动"等方面的专业理论知识，将专业知识库存量做大，并与时俱进地更新，不断巩固知识链的长度。

2. 提高理论水平

以案例为契机，深度拓展专业理论知识，在丰富理论知识的同时，不断将理论知识向深处拓展；将公共管理科学、政治学、社会学、社会工作等学科融合起来，形成一定的交叉学科意识和素养；通过对失地农民安置社区治理实践的研习，将理论知识与前沿实践问题结合起来，全方位把握前沿问题，形塑出可将实践问题置于一定的学术理论框架中进行探讨的能力。

（二）培养问题意识和理论运用能力

1. 提出问题

通过对这个较为完整的案例进行阅读和思考，可训练学生对当前实践中的热点问题进行严肃且具有一定深度的学术思考的能力。尝试在一定的理论、视角和框架的观照下，基于鲜活的场景和实践现实，提出具有较强代表性、前瞻性及预见性的学术命题或议题。

2. 分析问题

通过对案例的深入分析、合作讨论并梳理关键知识点，可以训练学生基于不同学科、不同方法、不同立场和不同视角得出迥异观点、判断和结论，这有助于提高多层面、多维度、立体化分析问题的能力。启发学生辩证看待社会问题、政策问题，引导学生积极思考情感治理与协同治理、党建引领与社会组织参与等命题。

3. 解决问题

通过对失地农民安置社区在治理实践中所遭遇困境的反思，提出相关对策和建议，可以帮助学生形成一定的反思能力、批判能力及辩证思维能力，这有助于进一步提高地方治理创新等解决问题的能力。

四 教学内容与要点分析

（一）新型城镇化建设的核心

新型城镇化建设不仅强调现代化发展，也体现了回应传统情愫的重要性。早在2013年的中央城镇化工作会议上，党中央就提出城镇建设要让居民望得见山、看得见水、记得住乡愁。在安置居民对社区情感缺失但乡土根情结浓厚的大背景下，彩虹城社区以问题为导向，主抓心理方面的深层次问题，同时引入多元治理机制，从主要矛盾和次要矛盾两个方面助力和谐社区建设。

一方面，失地农民对土地的"根情结"浓厚，并且对上楼生活需要重新适应；另一方面，他们在进入新环境后具有一定的主观能动性，并对未来生活充满良好希冀。与易地扶贫搬迁、老城区改造等形成的安置社区不同，本案例的失地农民安置社区除了安置性质之外还带有由农村发展为城市的意义，代表着身份的转变和美好生活的开启。因此，人们存在积极的适应和调适，在与社区干部、社工的交流互动中，也会表达出参与的愿望。作为第一代新区人，他们本身对兰州新区的发展有着极大信心。这是安置社区治理中比较积极的一面。

（二）社区治理中的情感因素

基于新型城镇化"以人为本"的核心理念，本案例注重安置居民内心的想法和情感变迁，凸显了"情感"这一柔性治理因素在社区治理中的关键作用。将情感因素与基层治理联系起来，丰富了基层治理的维度，同时也弥补了情感治理在我国治理领域中微观视角的不足。

在传统的社区生活中，社会生活仪式具有增强社会联系、塑造归属感、增强认同感的功能。随着居住格局与公共空间的改变，传统的仪式需要做出适应性的调整，而非强制性地彻底废除。尊重旧习俗，打造新习俗，移风易俗与新风新俗并行不悖，为离开故土搬迁的人们搭建新的社会关系联接平台。情感方式嵌入基层，也有利于刚性、理性化的权力制度与多元情感的结合，使治理更灵活、有人情味，推动政府与居民建立紧密、和谐的干群关系，更好实现基层治理体系与治理能力的现代化。

社区层面要转变观念，注重居民的内心世界，以情感治理为抓手，强化对以往乡土记忆的唤醒及新社区共同体记忆的建构，为社区治理积攒情感资源。社区可通过对农事活动、节日庆典、文化乡俗等传统记忆的再现引起安置居民共鸣，其打通社区与居民、居民与居民间的情感线路。同时，通过节日慰问、上门送温暖等民心工程对居民因"强制性搬迁"带来的内心创伤和情感波动加以修复与平整，拉近各治理主体间的关系，缩小人们的心理距离。基于中国社会特有的"人情""关系"等社会文化推动社区各项政策的执行和落实，有效发挥情感这一非规则性治理因素的强大作用，弥补正式权力、规则的刚性，共同助力社区发展建设。

（三）党建引领与多元协同的社区治理实践

本案例中党建引领、多元协同的社区治理实践有效突破了传统社区治理的单一化困境，转变了以往行政色彩浓厚的社区公共事务管理模式，更加强调社区治理的民主性和主体多元性。随着我国现代化进程的加快，社区作为社会的基层细胞更强调治理模式的转型，而多元主体参与正是符合中央政策理念和社区治理前进方向的有效举措，有利于进一步实现基层治理的科学、民主和专业化要求，推动社会治理走向现代化。

彩虹城社区的治理实践为解决其他社区的类似困境提供了一些普适性的思路：一方面，社区要秉承复合治理的理念，将社会情感和理性政策共同纳入治理的舞台，构建起二者各取所长、互为补充的新型社区治理模式，补齐单一治理手段存在的短板，充分发挥各个治理因素的独有优势，以便更好地服务居民，建设社区；另一方面，深入把握协同治理的理念内涵，通过体制机制创新，构建起多元化的社区治理体系，最大限度地吸纳各主体参与社区活动，逐步将社区建设成为真正凝聚力强、认同度高的生活共同体。

社区要坚持基层党组织的核心领导作用，秉承协同治理理念，以促进多元参与为基本方略，借助政策及自身行政力量积极联结社区各方资源，有效带动各方力量，形成基层党组引领、多元主体共同参与的强大治理合力。社区可通过搭建共治平台、畅通沟通渠道，充分调动辖区企业、社会组织、社会工作服务机构及居民群体的积极性，将他们引入社区治理实践中来，以便更好地倾听民意，凝聚民智，使社会力量成为社区治理的坚实力量，构建共商、共建、共治、共享的多元化基层社区治理格局。同时，要进一步完善各项基础设施建设及公共服务供给，探索多元化、全方位的社区服务模式，及时、高效满足社区居民的生活需求，提升其幸福感和获得感。用硬件功能助推居民对社区认同度的提高和依赖感的产生，从而激发其正向的参与行为，推动社区治理新格局的形成。

五　课堂安排

本案例拟用 3 学时完成。由教师引导，针对不同学生情况，实施不同的教学计划。

A 方案：针对缺乏相关工作经验的本科生、全日制硕士研究生，可采取课前阅读和制作 PPT 演示文稿、课中分组讨论和 PPT 展示及课后巩固复习的模式。

B 方案：对于 MPA 学员，由于学员在岗位、职业、行业、专业背景等方面的差异性较大，可灵活采取课前预习、课堂讨论、课后回顾的方式进行。

两种课堂教学安排，具体如下：

A 方案	B 方案
课前（6 小时）：阅读相关文献、查找资料（含相关的视频）（3 小时），小组讨论（2 小时），制作 PPT（1 小时） 课中（180 分钟）：小组 PPT 演示（60 分钟）—分组讨论（60 分钟）—知识梳理（35 分钟）—问答和机动（25 分钟） 课后（120 分钟）：复习和巩固（20 分钟）—寻找课堂上未提及的新知识点或问题（40 分钟）—写出案例分析报告和发现的知识增长点（60 分钟）	课前（3 小时）：阅读相关文献（2 小时），查找资料（1 小时） 课中（180 分钟）：小组讨论（60 分钟）—观点分享（40 分钟）—小组辩论（50 分钟）—核心知识点梳理和理论提升（20 分钟）—问答和机动（10 分钟） 课后（30 分钟）：复习和巩固（10 分钟）—结合自身工作经历，寻找新知识点（20 分钟）—写出案例分析报告和发现的新知识增长点（60 分钟）

六　其他教学支持

教室需黑板、电脑、投影设备等，确保播放软件稳定运行。

参考文献

[1] 陈靖、刘明：《上楼之后："涉农社区"的生活秩序及其治理探索》，《中国行政管理》2020 年第 11 期，第 59~66 页。

[2] 谌颖：《政治仪式与情感动员：以 1954 年春节工农联欢考察为例》，《上海党史与党建》2019 年第 6 期，第 35~38 页。

[3] 成伯清：《当代情感体制的社会学探析》，《中国社会科学》2017 年第 5 期，第 83~101 页。

[4] 崔思凝：《惯习、资本与场域：布迪厄实践理论及其对中国公共政策过程研究的启示》，《湖北社会科学》2017 年第 9 期，第 22~27 页。

[5] 邓昕：《被遮蔽的情感之维：兰德尔·柯林斯互动仪式链理论诠释》，《新闻界》2020 年第 8 期，第 40~47 页。

[6] 邓志强：《"仪式"的多维学科诠释》，《青年学报》2019 年第 2 期，第 18~26 页。

[7] 费孝通：《乡土中国》，商务印书馆，2018，第 7 页。

[8] 何雪松：《情感治理：新媒体时代的重要治理维度》，《探索与争鸣》2016 年第 11 期，第 40~42 页。

[9] 蒋慧、吴新星：《"过渡型社区"治理问题的政治社会学解析——基于社会资本的视角》，《大连理工大学学报》（社会科学版）2012 年第 1 期，第 101~105 页。

[10] 蓝煜昕、林顺浩：《乡情治理：县域社会治理的情感要素及其作用逻辑——基于顺德案例的考察》，《中国行政管理》2020 年第 2 期，第 54~59 页。

[11] 李翠玲:《"家园"追寻与社区治理的价值取向》,《中国行政管理》2020年第1期,第53~57页。

[12] 李培林:《村落的终结:羊城村的故事》,生活·读书·新知三联书店,2019,第2页。

[13] 罗远玲:《乡土情感:传统节庆现代转型的文化血脉——以粤西茂名年例为例》,《广西师范大学学报》(哲学社会科学版)2016年第5期,第1~7页。

[14] 孟易:《场域理论视角下拆迁安置社区治理体系研究》,硕士学位论文,西南大学,2019年。

[15] 〔美〕乔纳森·特纳、〔美〕简·斯戴兹:《情感社会学》,孙俊才、文军译,上海人民出版社,2007,第185页。

[16] 田先红、张庆贺:《城市社区中的情感治理:基础、机制及限度》,《探索》2019年第6期,第160~172页。

[17] 王凡荣、仓基武:《情感治理:城市社会治理精细化的实践与创新》,《中共合肥市委党校学报》2018年第6期,第50~54页。

[18] 王俊秀:《社会治理也是社会情感治理》,《北京日报》2017年3月27日,第15版。

[19] 王树生:《关于集体欢腾:与涂尔干理论遗产的对话维度》,《青年研究》2015年第3期,第76~84页。

[20] 王向民:《传统中国的情治与情感合法性》,《学海》2019年第4期,第55~63页。

[21] 王雨磊:《缘情治理:扶贫送温暖中的情感秩序》,《中国行政管理》2018年第5期,第96~101页。

[22] 文军、高艺多:《社区情感治理:何以可能,何以可为?》,《华东师范大学学报》(哲学社会科学版)2017年第6期,第28~36页。

[23] 向德平、向凯:《情感治理:驻村帮扶如何连接国家与社会》,《南开学报》(哲学社会科学版)2020年第6期,第84~93页。

[24] 杨旭:《善治理论视角下社区情感治理研究》,《学理论》2018年第10期,第116~117页。

[25] 郑杭生、黄家亮:《论我国社区治理的双重困境与创新之维——基于北京市社区管理体制改革实践的分析》,《东岳论丛》2012年第1期,第23~29页。

[26] 周晶晶、朱力:《惯习与城乡结合部失地农民社区管理》,《湖南社会科学》2016年第4期,第103~106页。

[27] 朱志伟、孙菲:《空间、结构与网络:社区情感治理的三重论域与实践路径》,《贵州社会科学》2020年第5期,第36~41页。

图书在版编目（CIP）数据

公共管理案例十讲／谢小芹，冯华，马珂著． -- 北京：社会科学文献出版社，2022.10
（光华公管论丛）
ISBN 978 - 7 - 5228 - 0614 - 3

Ⅰ.①公… Ⅱ.①谢… ②冯… ③马… Ⅲ.①公共管理 - 案例 Ⅳ.①D035 - 0

中国版本图书馆CIP数据核字（2022）第157668号

·光华公管论丛·
公共管理案例十讲

著　　者 / 谢小芹　冯　华　马　珂
出 版 人 / 王利民
组稿编辑 / 刘　荣
责任编辑 / 闫富斌
责任印制 / 王京美
出　　版 / 社会科学文献出版社（010）59367011
地址：北京市北三环中路甲29号院华龙大厦　邮编：100029
网址：www.ssap.com.cn
发　　行 / 社会科学文献出版社（010）59367028
印　　装 / 北京盛通印刷股份有限公司
规　　格 / 开　本：787mm×1092mm　1/16
印　张：15.25　字　数：263千字
版　　次 / 2022年10月第1版　2022年10月第1次印刷
书　　号 / ISBN 978 - 7 - 5228 - 0614 - 3
定　　价 / 99.00元

读者服务电话：4008918866

版权所有 翻印必究